_____ 님께

행복과 기쁨이 넘치는
유쾌한 삶을 창조해 가는 길에
이 책이 도움이 될 수 있기를 바랍니다.

_____ 드림

The Law of Attraction

The Law of Attraction

유인력
끌어당김의 법칙

WELLBEING LOVE JOY SUCCESS HEALTH HAPPINESS WEALTH

내 안에 잠든 **창조권능**을 깨우는
강력하고 실제적인 **3가지 우주법칙**

The Teachings of Abraham

이 책은 '아브라함Abraham'이라는 영적 교사들이 전하는 메시지들 중 가장 기초가 되는 강력한 우주의 법칙들을 설명하고 있습니다. 이 책 속에서 당신은 자신이 원하거나 원치 않는 그 모든 것들이, 가장 강력한 우주법칙인 '끌어당김의 법칙The Law of Attraction'에 의해서 어떻게 자신에게 오는지를 이해하게 될 것입니다. 아마 당신은 "끼리끼리 모인다."라든가 "당신이 믿는 대로 경험한다(믿음이란 당신이 계속 간직하고 있는 어떤 생각일 뿐입니다)."라는 말을 이미 들어봤을 것입니다. 그리고 비록 '끌어당김의 법칙'이 역사상 위대한 몇몇 교사들에 의해 넌지시 언급되어왔다고는 할지라도, 뉴욕타임지 선정 장기 베스트셀러 작가인 에스더 힉스와 제리 힉스에 의해 최근에 출간된(미국 출간은 2006년) 이 책에서처럼 실제적이면서도 명확한 용어를 가지고 설명되었던 경우는 결코 없었습니다.

　이 책 속에서 당신은 이 우주를 관장하는 보편법칙들은 물론 그것들이 자신에게 이롭게 작동하도록 만드는 방법에 대해서 배우게 될 것입니다. 당신이 이 책을 읽고 이해한 지식을 통해서 그동안 나날의 일상생활에 대해 지녔던 온갖 억측과 어림짐작은 모두 사라질 것입니다. 결국 당신은 자신의 삶속에서 벌어지고 있는 그 모든 것들에 대해서 완전히 이해하게 될 것이고, 게다가 자신과 상호작용하는 모든 사람들의 삶에 대해서도 이해하게 될 것입니다. 진실로 이 책은 삶에서 당신이 소망하는 어떤 것이든 기쁘고 즐겁게 갖거나 하거나 될 수 있도록 도와줄 것입니다!

추천사

닐 도날드 월쉬(신과 나눈 이야기 시리즈 저자)

이게 바로 그것입니다! 여기에 그것들이 있습니다. 당신은 이제 더 이상 찾아 헤맬 필요가 없습니다. 다른 책들을 모두 내려놓고 모든 워크숍과 세미나도 취소하십시오. 그리고 당신의 라이프코치에게 더 이상 연락할 필요가 없어졌다고 말하십시오.

왜냐하면 이게 바로 그것이니까요. 당신이 삶에 대해서 알 필요가 있는 모든 것들과 삶이 잘 돌아가도록 만드는 모든 방법들 말이죠. 그리고 여기에 그것들이 있으니까요. 이처럼 비범한 여행길에 관한 게임의 규칙들 전부와 이제껏 당신이 늘 꿈꿔왔던 체험들을 창조할 수 있는 모든 도구들 말이죠. 이제 당신은 지금 현재 서 있는 그 자리에서 더 이상 나아갈 필요가 없습니다.

실제로, 당신이 이미 해낸 걸 보십시오.

정말로 바라보세요!

내 말은 당신이 손에 들고 있는 걸 지금 당장 보시라는 겁니다.

당신이 그렇게 했습니다. 바로 당신이 이 책을 바로 여기 당신의 눈앞에 가져다 놓았습니다. 당신이 그것을 구현해냈습니다. 허공으로부터 느 닷없이 말이죠. 그 하나만으로도 이 책이 효력이 있다는 명백한 증거입 니다.

이해가 되십니까? 아, 잠깐, 잠깐, 여길 그냥 건너뛰지 마십시오. 당신 이 이걸 실제로 듣는 것이 중요합니다. 지금 나는 당신에게 '끌어당김의 법칙'이 실재할뿐더러 효과가 있으며 또한 현실 세계에서 물질적 결과들 을 가져다준다는 사실에 대해서 당신이 스스로 입증할 수 있는 최상의 증 거가, 바로 지금 당신 손에 들려 있다고 말하는 중입니다.

설명해 드리겠습니다.

당신 의식의 깊숙한 곳 어딘가에, 당신 마음속 중요한 곳 어딘가에, 당 신이 이 책에 쓰인 메시지를 받겠다는 의도가 놓여 있습니다. 그렇지 않 았다면 당신은 결코 이 책을 발견할 수 없었을 것입니다.

이것은 사소한 일이 아닙니다. 이것은 중요한 일입니다. 저를 믿으세 요, 그건 아주 중요한 것입니다. 왜냐하면 당신은 이제 막, 자신이 창조하 고자 의도했던 정확히 바로 그것을 창조하고 있는 순간에 있기 때문입니 다. 당신 인생의 중요한 분기점에 서 있는 것입니다.

그것은 당신의 의도였습니다. 그렇지 않나요? 당연히 그럴 것입니다. 만약에 일상의 체험들을 새로운 수준으로 향상시키겠다는 열망이 없었 다고 한다면, 당신이 이 책을 읽는 일조차 없었을 것입니다. 당신은 오랫 동안 이것을 알고 싶어 했습니다. 즉, 당신이 품어온 유일한 의문은 이런 것이었죠. "게임의 규칙이 뭘까? 게임의 도구들은 뭘까?"

자, 여기에 그것들이 있습니다. 당신은 그것들을 요청했고, 이제 받았 습니다. 그런데 바로 이것이 첫 번째 규칙입니다. "당신이 요청하면, 당 신은 받게 된다." 하지만 그것 말고도 규칙에 대한 것들이 더 있습니다. 더 많은 것들이 말이죠. 그리고 이 비범한 책이 바로 그것들에 관한 것입니다. 이 책을 통해서 당신은 몇 개의 놀라운 도구들을 손에 넣게 될 뿐만 아니라, 또한 그것들을 사용하는 방법에 관한 설명서도 손에 넣게 될 것입니다.

이제껏 당신은 인생에 대한 지침서를 소망해오지 않았나요?

그건 아주 멋진 소망이었습니다. 이제 그걸 받으십시오.

우리는 그것에 대해 에스더와 제리에게 감사해야 합니다. 물론 '아브라함'에게도 말이죠(이제 이어질 환상적이고 유쾌한 이야기를 통해서 그들은 자신들이 누구인지를 설명할 것입니다). 에스더와 제리는 아브라함의 놀라운 메시지들을 세상과 기쁘게 나누는 일에 일생을 바쳐왔습니다. 나는 이러한 일을 해오고 있는 그들에게 진심으로 사랑과 찬사를 보냅니다. 뿐만 아니라 나는 그들에게 너무나도 많이 고마워하고 있는데, 왜냐하면 그들은 우리 모두가 이곳에서 다함께 동참하고 있는, 이 영광스러운 인생 경험 속에 더 큰 영광을 가져오는, 참으로 비범한 임무를 수행하고 있기 때문입니다.

나는 당신이 여기서 읽게 될 내용들을 통해 대단한 감동과 축복을 느끼게 될 것임을 알고 있습니다. 나는 당신이 읽게 될 이 책이 당신 인생의 전환점이 될 것임을 알고 있습니다. 이 책에는 우주에서 가장 중요한 법칙(이제껏 당신이 알 필요가 있었던 진정 유일한 것)에 대한 설명뿐만이 아니라, 인생의 역학에 대해서도 알기 쉽게 설명되어 있습니다. 이것은 정말 놀랄만한 정보입니다. 이것은 진정 기념비적인 자료입니다. 실로 이것은 눈부시게 찬란한 통찰입니다.

지금까지 삶을 살아오면서 내가 누군가에게 "이 책을 빠짐없이 읽어보고, 또한 이 책에서 말하는 대로 모든 걸 해보십시오."라고 추천했었던 책은 극소수에 불과합니다. 이 책은 당신이 그토록 간절히 품어왔었던 가슴 속 온갖 의문들에 답을 해줄 것입니다. 그러니 주의를 기울이십시오!

이 책은 **어떤 식으로** 주의를 기울일 것인지에 관한 책입니다. 그리고 만약 당신이 **어떤 식으로** 주의를 기울이고 있는지에 주의를 기울이게 되면, 당신은 자신의 모든 의도들이 현실로 구현되게 할 수가 있다는 것을, 그래서 마침내 당신의 인생이 영원히 바뀌게 만들 수 있다는 것을, 이 책은 가르쳐줄 것입니다.

제리 힉스

우리는 우주의 법칙과 그에 따른 실용적인 실천방법들을 소개하고자 이 책을 썼습니다. 이제 당신은 이 책을 통해 자신의 자연스러운 상태인 **웰빙** Well-Being 을 삶속에서 구현할 수 있는 명확하고 정확한 길을 안내받게 될 것입니다. 이 책을 읽는 동안 당신은 수많은 질문들에 대한 명쾌하고 정확한 답변을 듣게 되는 독특하면서도 유익한 체험을 하게 될 것입니다. 그러한 질문들은 모두 이제껏 내가 살아오면서 갖게 된 것들입니다. 만일 당신이 이처럼 **기쁨**에 **바탕**을 둔 실제적인 영적 원리들을 제대로 활용할 수 있게 된다면, 당신은 다른 사람들 역시 그들 각자가 바라는 식의 완벽한 삶을 살아갈 수 있도록 이끌어주고 도와줄 수 있게 될 것입니다.

많은 사람들의 말에 의하면, 여기서 내가 하는 질문들이 여러 가지 면에서 자신들의 질문을 대변해주고 있다고 합니다. 따라서 만일 당신이 아브라함의 명쾌하고 기지에 넘치는 대답을 듣게 된다면, 오랫동안 지녀왔었던 의문들에 대한 답을 듣게 되는 만족감뿐만이 아니라, 우리(에스더와 나)와 마찬가지로 자신의 삶에 대한 새로운 열정을 느끼게 될 것입니다. 그래서 삶에 대한 새롭고도 신선한 관점을 지닌 채 이 책에 나오는 연습 과정들을 실행하기 시작한다면, 당신은 자신이 하고 싶고, 되고 싶고, 갖고 싶은 그 어떤 것도 의도적으로 창조할 수 있다는 사실을 발견하게 될 것입니다.

내가 기억하는 가장 어린 시절부터, 나에게는 스스로 만족할만한 답을 찾지 못한 수많은 의문들이 끝없이 쏟아져 나오는 것 같이 느껴지고는 했는데, 줄곧 내게는 절대적인 진리에 바탕을 둔 삶의 원리를 발견하고자 하는 강한 바람이 있었기 때문입니다. 그런데 아브라함이 우리의 삶속에 등장해 에스더와 나에게 강력한 우주의 법칙들과 효과적인 실행 방법들을 알려주게 되고, 또한 실제적인 성과를 얻을 수 있도록 도와주면서부터, 그때까지 내가 접해왔었던 책들이나 가르침들 그리고 온갖 삶의 경험들이, 내가 아브라함을 만나기 위한 완벽한 중간 단계들이었음을 이해하게 되었습니다.

이제 당신이 이 책을 읽어 나가면서 아브라함의 소중한 가르침을 접하게 될 것이라 생각하니 기쁘기 그지없습니다. 이 가르침들이 나와 에스더의 삶을 얼마나 많이 개선시켰는지 잘 알기 때문입니다. 그리고 내가 그랬었던 것처럼, 당신도 역시 삶을 살아오면서 그런 가르침을 받아들일 준비를 끝냈기에 지금 이 책을 접하게 됐다는 사실을 알고 있습니다.

이제 이 책에 완전히 몰입해서 아브라함이 알려주는 간단하고도 강력한 법칙들과 실천방법들을 발견하시기 바랍니다. 그래서 자신이 원하는 모든 것들을 삶속으로 끌어오기 시작하시고, 삶속에 들어와 있는 원하지 않는 것들은 모두 다 놓아버리게 되시기를 바랍니다.

웰빙라이프를 향하여

제리 | 아브라함, 자신의 삶을 의식적으로 통제하고자 하는 사람들을 위한 소개서가 있었으면 합니다. 그 책 속에 충분한 정보와 안내가 주어져서 그 책을 읽은 모든 독자들이 곧바로 그런 지혜들을 이용하기 시작하고 그에 따라 그들이 더 행복해지고 또 웰빙Well-Being의 상태를 더욱 즐길 수 있게 되었으면 합니다. 그들은 아마 나중에는, 몇 가지 점에 대해서 더 명확하게 알게 되기를 바랄 것입니다.

아브라함 | 모든 사람이, 자신이 서있는 바로 그 자리에서 시작할 수 있습니다. 답을 얻고자하는 사람은 이 책에서 그것들을 찾게 될 것이라고 기대합니다. 우리 중 아무도 우리가 알고 있는 것들을 단숨에 모두 전할 수는 없습니다. 또 아무도 그렇게 하는 것을 바라지도 않습니다. 그래서 우리는 여기에서 우주의 법칙들을 명확하게 이해하는데 기초가 될 것들을 전하고자 합니다. 어떤 사람들은 책에

쓰인 내용 이상의 것을 얻고 싶어 할 것이고, 또 어떤 사람들은 그렇지 않을 것이라는 걸 우리는 압니다. 우리들이 하고 있는 작업은 이전에 논의되었던 것들로 의해 촉발된 새로운 질문들을 통해서 지속적으로 진화 발전해가고 있습니다. 우리 모두는 언제까지나 끝없이 진화하고 발전해나갑니다.

우주의 법칙들에 대한 정의

세 가지 영원한 우주의 법칙들이 있습니다. 우리는 당신이 그 법칙들을 좀 더 명확하게 이해하도록 돕고자 합니다. 당신이 그 법칙들을 명확하게 이해하게 될 때, 의도적이고 효과적으로 자신의 삶에 적용해나갈 수가 있을 것이고, 그럼으로써 만족스러운 삶을 체험할 수 있게 될 것입니다. 그 법칙들 중 첫 번째는 '끌어당김의 법칙'입니다. 당신이 먼저 이 법칙을 명확히 이해하지 못하고 효과적으로 이용하지 못한다면, 두 번째 법칙인 '의식적 창조과학'과 세 번째 법칙인 '허용의 기술'은 전혀 쓸모가 없게 됩니다. 두 번째 법칙을 이해하고 활용하기 위해서는 먼저 첫 번째 법칙을 이해하고 효과적으로 활용할 수가 있어야 하며, 또한 세 번째 법칙을 이해하고 제대로 활용하기 위해서는 두 번째 법칙을 먼저 이해하고 활용할 수 있어야만 하는 것입니다.

먼저, 첫 번째 법칙인 '끌어당김의 법칙'의 정의는 이것입니다. "비슷한 것끼리 서로 끌어당긴다." 이것은 아주 간단한 진술처럼 보일지 모르지만 우주에서 가장 강력한 법칙을 정의하고 있습니다. 이 법칙은 모든 만물에 언제나 영원히 영향을 미치고 있기 때문입니다. 이 법칙에 의해 영향 받고 있지 않는 것은 아무것도 없습니다.

다음으로, 두 번째 법칙인 '의식적 창조과학'이 말하는 건 이것입니다. "내가 생각을 하고, 믿거나 기대하면 현실이 된다." 간단히 말해서, 원하는 것이건 원치 않는 것이건 당신은 자신이 현재 생각하고 있는 대상을 얻는다는 것입니다. 따라서 목적 있는 생각을 의도적으로 일으키는 일이야말로 '의식적 창조과학'이 실제로 뜻하는 바입니다. 만일 이 법칙을 이해하지 못하고 또 의도적으로 자신의 삶에 적용하지 못한다면, 아마도 당신은 스스로 인식하지도 못한 채 무작위로 창조하는 삶을 살게 될 것입니다.

마지막으로 세 번째 법칙인 '허용의 법칙'은 이것입니다. "나는 나인 그것이다. 그리고 나는 다른 이들 모두가 그들 자신이 되도록 기꺼이 허용하겠다." 비록 타인이 자신을 허용하지 않을지라도 당신이 기꺼이 타인들을 있는 그대로 허용하게 될 때, 그럴 때 당신은 '허용하는 존재allower'가 될 것입니다. 하지만 무엇보다도 먼저 당신이 현재 삶에서 얻고 있는 것들을 어떻게 해서 얻게 되는지를 이해하지 못한다면, 그런 지점에 도달하는 일은 그리 쉽지가 않을 것입니다.

당신이 그들에 대해 생각함으로써(또는 주의를 기울임으로써) 그들을 초대하지만 않으면 그 누구도 당신의 체험 속으로 들어올 수 없다는 사실과, 또 당신이 그것에 대해 생각하거나 그것을 주시하지만 않는다면 어떠한 상황이나 환경도 당신 체험의 일부가 될 수 없다는 사실을 이해하게 될 때, 그 때 비로소 당신은 이번 생의 삶을 시작할 당시 의도했었던 바대로 '허용하는 존재'가 될 수 있습니다.

　이러한 세 가지의 강력한 우주 법칙들을 이해하고, 그것들을 자신의 삶에 의도적으로 적용하게 될 때, 비로소 당신은 자신이 바라는 그 어떠한 방식의 삶이든 바라는 그대로 정확히 창조할 수가 있다는 앎에서 오는 기쁨과 자유를 만끽하게 될 것입니다. 당신이 체험하는 모든 사람들과 환경들과 사건들은 자신에 의해, 자신의 생각들로 인해 초대된다는 사실을 이해하게 되면, 비로소 당신은 지금의 육체를 입기로 결정했을 당시 의도했었던 대로의 삶을 살아가기 시작할 것입니다. 그래서 당신이 강력한 '끌어당김의 법칙'에 대한 이해를 바탕으로, 자신의 삶을 자신이 바라는 대로 '의식적으로 창조'하겠다는 의도를 갖게 될 때, 마침내 당신은 '허용의 기술'을 완벽히 이해하고 적용하게 되었을 때 얻게 될 수 있는 비할 데 없는 절대적 자유를 향해 나아가게 될 것입니다.

제1장 끌어당김의 법칙

끌어당김의 법칙의 정의(The Law of Attraction) · · · · ·23

제2장 의식적 창조과학

의식적 창조과학의 정의(The Science of Deliberate Creation) · · · · · 101

제3장 허용의 기술

허용의 기술의 정의(The Art of Allowing) · · · · · 177

제4장 시간마디별 의도하기

시간 마디별 의도하기의 마법적 효과(Segment Intending) · · · · 237

제5장 아브라함을 만나다

제1장

끌어당김의 법칙

첫 번째 우주법칙

THE
LAW OF
ATTRACTION

당신의 체험 속에 진실로 긍정적인 변화를 가져오기 위해서는,
반드시 당신은 지금 현재 일들이 드러나 있는 상태라든가
자신에 대한 다른 사람들의 시선을 전혀 개의치 말아야만 하며,
또한 자신이 바라는 식으로 일들이 바뀌어있는 방향 쪽을 향해서
더욱 더 많이 주의를 기울여야만 합니다.
당신은 연습을 통해서 자신이 끌어당기는 것들을 바꾸게 될 것이고,
또한 자신의 삶이 실제로 바뀌는 것을 경험하게 될 것입니다.
당신은 병든 상태에서 건강한 상태로 바뀔 수가 있고,
가난한 상태에서 풍요로운 상태로 바뀔 수가 있습니다.
또한 나쁜 관계들을 좋은 관계들로 변화시킬 수 있습니다.
당신의 혼란스러움은 명쾌함으로 바뀔 수가 있습니다

THE LAW OF

ATTRACTION

WELLBEING LOVE JOY SUCCESS HEALTH HAPPINESS WEALTH

끌어당김의 법칙의 정의
The Law of Attraction

제리 | 아브라함. 당신들이 우리와 함께 자세히 논의하고자 하는 첫 번째 주제는 끌어당김의 법칙일 것이라 생각됩니다. 당신들은 이것이 가장 강력한 법칙이라고 말했었지요.

아브라함 | 끌어당김의 법칙은 우주에서 가장 강력한 법칙일 뿐만 아니라, 우리가 제공하게 될 다른 것들의 가치를 이해하기 위해서도 당신이 가장 먼저 이해해야만 하는 법칙입니다. 또한 자신이 체험중인 삶이나 타인들이 체험중인 삶의 의미를 이해하기 위해서도 우선적으로 이 법칙을 이해해야만 합니다.

당신 삶속의 모든 것들과 주위 사람들 삶속의 모든 것들은 전부 '끌어당김의 법칙'의 영향을 받고 있습니다. 이 법칙은 당신이 세상에서 보는 모든 것들이 물질화될 수 있었던 토대이며, 당신의 체험

23

속으로 오게 되는 모든 것들의 토대이기도 합니다. 끌어당김의 법칙에 대한 자각과 그것의 작동 방식에 대한 이해는 당신이 목적 있는 삶을 살아가는 데 있어 필수적인 것입니다. 사실상 그것은 당신이 이곳에 존재하는 원래 목적인 '기쁨에 넘치는 삶'을 살아가는 데 꼭 필요한 것입니다.

끌어당김의 법칙의 정의는 "비슷한 것끼리 서로 끌어당긴다."입니다. 흔히 "끼리끼리 모인다."라고 말할 때 실제로 당신은 끌어당김의 법칙에 대해 말하고 있는 것입니다. 당신은 자신의 삶속에서도 종종 이 법칙의 증거를 보게 되는데, 기분 나쁜 상태로 하루를 시작한 날에는 온종일 안 좋은 일들만 일어나게 되는 경우가 있습니다. 그래서 그날 저녁 무렵에 당신은 이렇게 말합니다. "침대에서 나오지 말걸 그랬어." 또한 당신은 사회 속에서도 이 법칙의 증거들을 볼 수가 있습니다. 주위 사람들 중에서 병에 대한 이야기를 주로 하는 사람들이 병에 자주 걸린다거나 풍요에 대한 이야기를 주로 하는 사람들이 풍요롭게 사는 것을 보게 될 때, 당신은 '끌어당김 법칙'의 생생한 증거를 보고 있는 것입니다. 당신이 라디오를 켜고 다이얼을 AM630에 맞추었다면 방송국에서 송출하는 AM630 방송을 듣게 될 것이라고 기대합니다. 방송을 듣기 위해서는 방송되는 주파수와 라디오의 다이얼이 서로 일치해야 한다는 사실을 알고 있기 때문입니다. 그것이야말로 끌어당김의 법칙이 작동되는 명확한 방식입니다.

당신이 이처럼 강력한 '끌어당김의 법칙'을 이해하기 시작할 때(더 나은 표현으로, 당신이 그걸 기억해내기 시작할 때), 당신은 이 법칙의 생생한 증거들을 주변에서 쉽게 찾아낼 수 있을 것입니다. 왜냐하면 당신은 자신이 생각해오던 것들과 실제로 당신 삶속에 나타나는 것들이 정확히 일치한다는 사실을 인식하기 시작할 것이기 때문이지요. 그 어떤 것도 당신의 삶속에 우연히 나타나지 않습니다. 당신이 **끌어당긴 것입니다. 그 모든 것들을 말이죠. 예외는 없습니다.**

끌어당김의 법칙은 당신이 매 순간 품고 있는 생각들에 반응하고 있기 때문에, 정확히 말해서 당신이 자신의 현실을 창조해나가고 있다고 할 수 있습니다. 예외 없이 당신이 경험하는 모든 것들은 당신이 일으키는 생각들에 '끌어당김의 법칙'이 반응함으로써 끌려오는 것입니다. 지금 현재 당신이 과거에 있었던 어떤 일을 회상하고 있건, 현재 벌어지고 있는 어떤 상황을 관찰하고 있건, 또는 미래의 어떤 일을 상상하고 있건 관계없이, 당신이 지금 초점을 맞추고 있는 그 생각이 지금 당신 내면에 어떤 진동을 활성화시켰으며, '끌어당김의 법칙'은 그 진동에 바로 지금 반응하고 있습니다.

흔히 사람들은 자신이 원치 않는 일이 삶속에 일어났을 경우, 그런 일을 자신이 창조했을리가 없다고 확신에 차서 말합니다. "내가 원하지도 않는 이런 것을 끌어왔을리가 없습니다!" 물론 우리도 당신이 원치 않는 그런 것들을 의도적으로 자신의 삶속에 끌어오지 않았다는 것을 압니다. 하지만 오직 당신만이 그렇게 할 수 있었다는 사실을 알아야만 하는데, 왜냐하면 당신 자신 외에는 그 누구도 당신에게 어떤 것이 끌려오도록 만들 수 있는 힘이 없기 때문입니다.

자신이 원치 않는 그러한 것들 혹은 그것과 본질이 같은 것들에 초점을 맞추었기 때문에, 당신은 스스로 의식하지도 못한 채 그런 무자각적인 창조를 한 것입니다. 말하자면 당신은 우주의 법칙들 또는 소위 게임의 규칙들을 몰랐기 때문에, 그런 것들에 대한 자신의 주의를 통해서 원치 않는 것들을 자신의 삶속으로 초대한 것입니다.

'끌어당김의 법칙'을 더 잘 이해하려면 자기 자신을 자석이라고 간주하고, 매 순간 자신이 생각하고 있고 또 느끼고 있는 것과 본질이 같은 것들을 자신에게 끌어오고 있다고 생각하십시오. 따라서 만일 당신이 뚱뚱하다고 느끼고 있다면 날씬함을 끌어올 수가 없습니다. 만일 당신이 가난하다고 느끼고 있다면 풍요로움을 끌어올 수가 없습니다. 그것은 '법칙'에 위배되기 때문입니다.

생각하는 건 초대하는 것

당신이 '끌어당김의 법칙'의 강력한 힘을 더 잘 이해하게 될수록, 자신이 하는 생각들을 의도적으로 이끌어나가는 일에 더욱 관심을 기울이게 될 것입니다. 왜냐하면 원하건 원하지 않건 당신은 언제나 자신이 생각하고 있는 대상을 얻게 될 것이기 때문입니다.

예외 없이, 당신은 언제나 자신이 생각하고 있는 그 대상을 삶속으로 초대하기 시작합니다. 당신이 원하는 어떤 것에 대해 약간이라도 생각을 하게 되면, 끌어당김의 법칙에 의해서 그 생각은 점점 더 자라나게 되고 점점 더 강력해집니다. 마찬가지로 당신이 원하지 않는 어떤 것에 대해 생각하게 될 경우에도, 끌어당김의 법칙에 의해서 그 생각은 점점 더 커지게 됩니다. 그래서 그 생각이 더욱 크게 자라나게 될수록 그것의 끌어당기는 힘도 더욱 강력해지게 되고, 그랬을 때 당신이 그것을 경험하게 될 가능성은 더욱 커지게 됩니다.

당신이 삶에서 체험하길 원하는 어떤 것을 보면서 "그래, 난 저것을 갖고 싶어."라고 말할 때, 당신은 그것에 가 있는 자신의 주의력을 통해서 그것을 자신의 삶속으로 초대하게 됩니다. 그렇지만 당신이 체험하길 원치 않는 어떤 것을 보면서 "아니, 아니, 난 저것을 원하지 않아!"라고 소리칠 때에도, 당신은 그것에 가 있는 자신의 주의력을 통해서 역시 그것을 자신의 삶속으로 초대하게 됩니다. 끌어당김에 기초를 둔 이 우주에는 배제라는 것이 없습니다. 어떤 것이든 당신의 주의가 향하게 되면 당신은 그것을 자신의 진동 속에 포함시키게 됩니다. 그리고 만일 당신이 계속 그것에 주의를 기울이거나 충분히 오랫동안 그것을 의식하게 되면, 끌어당김의 법칙은 그것을 당신의 삶속으로 가져다주게 됩니다. 이 우주에 '아니야!' 라는 것은 없기 때문입니다.

좀 더 명확히 말하자면, 당신이 어떤 것을 쳐다보면서 "아니야, 나는 저런 것을 경험하고 싶지 않아. 저리 꺼져버려!"라고 소리칠 경우, 지금 당신이 실제로 하고 있는 일은 그것을 자신의 삶속으로 불러들이고 있는 것입니다. 끌어당김에 기초를 둔 이 우주에는 '아니야 No'라는 게 없기 때문이죠. 당신이 그것에 주의를 기울이는 것은 이렇게 말하고 있는 것과 같습니다. "그래, 어서 내게로 오거라, 내가 원하지 않는 것들아!"

다행히 당신이 살고 있는 이 물리적 시공간 현실에서는 일들이 즉각적으로 삶속에 구현되지 않습니다. 당신이 생각을 일으키기 시작해서 그것이 물질적으로 구현될 때까지, 그 사이에는 경이로운 버퍼링 시간buffer of time이라는 게 존재합니다. 그러한 '버퍼링 시간' 덕분에 당신은 실제로 자신의 삶속에 구현되길 원하는 것들 쪽으로 더욱 더 많이 자신의 주의를 다시 향하게 만들 수 있는 기회를 갖게 됩니다. 그리고 그것이 현실로 구현되기 훨씬 전에(실제로는 당신이 그것에 대해 처음 생각하기 시작할 때) 당신은 자신의 느낌을 통해서, 그게 자신의 현실로 구현되길 바라는 것인지 아닌지를 알 수가 있습니다. 만일 당신이 지속적으로 그것에 주의를 기울이게 된다면, 그것은 당신의 삶속에 모습을 드러내게 될 것입니다. 그것이 자신이 원하는 것이든 원하지 않는 것이든 관계없이 말이죠.

이러한 법칙들은 그것이 그렇게 작동한다는 사실을 당신이 이해하지 못하거나 무시한다고 해도 당신이 경험하는 것들에 영향을 미치고 있습니다. 심지어 지금까지 당신이 끌어당김의 법칙에 대해 전혀 들어본 적이 없고 아는 것도 없다 할지라도, 이 법칙의 막강한 영향력은 당신이 체험해나가는 삶의 모든 영역들에서 명확히 드러나게 됩니다.

당신이 지금 여기에서 읽고 있는 것들에 대해 숙고해보고, 또 자신이 말해오고 있고 생각해오고 있는 것과 삶에서 실제로 체험해오고 있는 것 사이에 어떤 관계가 있는지 살펴보기 시작한다면, 당신은 '끌어당김의 법칙'의 강력한 힘을 이해하기 시작할 것입니다. 그래서 자신이 하는 생각들을 의도적으로 통제함으로써 삶속으로 끌어당기길 원하는 것들에만 초점을 맞추게 될 때, 당신은 삶의 모든 영역에서 자신이 소망하는 것들을 두루 겸비한 인생을 경험하기 시작하게 될 것입니다.

당신들의 물질세계는 놀랍도록 다양한 환경과 이벤트들로 넘쳐나는 대단히 광대하고 다채로운 장소입니다. 당신은 그러한 것들 중 어떤 것들은 동의해 받아들이고(경험하기를 원하고), 또 어떤 것들은 받아들이지(경험하길 원하지) 않습니다. 하지만 이 물질 세계로 들어올 때 당신은, 이곳에 존재하는 것들 중 자신이 인정하고 받아들이는 것들은 더해 나가되 자신이 받아들이지 않는 것들은 없애버림으로써 자신의 견해에 맞춰 세상이 바뀌도록 하겠다는 의도를 갖고 있지 않았습니다.

　당신이 여기에 온 목적은, 당신 자신이 선택한 것들로 자신을 둘러싼 세계를 창조하기 위함이었고, 그와 동시에 다른 사람들도 역시 그들이 선택한 방식으로 각자 자신의 세계를 창조할 수 있도록 허용하기 위함이었습니다. 그리고 비록 그들이 선택한 것들로 인해 당신의 선택이 방해받는 일은 결코 없다 할지라도, 그들이 선택중에 있는 것들에 주의를 기울이게 되면 당신의 진동이 그것에 영향을 받게 됨으로써, 결과적으로 당신의 끌어당김 자력의 방향도 바뀌게 될 것입니다.

생각의 자력

　'끌어당김 법칙'의 자력은 온 우주로 뻗어나가 진동적으로 유사한 다른 생각들을 끌어와서 당신에게 가져다줍니다. 즉 어떤 대상에 주의가 가거나 어떤 생각을 활성화시키게 되면, '끌어당김의 법칙'이 그에 반응함으로써 그에 상응하는 사람들과 사건들과 환경들을 당신의 삶속으로 가져다주게 됩니다. 이러한 모든 것들은 당신의 생각과 진동적으로 일치되는 것들로서 일종의 강력한 자력의 집중을 통해서 당신의 삶에 나타나게 됩니다.

그것이 원하는 것이든 원치 않는 것이든 관계없이, 당신은 항상 자신이 생각하고 있는 대상과 본질이 같은 것을 얻게 됩니다. 그 사실이 처음에는 익숙하지 않겠지만, 시간이 지나면서 당신은 이 법칙의 공정성과 불변성 그리고 절대성에 감사하게 될 것입니다. 당신이 이 법칙을 이해하게 되어 지금 자신의 주의가 어떤 것에 가 있는지를 알아차리기 시작하게 되면, 당신은 스스로의 삶에 대한 통제력을 회복하게 됩니다. 당신은 그런 통제력의 회복과 더불어 자신이 삶에서 소망하는 것들 중에서 손에 넣을 수 없는 것은 아무것도 없으며, 또한 현재 삶속에 있는 원치 않는 것들 중에서 자신이 놓아버릴 수 없는 것은 아무것도 없다는 사실을 기억해내게 될 것입니다.

끌어당김의 법칙을 이해하고, 자신이 생각하고 느끼고 있는 것과 자신의 삶속에 물질화되어 나타나는 것 사이에는 절대적인 관계가 있다는 사실을 인식하게 되면, 당신은 자신의 생각이 어떻게 촉발되었는지에 좀 더 민감해지게 됩니다. 당신은 자신의 생각이 방금 읽고 있었던 어떤 것이나 보고 있었던 텔레비전에 의해 시작되었는지, 또는 방금 목격했거나 전해 들었던 다른 사람의 경험으로부터 자극받아 시작되었는지를 더 잘 알아차리게 됩니다. 또한 자그맣게 시작된 그 생각들에 주의를 기울이게 될 경우 '끌어당김의 법칙'에 의해 그 생각이 더욱 크게 자라나서 점점 강력해지는 걸 발견하게 되면,

당신에게는 더욱 더 자신이 체험하길 원하는 것들 쪽으로 생각의 방향을 이끌어가야겠다는 바람이 생길 것입니다. 당신이 어떤 것에 대해 깊이 생각하고 있게 되면, 그 생각을 촉발시킨 원인이 무엇이었건 관계없이 '끌어당김의 법칙'이 작동하기 시작함으로써 그 생각과 본질이 같은 다른 생각들이나 대화들이나 체험들을 당신에게 가져다주기 시작합니다.

당신이 과거를 회상 중이건, 현재를 관찰 중이건, 또는 미래를 상상중이건 관계없이, 당신은 그 생각을 바로 지금 하고 있습니다. 그리고 어떤 것이 됐건 지금 당신이 초점을 맞추고 있는 그것은 끌어당김의 법칙이 반응하게 될 진동을 당신 내면에 활성화시키게 됩니다. 아마도 처음에는 어떤 특정한 주제에 대한 생각을 당신 혼자서 하고 있었겠지만, 그 생각을 오랫동안 지속하다보면 다른 사람들이 그것에 대해 당신에게 말하기 시작하는 것을 보게 될 것입니다. 끌어당김의 법칙이 당신과 비슷하게 진동하고 있는 다른 사람들을 찾아내서 데려다 주기 때문입니다. 당신이 어떤 생각에 초점을 맞춘 상태를 더 오래 유지하게 될수록 그 생각은 더욱 강력해지게 됨으로써 당신의 끌어당기는 힘도 더욱 강해지게 됩니다. 그러면 그것에 대한 더 많은 증거들이 당신의 삶속에 나타나게 됩니다. 당신이 초점을 맞추고 있는 것이 원하는 것이든 원치 않는 것이든, 당신이 하고 있는 생각에 대한 증거들이 끊임없이 당신을 찾아 올 것입니다.

감정을 통해 교신하는 내면존재

당신은 눈에 보이는 이 육체를 훨씬 뛰어넘는 그 이상의 존재입니다. 당신은 물질 차원에 존재하고 있는 실로 놀라운 창조자이기도 하지만, 그와 동시에 다른 차원에도 역시 존재하고 있기 때문입니다. 당신은 비물질적인Non-physical 부분을 가지고 있으며(우리는 그것을 당신의 내면존재Inner Being라고 부릅니다) 그것은 당신이 이 육체에 머무르고 있는 동안에도 당신과 더불어 동시에 존재하고 있습니다.

당신의 '감정'은 당신과 내면존재 사이의 관계를 보여주는 물리적이고 육체적인 지표입니다. 다시 말해서, 당신이 어떤 주제나 대상에 초점을 맞추게 되어 그에 대한 당신만의 독특한 관점과 의견을 갖게 될 때, 당신의 내면존재 또한 그것에 초점을 맞추어 그에 대한 관점과 의견을 갖습니다. 그럴 때 당신이 느끼게 되는 감정emotion은 그 두 가지 관점이 서로 일치가 되는지 그렇지 않은지를 보여주는 지표가 됩니다. 일례로 당신에게 어떤 일이 일어났다고 가정해봅시다. 현재 당신은 자신이 그 일을 좀 더 잘 처리했거나 좀 더 현명했어야만 했다고 자책하면서 스스로 무가치한 존재라는 관점을 갖고 있습니다. 하지만 현재 당신의 내면존재는 당신이 지금 잘하고 있고 지혜로울뿐더러 영원히 가치있는 존재라는 관점을 가지고 있기에, 그 두 가지 관점 사이에는 커다란 불일치가 존재합니다. 그래서 당신은 이러한 관점상의 불일치를 기분이 나쁘게 느껴지는 부정적인 감정negative emotion의 형태로 느끼게 됩니다. 반면에 당신이 현재 자기 자신에 대해 자부심과 긍지를 느끼고 있다거나 또는 자신이나 타인들에 대해 사랑과 감사를 느끼고 있을 경우, 그럴 때 당신이 느끼는 감정은 내면존재가 느끼고 있는 감정과 훨씬 더 가깝게 일치하게 됩니다. 그래서 이러한 경우에 당신은 긍지나 사랑 또는 감사와 같이 기분 좋게 느껴지는 긍정적인 감정positive emotion을 느끼게 됩니다.

당신의 내면존재 또는 근원 에너지Source Energy는 당신에게 커다란 도움이 될 관점을 항상 제공합니다. 당신의 관점이 그것과 일치하게 되면 당신에게 유리한 끌어당김이 일어나게 됩니다. 다시 말해서, 당신이 더 좋은 기분을 느낄수록 당신의 끌어당김이 더욱 좋아지게 됨으로써 더욱 좋은 일들이 당신에게 일어납니다. 물질적인 당신의 관점에 담긴 진동과 비물질적인 내면존재의 관점에 담긴 진동을 이처럼 비교해서 보여주는 것, 그것이 바로 언제든 당신이 이용할 수가 있는 경이로운 감정안내시스템Emotional Guidance System이 하는 역할입니다.

끌어당김의 법칙은 당신이 발산하는 진동이 어떤 것이든 관계없이 언제나 그것에 반응하여 작동하므로, 당신의 감정이 알려주고 있는 사실 즉, 지금 현재 자신이 원하고 있는 것을 창조하고 있는 상태인지 아니면 원치 않는 것을 창조하고 있는 상태인지를 이해하는 것은 정말 정말 중요한 일입니다.

흔히 사람들은 이 법칙에 대해 배우게 되고, 자신의 생각에 의해서 모든 것들이 끌려오게 된다는 걸 이해하게 될 경우, 자신의 생각을 지켜봐야겠다고 생각하게 됩니다. 그렇지만 자신의 생각을 일일이 지켜보는 일은 결코 쉬운 일이 아닙니다. 왜냐하면, 당신이 생각하는 대상들이 너무나도 많을 뿐 아니라 끌어당김의 법칙에 의해서 더욱 더 많은 생각들이 계속해서 끌려오기 때문입니다.

그래서 우리는 생각을 지켜보기보다는 단순히 자신의 느낌이 어떤지에 주의를 기울이라는 권유를 합니다. 그 이유는 당신이 선택한 어떤 생각이, 당신보다 더 많은 걸 알고 있고 더욱 오래되었으며 더욱 현명하고 사랑에 넘쳐있는 '내면존재'의 생각과 조화를 이루지 않을 때마다, 당신은 그러한 부조화를 자신이 느끼는 기분이나 감정을 통해 알 수가 있기 때문입니다. 그러면 당신은 더 기분 좋게 느껴지고 더 좋은 것들을 가져다줄 수 있는 다른 어떤 생각으로 쉽게 바꿀 수가 있게 됩니다.

이번 생을 시작하겠다는 결정을 내렸을 당시, 당신은 이미 자신이 이처럼 경이로운 감정안내시스템을 갖게 된다는 사실을 알고 있었습니다. 당신은 언제나 이처럼 경이롭게 작동중인 자신의 안내시스템을 통해서, 지금 현재 자신이 내면존재의 앎과 보조를 맞추고 있는지 아니면 그러한 앎에서 멀어지고 있는지를 항상 인식할 수 있게 될 것임을 이해하고 있었습니다.

자신이 원하는 어떤 것들의 방향에서 생각을 하고 있을 때마다 당신은 긍정적인 감정이 느껴질 것입니다. 반면 자신이 원하지 않는 것들의 방향에서 생각을 하고 있을 때마다 당신은 부정적인 감정이 느껴질 것입니다. 따라서 단순히 자신이 느끼는 기분이나 감정에 주의를 기울이게 되면, 어느 때건 당신은 강력한 자력을 가진 자신의 생각이 지금 현재 무엇을 끌어당기고 있는지를 알 수가 있게 될 것입니다.

항상 작동중인 감정안내시스템

당신의 경이로운 감정안내 시스템은 당신이 가진 아주 유용한 도구입니다. 왜냐하면 '끌어당김의 법칙'은 당신이 인식하든 인식하지 못하든 언제나 항상 작동하고 있기 때문입니다. 그렇기 때문에 당신이 원하지 않는 어떤 것을 생각하면서 그것에 초점을 맞춘 상태를 지속하게 되면, 끌어당김의 법칙은 그와 비슷한 생각들을 계속해서 더욱 더 많이 끌어당기게 되고, 종국에는 그 생각과 정확히 일치하는 사건이나 환경을 당신의 삶속으로 끌어당기게 됩니다.

하지만 만일 당신이 자신의 감정안내시스템을 의식하면서 자신이 느끼는 기분이나 감정을 민감하게 인식하게 된다면, 당신은 미묘한 초기 단계에서부터 원하지 않는 무언가에 초점을 맞추고 있다는 사실을 스스로 알아차리게 될 것입니다. 그래서 자신이 원하는 어떤 것을 끌어당기기 시작하도록 생각을 쉽게 바꿀 수가 있습니다. 만일 자신이 느끼는 기분이나 감정에 민감해지지 않으면, 당신은 지금 현재 자신이 원하지 않는 것들의 방향 쪽에서 생각중이라는 사실을 의식적으로 자각하지 못하게 될 것이기에, 자신이 원하지 않는 어떤 거대하고도 대단히 강력한 것을 끌어당기게 될 공산이 큽니다. 그렇게 되고 나면 당신이 그것을 처리하는 것은 더욱 힘든 일이 될 것입니다.

자신에게 어떤 아이디어가 떠올랐는데 그것에 대한 열정이 느껴진다면, 그건 바로 당신의 내면존재가 그 아이디어와 진동적으로 일치된 상태라는 것을 의미합니다. 또한 당신이 느끼는 긍정적이고 기분 좋은 감정은, 지금 이 순간 당신이 하는 생각의 진동이 '내면존재'

의 진동과 일치한다는 사실을 알려주는 일종의 표식이자 징표인 것입니다. 그게 바로 '영감'입니다. 그런 영감의 순간 속에서 당신은 '내면존재'의 더욱 광대한 관점과 진동적으로 완벽하게 일치된 상태입니다. 그리고 그처럼 조화롭게 일치된 상태 속에서 지금 당신은 내면존재로부터 명확한 메시지를 받고 있는 중입니다.

창조를 가속화시키는 방법

끌어당김의 법칙으로 인해 진동이 서로 일치되는 생각들은 함께 모입니다. 그렇게 되면 그 생각들은 더욱 강력해지게 됩니다. 그리고 그것들이 더욱 강력해지게 됨으로써 물질적 구현에 더욱 가까워지게 될 때, 당신이 느끼는 감정 또한 그에 비례해서 더욱 더 커지게 됩니다. 자신이 소망하는 어떤 것에 초점을 맞추게 될 경우, 끌어당김의 법칙으로 인해 소망하는 그것과 관련된 생각들이 점점 더 많이 끌려오게 되고, 당신이 느끼는 긍정적인 감정도 더욱 커지게 될 것입니다. 당신은 단순히 어떤 것에 더 많은 주의와 관심을 기울이는 것에 의해서 그것이 창조되는 속도를 빠르게 할 수가 있습니다. 그리고 나머지 일들은 '끌어당김의 법칙'이 도맡아 처리함으로써 당신이 생각중인 것의 본질 essence 을 가져다 주게 됩니다.

우리는 원하다 want 또는 소망하다 desire 라는 말을 다음과 같이 정의합니다. 즉, 어떤 대상을 생각하거나 어떤 대상에 주의를 집중하는 동시에 기분 좋은 감정을 느끼는 것. 당신이 어떤 주제나 대상에 주의를 기울이면서 그와 동시에 오로지 긍정적인 감정을 느끼게 된다면, 그것은 매우 빠르게 당신의 경험 속으로 들어 올 것입니다. 우리는 간혹 사람들이 자신들의 소망이 이루어질 수 없다는 '염려나 의심' 또는 '불안과 걱정'을 느끼면서 동시에 '원하다' 혹은 '소망하다'라는 말을 사용하는 것을 듣고는 합니다. 그렇지만 우리의 관점에서는, 당신이 기분 나쁜 감정을 느끼면서 그와 동시에 어떤 것에 대한 순수한 바람과 소망을 갖는 것은 가능하지가 않습니다.

순수한 소망Pure desire은 언제나 기분 좋은 감정을 동반합니다. 아마도 많은 사람들이 우리가 사용하는 '원하다' 또는 '소망하다'라는 말에 동의하지 않는 이유가 그 때문일 것입니다. 흔히 그들은 바람wanting이란 말이 일종의 결핍의 뜻을 내포하고 있다고 주장합니다. 그래서 그 말 자체가 의미상 모순이라고 주장하고는 합니다. 우리도 그 말에 동의합니다. 하지만 정말로 중요한 것은 사용하는 말이나 명칭이 아니라, 당신이 그 말을 사용할 때 느끼는 감정 상태인 것입니다.

지금 우리가 가진 소망은, 지금 당신의 처지나 상황이 어떠하든, 지금 당신이 어떤 존재 상태이든 관계없이, 현재 당신이 서 있는 삶의 자리로부터 자신이 원하는 어떤 삶의 자리로도 옮겨갈 수가 있다는 사실을 당신이 이해하도록 돕는 것입니다. 진정 당신이 알아야 할 가장 중요한 것은, 그 순간 속에서 당신의 심리 상태 또는 당신의 태도야말로 당신이 어떤 것을 더 많이 끌어오게 될지를 결정한다는 사실입니다.

'끌어당김의 법칙'은 진동에 기초한 이 우주 속에 존재하는 모든 것들에게 언제나 일관되게 반응하고 있습니다. 그래서 진동이 서로 일치되는 생각들을 한데 모이게 하며, 진동이 서로 일치되는 상황이나 사건들을 함께 모이게 만들고, 진동이 서로 일치되는 사람들을 함께 모이게 만들고 있습니다. 당신의 마음속에 떠다니는 수많은 생각들에서부터, 당신이 길을 가다 마주치게 되는 사람들에 이르기까지, 당신 삶속에서 벌어지고 있는 그 모든 일들은 '끌어당김의 법칙'에 의해서 관리되고 있습니다.

나 자신을 어떻게 바라볼 것인가?

대부분의 사람들은 삶속의 많은 일들이 대체로 잘 진행되고 있으며 계속해서 그렇게 지속되기를 원합니다. 하지만 그 중에는 다르게 바뀌었으면 하는 부분들도 있기 마련입니다. 그것들이 바뀌도록 하기 위해서는, 당신이 그것들을 현재 드러나 있는 모습 그대로 계속 지켜볼게 아니라, 당신이 바라는 식으로 이미 바뀌어져 있는 모습으로 바라보아야만 합니다. 아마 당신이 하는 대부분의 생각들은 주로 눈앞에서 벌어지는 일들에 대한 생각일 것입니다. 그 말은 현재 드러나 있는 현실에 대한 관찰이 당신의 초점, 당신의 주의, 당신의 진동을 주도하고 있고, 따라서 당신의 끌어당김 자력의 방향을 주도하고 있다는 뜻입니다. 게다가 주위 사람들도 마찬가지로 당신의 현재 모습만을 바라보고 있다면 상황은 한층 더 심각해집니다.

그처럼 대부분의 사람들은 주로 자신의 현재 상황에만 과도하게 관심과 주의를 기울이고 있기 때문에 삶이 거의 바뀌지 않거나 천천히 바뀌는 것입니다. 계속해서 다른 사람들이 자신의 삶속에 나타나게 되지만 그러한 경험의 본질이나 주제는 거의 변화가 없습니다.

당신의 체험 속에 진실로 긍정적인 변화를 가져오기 위해서는, 반드시 당신은 지금 현재 일들이 드러나 있는 상태라든가 자신에 대한 다른 사람들의 시선을 전혀 개의치 말아야만 하며, 또한 자신이 바라는 식으로 일들이 바뀌어있는 방향 쪽을 향해서 더욱 더 많이 주의를 기울여야만 합니다. 당신은 연습을 통해서 자신이 끌어당기는 것들을 바꾸게 될 것이고, 또한 자신의 삶이 실제로 바뀌는 것을 경험하게 될 것입니다. 당신은 병든 상태에서 건강한 상태로 바뀔 수가 있고, 가난한 상태에서 풍요로운 상태로 바뀔 수가 있습니다. 또한 나쁜 관계들을 좋은 관계들로 변화시킬 수 있습니다. 당신의 혼란스러움은 명쾌함으로 바뀔 수가 있습니다.

자신에게 일어나고 있는 일들을 단순히 지켜만 보는 대신, 자신의 생각들을 의도적으로 이끌어나감으로써, 당신은 자신의 진동 패턴을 변화시키기 시작할 것이고, 그러면 끌어당김의 법칙이 그 진동에 반응할 것입니다. 그래서 조만간 당신은 지금 당신이 생각하는 것보다 훨씬 더 적은 노력만으로도, 자신의 과거나 현재 모습이라고 인식하는 다른 이들의 시선에 반응해서 그와 유사한 미래를 계속 창조해나가는 일을 멈추게 될 것입니다. 그 대신 당신은 자신의 체험을 의도적으로 창조해나가는 강력한 의식적 창조자가 될 것입니다.

어떤 조각가가 자신의 손에 든 찰흙을 테이블에 내던지면서, "에이, 제대로 되지 않았잖아!"라고 소리치지는 않을 것입니다. 그는 자신의 손을 이용해 찰흙을 주무르는 작업을 해야지만 자신의 마음속

비전과 일치하는 작품이 작업대 위에 존재하게 된다는 걸 잘 알기 때문입니다. 당신이 해오고 있는 다채로운 삶의 체험들은 예술가의 손에 들린 찰흙과도 같아서, 당신이 그걸 통해 새로운 체험들을 창조해나갈 수 있는 재료를 제공해줍니다. 그럼에도 당신이 그것을 주물러서 자신의 소망과 일치되게 만들지는 않고, 단순히 지금 눈앞에 드러나 있는 현재 모습만을 바라보고 있다면, 그것은 당신이 이 물질세계 속으로 들어오기로 결정했던 당시에 품었었던 의도와 어긋나는 일입니다. 현재 당신의 찰흙이 어떻게 보이든 간에, 당신은 그것을 주물러서 원하는 모습으로 쉽게 변형시킬 수가 있다는 것을 아십시오. 거기에 예외는 없습니다.

지구별에 오신 걸 환영합니다!

만일 당신이 육체적 삶을 시작하는 첫 날에 우리가 당신에게 말을 했다면 이렇게 말을 했을 겁니다. 그리고 아마 당신은 더 쉽게 받아들였을 것입니다.

어린 존재여, 지구별에 오신 것을 환영합니다.
이곳에서 그대가 될 수 없고 할 수 없고 가질 수 없는 것은 아무것도 없답니다. 그대는 위대한 창조자이기 때문입니다. 그대는 이곳에 오길 원했던 자신의 강력한 의도와 소망에 의해서 지금 여기 있게 되었습니다. 그대는 놀라운 '의식적 창조'의 법칙을 그러한 소망을 이루기 위해 구체적으로 적용했으며, 그러한 자신의 창조 능력으로 인해 지금 이곳에 있게 된 것입니다.

앞으로 나아가면서, 그대가 원하는 것들을 생각하십시오. 그대가 원하는 것들을 결정하는 데 도움이 될 삶의 체험들을 끌어당기십시오. 그리고 일단 자신이 원하는 걸 결정했다면, 오로지 그것에만 생각을 모으십시오!

이곳에서 그대가 보내는 대부분의 시간은 자료 수집에 쓰일 것입니다. 자신이 원하는 게 무엇인지 결정하는데 도움이 될 자료들 말이죠. 그러나 이곳에서 그대가 진짜로 할 일은 자신이 원하는 걸 결정하고 난 다음, 온전히 그것에만 주의와 관심을 집중하는 것입니다. 그대는 자신이 원하는 어떤 것에 초점을 맞춤으로써 그것을 자신에게 끌어오게 되기 때문입니다. 그게 바로 창조하는 방법입니다. 즉, 그대의 '내면 존재'가 감정을 제공해줄 만큼 충분히 많이 생각함으로써 아주 명확하게 만드는 것입니다. 그래서 감정이 느껴지는 생각을 계속 지속시켜가게 되면 이제 그대는 세상에서 가장 강력한 자석으로 바뀌어갑니다. 그게 바로 그대가 원하는 어떤 것이든 자신의 인생체험 속으로 끌어당기는 방법입니다.

그대가 일으키는 대부분의 생각들은 아마 처음에는 끌어당기는 힘이 그리 강하지 않을 것입니다. 하지만 충분히 오래 하나의 생각에만 주의를 집중하게 되면 점점 더 강력해질 것입니다. '끌어당김의 법칙'에 의해 생각이 양적으로 증가하게 될수록 생각의 힘도 강해지기 때문입니다. 그리고 그 생각이 더욱 강력해져 갈수록 '내면존재'로부터 전해지는 감정도 더욱 강렬해져 갈 것입니다. 언제든 그대가 감정을 불러일으키는 생각들을 하고 있을 때, 그대는 우주의 힘에 연결되어 있는 상태라는 것을 아십시오.

이번 생애에서의 첫 날인 오늘, 앞으로 이곳에서 그대가 해야 할 일은 자신이 원하는 것을 결정한 다음 오로지 그것에만 주의를 집중하는 것임을 명심하면서 앞으로 나아가십시오!

그렇지만 지금 우리는 당신 삶의 첫 날에 당신에게 말하고 있지 않습니다. 당신은 이미 이곳에 오래 머물러 왔습니다. 당신들 중 대다수는 스스로의 눈을 통해서 자기 자신을 보지 않고(심지어 아주 기본적인 일에서조차도 그렇습니다.) 주로 타인들의 눈을 통해서 바라보고 있습니다. 그래서 지금 현재 많은 사람들이 자신이 바라는 것을 이루지 못한 상태에 머물러 있는 것입니다.

나의 현실은 그 모든 것이 진짜인가?

우리는 당신이 스스로 선택한 '존재 상태'를 어떤 식으로든 성취할 수 있는 방법을 제공함으로써 당신이 우주의 힘에 접속할 수 있도록 돕고자 합니다. 그럼으로써 현재 당신이 자신의 실제 삶의 모습이라고 느끼고 있는 것들이 아니라, 자신이 진정 원하는 형태의 삶을 끌어당기기 시작할 수 있게 될 것입니다. 우리가 보기에는 **현재 당신이 자신의 '현실**reality**'이라 부르는 것과 당신의 진짜 현실 사이에는 아주 큰 차이가 있습니다.**

어쩌면 지금 현재 당신은 건강한 몸이 아니거나, 체형이나 체격 또는 체력이 맘에 들지 않거나, 생활 여건이 만족스럽지 않거나, 볼 썽사나운 차를 갖고 있거나, 대인 관계에서 전혀 기쁨을 느끼지 못하는 상태일지도 모릅니다. 자, 우리가 말씀드리고 싶은 건, 비록 현재 그러한 모습이 실제 자신의 존재 상태인 것처럼 생각될 수도 있겠지만 꼭 그래야만 할 필요는 없다는 것입니다. 당신의 존재 상태라는 건, 언제 어느 때이건 자기 자신에 대해서 스스로 느끼는 방식인 것입니다.

끌어당기는 힘을 강하게 만들려면

강한 감정을 불러일으키지 않는 생각은 끌어당기는 힘이 강하지가 않습니다. 다시 말해서, 당신의 모든 생각은 잠재적으로 창조력이나 끌어당기는 힘이 있지만 강한 감정을 불러일으키는 생각이야말로 강력한 힘이 있습니다. 당신이 하는 대부분의 생각들은 확실히 끌어당기는 힘이 강하지가 않습니다. 그것들은 이미 당신의 물질적 현실로 구현된 것들을 그저 유지시키는 정도입니다.

그렇기 때문에, 자신이 삶에서 경험하길 원하는 환경들과 사건들을 끌어당기기 위해, 대단히 크고 강력하며 열정적이고 긍정적인 감정을 불러일으키는 강력한 힘을 지닌 생각들을, 날마다 꾸준히 10분에서 15분 정도 의도적으로 표출해내는 연습이야말로 대단히 가치있는 일이라 할 것입니다.

이제 우리는 당신에게 날마다 의식적으로 그런 연습을 하는 방법을 알려드릴 것입니다. 우리가 '창조워크숍'이라 부르는 이 기법은, 당신이 날마다 약간의 시간을 할애해서 건강과 활력, 풍요와 행복한 관계 등 자신이 꿈꾸는 완벽한 삶의 비전에 부합하는 모든 요소들을 의도적으로 끌어당길 수 있는 방법입니다. 친구들이여, 그것은 분명 당신을 변화시킬 것입니다. 왜냐하면 뭔가를 의도하고 그것을 받게 될 경우, 당신은 자신이 창조해낸 성과물에 의한 이득은 물론, 새롭게 달라진 관점으로 인해서 새로운 의도들을 또 다시 품게 될 것이기 때문입니다. 그게 바로 진화라는 것이고 성장이라는 것입니다.

아브라함의 '창조 워크숍'

이 과정은 이러합니다. 당신은 매일 어떤 가상의 워크숍에 참석합니다. 워크숍을 위해 긴 시간이 필요하지 않습니다. 15분 정도가 적당하며 최대한 20분 정도면 충분합니다. 이 워크숍은 매일 같은 장소에서 열릴 필요는 없습니다만, 가능한 방해받지 않고 주의가 산만해지지 않을 수 있는 곳이 적당합니다. 이 워크숍은 명상의 상태처럼 당신이 의식의 변형상태로 들어가기 위한 게 아닙니다. 이것은 당신이 바라는 것에 대한 명확하고 명쾌한 생각을 의도적으로 일으킴으로써 내면존재가 그에 상응하는 감정을 제공해주도록 만드는 과정입니다.

이 과정을 시작하기 전에 먼저 당신이 행복한 상태가 되는 것이 중요합니다. 당신이 행복하지 않거나 아무런 감정을 느끼지 못하는 상태에서 시작하게 될 경우엔 별 효과가 없게 됩니다. 그럴 경우 당신의 끌어당기는 힘은 강력하지가 않을 것이기 때문입니다.

우리가 말하는 행복한 상태라는 것은 당신이 흥분해서 펄쩍펄쩍 뛰어다닐 정도의 상태를 뜻하는 게 아닙니다. 그것은 밝고 가벼우며 고양된 느낌으로써, 일종의 '모든게 좋고 괜찮다'All Is Well라는 감각을 의미합니다. 따라서 우리는 워크숍을 시작하기에 앞서서 우선 당신 자신을 행복하게 만드는 어떤 일이든 먼저 할 것을 권합니다. 그렇게 하는 방법은 사람에 따라 각자 다를 것입니다. 에스더의 경우에는 음악을 듣는 것이 그처럼 가볍고 즐거운 느낌을 갖게 되는 지름길입니다. 하지만 모든 음악이 그런 느낌을 주는 것은 아니며 심지어 같은 음악이라도 때에 따라서는 다르게 느껴질 것입니다. 사람에 따라서는 애완동물과의 교감이라든지 혹은 흐르는 물가에 앉아 있는 일이 그런 느낌을 가져다줄 것입니다. 일단 그처럼 편안한 느낌을 갖게 되면 이제 자리를 잡고 앉아서 자신의 창조워크숍을 시작하십시오.

당신이 이 워크숍에서 할 일은 일상생활에서 모아오고 있던 자료들을 반추해보면서 충분히 소화하는 일입니다. 당신은 다른 사람들과의 일상적인 교류라든가 일상적인 체험들을 하는 과정에서 그러한 자료들을 수집하게 될 것입니다. 이곳에서 당신은 그런 자료들을 가지고 스스로 만족스럽고 기분 좋게 느껴지는 자신에 대한 어떤 영상 속으로 들어가는 작업을 하게 됩니다.

당신이 창조워크숍 밖에서 하는 실제 현실 체험은 아주 커다란 가치를 갖고 있습니다. 당신이 어떤 일을 하면서 하루 일과를 보내든 관계없이 즉, 출근해서 업무를 보건, 집안일을 하건, 배우자나 친구 또는 아이들이나 부모님과 교류를 하게 되건, 만일 당신이 그러한 시간들을 보내면서 자신이 나중에 '워크숍' 공간 속으로 가져갈 자료들을 수집하겠다는 의도를 가지고 그 시간들을 보내게 될 경우, 당신의 하루하루는 온통 재미와 즐거움으로 가득 차게 되는 걸 발견하게 될 것입니다.

언젠가 당신은 주머니에 약간의 돈을 가지고 살만한 물건을 찾아보기 위해 백화점이나 쇼핑몰에 갔던 적이 있으십니까? 비록 거기엔 자신이 원하지 않는 것들도 많이 있긴 했지만, 그럼에도 당신의 의도는 돈을 주고 교환하길 정말 원했던 어떤 것들을 찾아내는 것이었습니다. 자, 그게 바로 당신이 매일 매일의 일상생활 속에서 했으면 하고 우리가 바라는 일입니다. 당신이 수집중인 이러한 자료들을 마치 쇼핑하듯 호주머니 한 가득 집어넣고 있는 과정으로써 자신의 삶을 바라보라는 것이죠.

예를 들어, 아주 명랑한 성격을 가진 누군가를 보았다고 합시다. 그러면 당신은 나중에 '워크숍'에 가지고 가기 위해 그 자료를 수집합니다. 누군가가 멋지고 근사한 자동차를 운전하고 있다면 그 자료도 수집을 합니다. 정말 마음에 드는 멋진 직업을 발견하게 될 경우 그 자료 역시 수집을 합니다. 당신이 본 어떤 것이든 마음에 드는 것이 있으면 기억을 해두거나 메모를 해두십시오. 그 어떤 것을 보게 되건 그것이 자신의 삶속에 포함시키고 싶은 것이라면 모두 수집한 다음 일종의 '정신적인 은행'에 저축을 해두는 것입니다. 그런 다음 나중에 워크숍에 들어갔을 때 그러한 자료들을 꺼내서 반추해보기 시작하는 것입니다. 그렇게 함으로써 당신은, 자신에 대한 어떤 영상을 미리 준비시키게 될 것입니다. 가상현실 속에서 자신을 기쁘고 즐겁게 했었던 것들의 본질을 실제 인생체험 속으로 끌어당기기 시작하게 될 자신의 모습에 대한 영상을 말이죠.

현재 당신이 이 물질세계에서 어떤 종류의 일들을 해가고 있건 관계없이, 이곳에서 하는 당신의 진짜 일이 무엇인지를 진정 이해하게 된다면 즉, 끌어당기는 힘을 가진 만족스러운 자신의 영상을 창조하기 위해서, 하루를 보내는 동안 워크숍으로 가져가길 원하는 마음에 드는 자료들을 수집하며 다니는 것, 그것이야말로 이곳에서 자신이 하는 진짜 일이라는 사실을 이해하게 된다면, 이제 당신이 될 수 없고 할 수 없고 가질 수 없는 것은 아무것도 없다는 것을 알게 될 것입니다.

창조 워크숍의 한 가지 예

자, 이제 당신은 행복한 기분을 느끼면서 자신만의 창조워크숍 공간에 자리를 잡았습니다. 여기 창조워크숍을 하는 한 가지 실례를 보여 드리겠습니다.

나는 여기 있는 것이 너무나 좋아. 나는 지금 이 시간이 얼마나 가치 있고 강력한 것인지를 알아. 여기 있으니 너무나 기분이 좋구나.

지금 나는 내가 창조한 것들과 내가 선택한 것들로 둘러싸인 내 모습을 보고 있어. 이 화면 속의 나는 피곤한 기색도 없이 에너지로 충만해 있지. 그리고 삶을 아무런 저항 없이 헤쳐 나가고 있어. 나는 지금 유유히 움직이면서, 차를 타고 내리고, 빌딩을 들어오고 나가고, 사무실을 들어오고 나가고, 사람들과 대화를 나누면서 삶을 체험해가고 있어. 나는 지금 아무런 애씀도 없이 편안하고 행복하게 살아가고 있어.

지금 나는 내가 가진 현재 의도와 조화를 이루는 사람들만을 끌어오고 있는 나의 모습을 보고 있어. 그리고 나는 매 순간 나 자신의 의도를 명확하게 알고 있어. 차를 타고 어떤 장소를 향해 갈 때면 언제나 정시에 건강하고 활기찬 모습으로 도착하는 나의 모습을 보고 있어. 나는 그 장소에서 하고자하는 일에 대해 아주 잘 준비되어 있어. 나는 스스로 선택한 옷들로 아주 멋지게 차려입었어. 나는 다른 사람들이 어떤 선택을 하든 전혀 문제가 되지 않는다는 것과 내가 선택한 것에 대해 다른 사람들이 어떻게 생각하건 아무런 문제가 되지 않는다는 사실을 알기에 너무나 기분이 좋아.

중요한 것은 지금 내가 나 자신에 대해 기뻐하고 있다는 것이고, 또한 지금 내가 나라고 인식하는 바로 이 모습이 진정한 나라는 사실이지.

나는 내 삶이 모든 면에서 어떤 한계도 없다는 것을 알아. 나는 잔고가 무한한 은행계좌를 가지고 있어. 그리고 내가 삶에서 어떤 걸 선택하더라도 전혀 돈에 구애받지 않는다는 걸 알면서 즐겁고 유쾌하게 살아가고 있어. 그래서 나는 내가 어떤 걸 체험할 형편이 되는지 안 되는지가 아니라, 내가 그걸 체험하고 싶은지 아닌지에 따라 결정을 해가고 있어. 왜냐하면 내가 선택하는 것이 번영이건 건강이건 행복한 관계이건 상관없이, 언제든 내가 원할 때마다 그 모든 것들을 끌어당기는 자석이 바로 나라는 것을 잘 알기 때문이지.

나는 끊임없이 넘쳐흐르는 무한한 풍요를 선택했어. 왜냐하면 이 우주에는 풍요가 아무런 제한 없이 넘쳐흐르고 있다는 사실을 알고 있고, 또한 내가 원하는 만큼 풍요를 끌어오더라도 그로 인해서 다른 사람이 제약받지 않는다는 사실을 잘 알기 때문이지. 모든 사람들에게 돌아갈 충분한 풍요가 언제나 존재하고 있어. 그런 사실을 이해하고 자신이 삶에서 체험하고 싶은 것을 원하면, 누구든지 그것을 끌어당길 수가 있게 되지. 그래서 나는 아무런 제한이나 한계도 없는 '무한한 풍요'를 선택했어. 나는 뭉치 돈을 따로 떼어 비축해둘 필요가 전혀 없어. 내가 어떤 걸 바라든 필요로 하는 만큼 부와 풍요를 끌어올 수 있는 힘이 내게 있다는 걸 알기 때문이지. 영원하고 다함이 없는 번영과 풍요가 무한히 공급되고 있기에, 내가 바라는 어떤 것을 생각하게 되면 그것에 필요한 돈들이 언제나 쉽게 흘러들어오고 있어.

지금 내 삶은 모든 면에 있어서 풍요로 넘쳐나고 있어. 나는 지금 나를 너무나 좋아하고 아끼며 나와 마찬가지로 지속적인 성장을 원하는 사람들로 둘러싸여 있어. 그들은 내가 기꺼이 그들이 선택하는 대로 무엇이건 되거나, 갖거나, 할 수 있도록 허용했기에 나에게 끌려오게 되었지. 하지만 그들이 선택한 다른 것들 중에서 내 마음에 들지 않는 것들은 나의 체험 속으로 끌어당길 필요가 없지. 지금 나는 다른 이들과 교류하고 있는 나의 모습을 보고 있어. 나는 그들과 웃으면서 즐겁게 대화를 나누고 있어. 나는 그들이 지닌 완벽함을 즐기고 있고, 동시에 그들 또한 내가 지닌 완벽함을 즐기고 있지. 우리들은 서로서로에게 감사하고 있고, 그 누구도 자신이 좋아하지 않는 것들에 주의를 기울인다거나 비판하는 일은 하지 않고 있지.

지금 나는 완벽하게 건강한 내 모습을 보고 있어. 내 삶은 모든 영역에서 번창하고 있기에 나는 너무나 행복하고 성공적인 삶을 살아가고 있어. 나는 삶에 대해 열정과 열의를 지니고 있고, 또한 내가 육체적 존재가 되기로 결정을 했을 당시에 그렇게도 열렬히 원했었던 이곳에서의 삶 체험에 대해 감사를 느끼고 있어. 이렇게 육체를 가진 존재로서 두뇌를 통해 결정을 내리면서도, '끌어당김 법칙'을 통해 우주의 힘과 연결된 상태로 이곳에서 살아가는 것은 참으로 영광스러운 일이야. 지금 이 순간 내가 느끼는 이처럼 멋지고 근사한 존재 상태로 인해, 나는 지금 그와 같이 멋지고 근사한 것들을 더욱 많이 끌어당기고 있는 중이지. 그건 참으로 멋진 일이고, 무척이나 재미있는 일이지. 나는 그게 너무나도 좋아.

이제 나는 '워크숍'을 끝마칠 거야. 그리고 오늘 하루 남은 시간 동안에 내가 좋아하는 것들을 더 많이 찾아 볼 작정이야. 행여 내가, 부유하지만 병에 걸린 누군가를 보게 될 경우엔 내가 본 모든 걸 다 가지고 '워크숍'에 올 필요 없이, 단지 내가 좋아하는 부분만 가져오면 된다는 걸 알기에 너무나 기뻐. 따라서 나는 그처럼 부유한 모습만을 취하고 병든 모습은 그대로 놔둘 거야. 이제 오늘 나의 '워크숍'은 모두 끝났다.

모든 법칙들이 우주법칙이 아닙니까?

제리 | 아브라함, 당신들은 세 가지 주요한 우주 법칙을 언급했습니다. 그런데 우주적이지 않은 어떤 법칙들도 있습니까?

아브라함 | 당신들이 법칙이라고 부를 수 있는 것들이 많이 있습니다. 하지만 우리는 우주 보편적인 것들에 한정해서 법칙이라고 규정합니다. 다시 말해서, 당신들이 이 물질차원으로 들어오게 됐을 때, 당신들은 '시간'과 '중력' 그리고 이러한 '공간지각'에 대해 합의를 하였지만, 그런 합의 사항들은 우주 보편적인 것이 아닙니다. 왜냐하면 그러한 체험들을 공유하지 않는 다른 차원이 존재하기 때문입니다. 따라서 많은 경우에 우리는 당신들이 법칙이라고 부르는 것 대신에 합의라는 단어를 대신 씁니다. 세 가지 우주법칙 외에 별도로 존재하는 우주법칙은 전혀 없습니다.

끌어당김의 법칙을 가장 잘 이용하려면?

제리 | 우리들이 끌어당김의 법칙을 의식적이거나 의도적으로 이용하기 위한 다른 방법들이 많이 있습니까?

아브라함 | 당신들이 알고 있건 모르고 있건, 이미 당신들은 언제나 이 법칙을 이용하고 있는 중이라는 말로 시작하겠습니다. 누구도 '끌어당김의 법칙'을 이용하는 일을 중단할 수는 없습니다. 당신이 하고 있는 모든 일들이 이 법칙과 관련돼있기 때문이지요. 하지만 그 질문은 아주 좋은 질문입니다. 자신이 의도하는 바람이나 소망을 성취하기 위해서 의식적으로 이 법칙을 활용하는 방법을 묻고 있기 때문입니다.

'끌어당김의 법칙'이 항상 작동하고 있다는 사실을 자각하는 일이 그것을 의식적이고 의도적으로 활용하기 위한 가장 중요한 부분입니다. '끌어당김의 법칙'은 당신이 하는 생각에 항상 반응하고 있기 때문에, 자신이 하는 생각의 초점을 의도하는 방향으로 신중하게 의식적으로 이끌어가는 일이 대단히 중요합니다.

흥미 있는 것들을 선택한 다음에, 그것들이 자신에게 어떤 식으로 유익하고 이로운지에 대해 생각해보십시오. 즉, 자신에게 중요한 것들에 대해 그것의 긍정적인 측면들을 의도적으로 찾아보라는 말입니다. 당신이 어떤 하나의 생각을 선택하게 되면, '끌어당김의 법칙'은 그것에 반응해서 그와 비슷한 더 많은 생각들을 끌어당김으로써 그 생각을 더욱 강력해지도록 만들 것입니다.

한 주제에 지속적으로 초점을 맞춘 상태를 계속 유지한다면, 그 주제의 대상을 끌어당기는 힘은 자신의 마음이 이 주제에서 저 주제로 마냥 떠돌아다니는 것보다 훨씬 더 강력해지게 될 것입니다. 의식의 초점이 집중되는 것에 실로 어마어마한 힘이 있습니다.

자신이 하고 있는 생각들과 자신이 행하는 것들, 그리고 함께 시간을 보낼 사람들에 대해서도 의도적으로 선택을 하게 될 때, 당신은 '끌어당김의 법칙'으로 인한 이로움과 혜택을 느끼게 될 것입니다. 당신을 존중하거나 감사하고 있는 사람들과 함께 있게 되면, 당신 역시도 감사한 마음이 일어나도록 자극을 받게 됩니다. 반면 당신의 결점을 바라보는 사람들과 함께 있게 될 경우엔, 그들의 그런 관점이나 인식이 당신의 '끌어당김 자력'의 방향에 영향을 미치게 됩니다.

무엇이 됐건 자신이 주의를 기울이는 것은 점점 더 커지게 된다는 사실을 인식하게 되면(끌어당김의 법칙에 의해 반드시 그렇게 됩니다), 당신은 처음부터 자신이 주의를 기울이는 대상을 좀 더 까다롭게 선택하게 될 것입니다. 생각들이 더욱 큰 힘을 갖게 되기 전의 초기 단계에서 자신이 하는 생각의 방향을 바꾸는 것이 훨씬 더 쉽습니다. 하지만 어느 때이건 당신이 하는 생각의 방향을 바꾸는 일은 가능합니다.

진행 중인 창조의 흐름을 즉시 되돌릴 수 있나요?

제리 | 이전에 했던 생각에 의해 어떤 일이 진행되고 있던 중에 갑작스럽게 창조의 방향을 바꾸겠다고 결정을 했습니다. 이럴 경우에, 이미 가속화되고 있던 창조역

학적인 힘이나 추세가 존재하지 않습니까? 우선은 먼저 진행되고 있는 창조의 속도를 늦추어야 되지 않나요? 아니면 곧 바로 다른 방향으로 창조하는 게 가능합니까?

아브라함 | 끌어당김의 법칙에 의해 야기된 일종의 추진력이 존재합니다. 자, 끌어당김 법칙의 정의는 '비슷한 것끼리 서로 끌어당긴다.'입니다. 따라서 어떤 생각이 됐든 당신이 그 생각에 주의를 기울여 일단 활성화시키게 되면 그 생각은 점점 더 커지게 됩니다. 하지만 그렇게 추진력을 얻는 과정은 점진적으로 일어난다는 사실을 아시기 바랍니다. 따라서 그 생각의 방향을 바꾸려하기 보다는 다른 어떤 생각에 초점을 맞추십시오.

당신이 원치 않는 어떤 대상에 대한 생각을 상당히 오랜 시간에 걸쳐 해왔다고 가정해봅시다. 그래서 당신은 상당히 강하게 부정적인 쪽으로 가속되고 있는 추진력의 흐름 속에 있습니다. 그럴 때 그 대상과 관련해서 갑자기 그 생각과 반대되는 방향으로 생각하기 시작하는 일은 가능하지가 않을 것입니다. 실제로 당신은 현재의 그러한 상태에서는 그와 반대되는 방향 쪽에 있는 비슷한 종류의 생각들에 접속조차 할 수가 없을 것입니다.

하지만 현재 자신이 해오고 있던 생각들보다 약간이라도 더 기분 좋게 느껴지는 하나의 생각은 찾아낼 수 있을 것입니다. 그런 다음, 약간 더 나은 생각, 그리고 조금 더 나은 생각을 계속해서 찾아내게 되면, 당신은 자신이 해오던 생각의 방향을 점진적으로 바꿀 수 있게 됩니다.

생각의 방향을 바꿀 수 있는 또 다른 효과적인 방법은, 단번에 생각의 주제를 바꾸어 다른 어떤 대상의 좋은 점을 의식적으로 찾아보는 것입니다. 당신이 그렇게 할 수가 있고, 또한 더 기분 좋게 느껴지는 그 생각에 초점을 맞춘 상태를 기꺼이 오래 유지하겠다는 의도가 당신에게 있다면, 이제 끌어당김의 법칙이 새로운 그 생각에 반응하게 될 터이기에, 당신의 생각은 더 기분 좋은 방향 쪽으로 바뀔 것입니다. 그렇게 되면 당신이 이전의 그 기분 나쁜 생각으로 다시 되돌아가게 되더라도, 이제 당신의 진동이 긍정적인 상태로 바뀌어 있기 때문에 그 생각은 보다 개선된 당신의 진동에 의해 어느 정도 영향을 받게 됩니다. 그런 식으로 당신은 자신이 선택한 생각 대상의 진동적인 내용물을 조금씩 조금씩 더 나은 것들로 바꾸게 될 것이고, 그렇게 되면 당신 삶속의 모든 것들이 좀 더 긍정적인 방향 쪽으로 바뀌기 시작합니다.

어떻게 하면 실망감을 극복할 수 있습니까?

제리 │ 누군가가 자신의 부나 건강을 훨씬 더 나아지게 만들고자 하는데, 실제 상황은 이미 그와 반대되는 쪽으로 진행되는 중입니다. 그럴 경우 실망감을 이겨내고, 아직 결과가 나타나지 않았지만 "좋아, 나는 이 일이 잘 해결될 것이라는 걸 알아."라고 말할 수 있으려면 얼마나 많은 신뢰나 믿음이 필요할까요?

아브라함 │ 실망하는 상태에서는 실망하게 만들 것들을 더 많이 끌어당기게 됩니다. 가장 좋은 길은 창조가 이루어지는 과정을 당신이 이해하는 것입니다. 당신이 창조워크숍을 실행하는 것이 가치있는 이유가 바로 그 때문입니다. 즉, 행복한 느낌의 상태가 된 다음, 이미 자신이 바라는 것이 이루어진 상태를 상상해보는 것입니다. 그래서 그것이 너무나 명확하고 확실해서 실제로 자신이 이미 그러한 감정을 느끼고 있다고 믿겨질 때까지 그 모습을 바라보는 것입니다. 그러면 그런 존재 상태에서, 당신은 자신이 바라는 것을 끌어당기게 될 것입니다.

'실망감'은 지금 현재 당신의 초점이 자신이 바라는 것에 맞추어져 있지 않다는 사실을 '내면존재'가 알려주는 것입니다. 당신이 자신의 기분이나 감정 상태에 민감해지게 되면, 당신은 실망감이란 감정 그 자체가 현재 자신이 체험하고 싶지 않은 어떤 대상을 생각하고 있다는 사실을 알려주고 있다는 것을 깨닫게 됩니다.

원치 않은 사건들이 전 세계적으로 연속되는 이유

제리 | 수년 간 저는 항공기 납치나 테러 행위, 심각한 아동 학대나 집단 살인과 같은 부정적인 사건들에 대해 텔레비전에서 보도하는 것을 보아왔습니다. 그런데 일단 그러고 나면 그와 유사한 사건들이 거의 전 세계적으로 물결치듯 퍼져나가기 시작하는 걸 목격하곤 했습니다. 그런 일들도 동일한 과정에 의해서 초래되는 것입니까?

아브라함 | 어떤 것이든 그것에 주의를 기울이게 되면 증폭되게 마련입니다. 그 대상에 주의를 기울이면 그것의 진동을 활성화시키게 됨으로써 끌어당김의 법칙이 그 진동에 반응하기 때문입니다.

비행기 납치를 계획하고 있는 사람은 그런 생각에 힘을 더하고 있다고 할 수 있습니다. 그런데 그런 납치사건의 가능성에 대해서 공포심을 느끼고 있는 사람 역시 그런 생각에 힘을 더하고 있는 중입니다. 자신이 원치 않는 그와 같은 일들에 주의를 기울이게 되면 그와 같은 일들에 힘을 보태게 되기 때문입니다. 아마 자신의 삶속에 어떤 종류의 부정적인 정보도 끌어당기지 않겠다는 의도가 분명한 사람은 그런 방송은 아예 보지도 않을 것입니다.

너무나도 많은 서로 다른 의도들이 있고, 또한 그런 의도들이 뒤섞인 채로 존재하고 있기에, 어떻게 해서 그런 일이 일어나게 되었는가를 일반화해서 설명하기란 쉬운 일이 아닙니다. 하지만 확실한 것은 그런 뉴스방송이 그 상황을 더욱 악화시킨다는 점입니다. 더 많은 사람들이 자신이 원치 않는 대상에 초점을 맞추게 될수록, 그들은 자신이 원치 않는 그러한 것의 창조를 더욱 가속화시키고 있는 셈입니다. 그들이 느끼는 감정이 가진 힘이 세계적인 모든 사건들에 지대한 영향력을 발휘합니다. 그것이 바로 집단의식이 의미하는 것입니다.

의학적 치료에 주목하면 더 많은 질병이 끌려오나요?

제리 | 요 근래에는 수술 과정을 텔레비전에서 방송하는 일이 많아졌습니다.

그런 일이 인구 당 수술 받는 비율을 실제로 늘리게 됩니까? 다시 말해서, 사람들이 텔레비전으로 그런 의료행위를 목격하게 될 경우 그들은 자동적으로 그런 의료행위와 진동적으로 더욱 일치를 이루게 됩니까?

아브라함 | 당신이 어떤 것에 주의나 시선을 주게 되면 그것을 끌어당기게 될 가능성이 커집니다. 그것의 세부사항이 생생하면 생생할수록, 그리고 그것에 더 많이 주의를 기울일수록, 당신이 그것을 경험하게 될 가능성은 그만큼 더 커집니다. 또한 그것을 보게 되었을 때 느끼게 되는 기분 나쁜 감정은, 당신이 현재 나쁜 것을 끌어당기고 있다는 표시입니다.

물론 병이 곧바로 생기는 것이 아니기 때문에, 흔히 사람들은 자신의 생각과 그에 따르는 기분 나쁜 감정, 그리고 그 결과 나타나는 질병 사이에 상관관계가 있다는 사실을 알지 못합니다. 하지만 그것들은 절대적으로 서로 연결되어 있습니다. 당신이 그 무엇에건 주의를 기울이게 되면 그것은 당신을 향해 그만큼 더 다가오게 됩니다.

다행스럽게도, 버퍼링 시간이 존재하기 때문에 당신의 생각은 즉시 실제 현실이 되지는 않습니다. 그래서 당신은 (자신의 느낌을 통해) 자신의 생각을 평가해 볼 수 있는 충분한 시간이 있습니다. 그래서 언제든 자신이 기분 나쁜 감정을 느끼고 있다는 사실을 알아차리게 될 때마다 자신의 생각 방향을 바꿀 수가 있습니다.

질병의 세부사항을 끊임없이 알리는 일은 사회전반에 걸쳐 질병의 증가를 가져오는데 큰 영향력을 발휘합니다. 끝없이 계속되는 질병의 흐름에 대한 그처럼 불유쾌한 통계자료의 파상공세에 자신을 열어놓게 되면, 당신은 자신이 끌어당기게 될 것들에 영향을 받을 수밖에 없습니다.

이제, 그렇게 하는 대신에 당신은 삶속으로 끌어오고 싶은 것들에만 초점을 맞춰 주의를 집중시키는 방법을 알아야 합니다. 당신이 지속적으로 주시하고 있는 것들은 그게 무엇이든 당신에게 끌려오게 되니까 말이죠. 당신이 질병에 대해서 더 많이 생각하고 더 많이 걱정할수록 질병을 더 많이 끌어오게 됩니다.

기분 나쁜 감정의 원인을 찾아내야만 합니까?

제리 | 창조워크숍 과정을 자신이 바라는 것에 초점을 맞추기 위해서 이용하고 있는데, 워크숍을 끝낸 후 일상생활 속에서 기분 나쁜 감정을 느끼게 되었다고 가정해보죠. 어떤 생각이 그런 기분 나쁜 감정의 원인이 됐는지를 찾아내는 게 좋습니까? 아니면 그저 워크숍에서 생각했던, 자신이 원하는 어떤 것에 대한 생각을 하는 게 좋습니까?

아브라함 | 창조워크숍 과정이 강력한 이유는, 당신이 어떤 대상에 주의를 기울이면 기울일수록 그것이 더욱 강력해지고, 그 결과 그것에 대해 생각하는 일이 더욱 쉬워질 뿐만 아니라 그것이 더 빠르게 자신의 경험 속에 나타나기 시작하기 때문입니다. 어느 때건 당신이 기분 나쁜 감정을 느끼고 있음을 알아차리게 될 경우, 스스로 의식하지도 못하는 사이에 자신이 일종의 '부정적인 워크숍'을 진행시키

고 있었다는 사실을 이해하는 것이 중요합니다.

어느 때건 당신이 기분 나쁜 감정을 느끼고 있음을 알아차렸다면, 자신이 삶에서 체험하길 진정 원하는 어떤 것을 생각해봄으로써 부드럽게 주의를 돌리고자 해보십시오. 그렇게 하면 당신은 그런 것들에 대해 생각하는 마음의 습관을 차츰차츰 바꿔나가게 될 것입니다. 당신이 어느 때든 자신이 원치 않는 어떤 것을 생각해낼 수 있다면, 마찬가지로 당신은 언제든 자신이 정말 원하는 것을 생각해낼 수가 있습니다. 그래서 당신이 반복해서 그렇게 하게 되면, 자신의 삶에 있어 중요한 모든 주제와 관련해 생각하는 사고패턴은 자신이 원하는 것들 쪽으로 바뀌게 될 것입니다. 다시 말해서, 서서히 당신은 원하지 않는 것들에 대한 어떤 믿음들로부터 자신이 진정 원하는 것들에 대한 믿음들을 향해서 점진적으로 다리를 놓을 수 있게 될 것입니다.

원치 않는 것들에 대한 믿음의 다리놓기 예

제리 | 믿음에 다리놓기의 실례를 보여 주시겠습니까?

아브라함 | 당신의 감정안내시스템은 의식적으로 자신이 소망하는 것들에 대한 의도를 지속적으로 제시해가고 있을 때 가장 잘 작동합니다. 당신이 창조워크숍에서 완벽한 건강을 의도했다고 가정해봅시다. 당신은 그곳에서 건강하고 활력이 넘치는 존재로서 자신의 모습을 시각화 했습니다.

그리고 당신이 일상생활로 돌아와서 여자 친구와 점심을 먹고 있는데 그녀가 자신의 병에 대해 이야기를 합니다. 그녀가 자신의 병에 대한 이야기를 하기 시작하자 당신은 매우 불편하고 유쾌하지 않은 감정을 느끼게 됩니다. 자, 지금 당신에게 일어나고 있는 일은, 현재 당신이 듣고 있는 것과 생각하고 있는 것이 당신의 의도와 조화를 이루지 않는다는 사실을 안내시스템이 당신에게 알려주고 있는 것입니다. 그래서 당신은 병에 대한 이야기를 더 이상 하지 않겠다고 결정을 합니다. 당신은 대화의 주제를 바꾸고자 시도합니다. 하지만 친구는 이 주제에 대해서 무척 흥분돼있고 깊이 몰입된 상태입니다. 그래서 그녀는 다시금 자신의 병에 대한 이야기로 되돌아갑니다. 당신의 안내시스템은 재차 경고의 종을 울려대기 시작합니다.

지금 당신이 기분 나쁜 감정을 느끼게 되는 이유는 단지 그 친구가 당신이 바라지 않는 것에 대한 이야기를 하고 있기 때문만은 아닙니다. **당신의 기분 나쁜 감정은, 현재 당신이 바라는 것과 반대되는 믿음을 당신이 품고 있다는 표식입니다.** 그 친구의 이야기는 단지 당신이 바라는 건강에 대한 소망과 반대되는 당신 내면의 믿음을 일깨웠을 뿐입니다. 따라서 그 친구나 그 대화로부터 벗어나는 것만으로는 자신의 그런 믿음을 바꿀 수가 없습니다. 당신은 자신이 현재 서 있는 그 자리에서 출발해야만 합니다. 그래서 그런 믿음으로부터 조금씩 움직여나가서 자신이 바라는 건강에 대한 소망과 조화를 이루는 믿음을 향해 일종의 다리놓기를 해야만 합니다.

언제라도 기분 나쁜 감정을 느끼게 될 때는, 일단 멈추어서 자신이 방금 무슨 생각을 했는지 살펴보는 것이 도움이 됩니다. 언제든 기분 나쁜 감정을 느낀다는 것은, 지금 현재 자신이 중요한 일에 대해 생각하고 있으며, 또한 그 생각이 자신이 바라는 것과 반대된다는 사실을 말해주고 있는 것입니다. 그래서 "이런 기분 나쁜 감정이 느껴졌을 때 내가 무엇에 대해 생각하고 있었지?"라는 물음과, "이것과 관련해 내가 진정 바라는 것은 무엇인가?"라는 물음을 던지는 것은, 당신이 지금 이 순간 속에서 자신의 삶속으로 끌어당기길 진정 원하는 것과는 반대 방향 쪽에 초점을 맞추고 있었다는 사실을 깨닫도록 도와줄 것입니다.

예를 들어봅시다. "이 기분 나쁜 감정이 느껴졌을 때, 난 무엇을 생각하고 있었지? 아, 지금이 독감이 유행하는 시기라는 생각을 했구나. 내가 과거에 독감 때문에 얼마나 아팠었는지를 회상했었지. 그때 나는 출근도 못했었고, 하고 싶은 일도 못했을 뿐더러 그렇게 여러 날을 비참하게 보내야 했는데 그런 기억들을 떠올리고 있었구나. 그렇다면, 지금 내가 바라는 것은 무엇일까? 음, 나는 올해에는 건강하게 보내기를 원해."

하지만 단순히 "나는 건강하게 보내기를 원해."라고 이야기 하는 것만으로는 이 상황에서 충분하지가 않습니다. 왜냐하면 현재 당신의 독감에 대한 기억과 독감에 걸릴 가능성에 대한 믿음이, 앞으로 건강하게 보내기를 원한다는 자신의 바람보다 훨씬 더 강한 상태이기 때문입니다.

이런 경우에 우리는 다음과 같이 믿음의 다리를 놓을 것입니다.

• 매년 이 때쯤 나는 흔히 독감을 앓았어.

- 금년에는 독감에 걸리는 걸 원치 않아.

- 내 희망은 금년엔 독감에 걸리지 않는 거야.

- 모든 사람들이 전부 독감에 걸리는 것 같아 보여.

- 아니 그건 지나친 과장이야. 모두가 다 독감에 걸리는 건 아니야.

- 실제로 내가 독감에 걸리지 않고 보냈던 해들도 많았어.

- 내가 매년 독감에 걸리는 건 아니야.

- 올해에도 독감에 걸리지 않고 보내는 것이 가능해.

- 나는 내가 건강하다는 생각이 좋아.

- 독감에 걸렸던 과거의 경험들은 내가 스스로의 경험을 통제할 수 있다는 사실을 알기 전의 일이었어.

- 이제 나는 '끌어당김 법칙'의 힘을 이해하기에, 사정이 바뀌었어.

- 금년에 나는 독감에 걸리는 경험을 할 필요가 없어.

- 내가 바라지 않는 어떤 걸 경험할 필요가 없지.

- 나는 정말 경험하고 싶은 것들 쪽으로 내 생각의 방향을 바꿀 수가 있어.

- 내가 참으로 경험하고 싶은 것들 쪽으로 내 삶을 이끌어간다는 생각이 나는 너무 좋아.

이제 당신은 믿음의 다리를 놓았습니다. 만일 기분 나쁜 그 생각이 다시 떠오른다면(아마도 얼마 동안은 그럴 것인데) 더욱 의도적으로 자신의 생각을 이끌어 가십시오. 그러다보면 마침내 그 생각은 더 이상 나타나지 않게 될 것입니다.

내가 꿈속에서 하는 생각들도 창조하는 중입니까?

제리 | 저는 꿈속의 세계에 대해서 알고 싶습니다. 꿈속에 있을 때도 우리는 창조를 하고 있는 중입니까? 꿈속에서 우리가 체험중이거나 하고 있는 생각들을 통해서 우리가 어떤 것을 끌어오는 중입니까?

아브라함 | 그렇지 않습니다. 당신이 잠을 자는 동안에는 이 물리적 시공간 현실로부터 의식을 거두어들입니다. 그래서 잠을 자고 있는 동안 당신의 '끌어당김'은 일시적으로 중단됩니다.

그게 무엇이든 당신이 생각하고 있고 또 그로 인해서 느끼고 있는 것과 현재 당신이 실제로 끌어당기고 있는 것은 항상 일치합니다. 또한 당신이 꿈을 꾸는 상태에서 생각하고 느끼고 있는 것과 당신의 실제 현실 속에 물리적으로 구현되고 있는 것 역시 항상 일치합니다. 당신이 꾸는 꿈들은 현재 당신이 창조했거나 또는 창조되고 있는 과정에 있는 것들을 힐끗 엿보게 되는 것입니다. 하지만 당신이 꿈을 꾸고 있는 동안에는 창조하고 있는 상태가 아닙니다.

흔히 당신은 어떤 것이 삶속에 실제로 물질화되어 나타날 때까지는 자신이 하고 있는 생각 습관을 알아차리지 못합니다. 왜냐하면 생각 습관이라는 것은 아주 오랜 시간에 걸쳐서 서서히 발전해가기 때문입니다. 그리고 자신이 바라지 않는 어떤 것들이 삶속에 물질화되고 나서도 생각의 초점을 바꿈으로써 그것을 변화시키는 것이 가능하기는 하지만, 이미 현실로 물질화된 뒤에 그렇게 하기는 더 어렵습니다. 따라서 당신이 자신의 꿈이 의미하는 것을 이해하게 된다면, 그것들이 삶속에 물질화되어 실제로 나타나기 전에 자신이 하고 있는 생각들의 방향을 올바르게 인식하는데 도움이 될 것입니다. 이미 당신의 삶속에 실제로 물질화된 것들을 바로잡는 일보다는, 자신이 꾸는 꿈을 표지판 삼아서 자신이 하는 생각들의 방향을 바로잡는 것이 훨씬 더 쉬운 일입니다.

좋은 점과 나쁜 점을 다 받아들여야만 합니까?

제리 | 제가 교제하고 있는 어떤 사람이 자신에게 끌어당긴 것들(원하는 것이든 원치 않는 것이든)은 저와 어느 정도나 관련이 됩니까? 즉, 저와 교제하고 있는 다른 사람이 그 자신의 삶속에 끌어당긴 것들(내가 원하는 것들이나 원치 않는 것들)을 어느 정도나 제 삶속으로 가지고 들어오게 됩니까?

아브라함 | 당신이 주의를 기울이지 않는 어떤 것이 결코 당신의 삶속에 나타날 수는 없습니다. 그럼에도 대부분의 사람들은 타인들이 지닌 모습들 중에서 어떤 것들에 자신의 주의를 기울일지 잘 가려서 하지 않습니다. 다시 말해서, 당신이 다른 이들이 가지고 있는 모든 것들을 주시하게 되면, 당신은 그러한 것들 전부를 자신의 삶속으로 초대하고 있는 것입니다. 하지만 만일 그것들 중에서 오직 자신이 가장 좋아하는 것들만을 주시하게 되면, 당신은 오직 그러한 것들만 자신의 삶속으로 초대하게 될 것입니다.

만일 누군가가 당신의 삶속에 존재하고 있다면 당신이 그 사람을 끌어당긴 것입니다. 믿기 어렵겠지만 그들과 함께 나누고 있는 모든 경험들 또한 당신이 끌어당긴 것입니다. 당신이 끌어당기지 않는 한 그 어떤 것도 당신의 삶속으로 들어올 수가 없기 때문입니다.

악에 대해서도 저항하지 말아야 하나요?

제리 | 그럼, 부정적인 어떤 것도 몰아낼 필요가 정말 없나요? 오로지 우리가 원하는 것들을 끌어당기기만 하면 됩니까?

아브라함 | 당신이 좋아하지 않는 어떤 것을 밀어내는 일은 가능하지 않습니다. 왜냐하면 당신이 그것을 밀어내고자 할 때마다 그것의 진동을 활성화시키게 됨으로써 그것을 불러오게 되니까요. 이 우주의 모든 것들은 끌어당김에 기초를 두고 있습니다. 다시 말해서, 배제라는 것이 없다는 뜻이지요. 당신이 좋아하지 않는 것에 대해서 "아니야"라고 외칠 때, 실제로 당신은 그것을 자신의 경험 속으로 초대하고 있는 것입니다. 당신이 좋아하는 것에 대해서 "그래"라고 외칠 때도 역시 그것을 초대하고 있는 것입니다.

제리 | 그래서 "악에 저항하지 말라"라는 말이 있게 된 것이군요?

아브라함 | 만일 지금 당신이 어떤 것에 저항하고 있는 중이라면, 지금 당신은 그것에 초점을 맞추고 있는 상태에서 그것을 밀어내려

하고 있다는 뜻입니다. 그런데 지금 당신은 그것의 진동을 활성화시키고 있는 중이기에, 결과적으로 그것을 끌어당기게 됩니다. 따라서 자신이 좋아하지 않는 어떤 것에 저항한다는 건 좋은 발상이 아닙니다. "악에 저항하지 말라"는 말 역시, 인간들이 소위 악이라 지칭하는 것이 존재하지 않는다는 걸 알만큼 충분히 현명한 사람이 한 말일 것입니다.

제리 | 당신들은 '악'을 어떻게 정의합니까?

아브라함 | 우리가 사용하는 어휘 속에 '악'이라는 단어를 쓸 이유가 전혀 없는데, 왜냐하면 우리가 아는 한 그렇게 지칭할만한 대상이 전혀 없기 때문입니다. 인간들이 그 단어를 쓸 경우 보통 '선'과 반대되는 것을 뜻합니다. 인간들이 그 단어를 사용할 때마다, 그들은 자신이 선good이라고 믿는 것과 반대되는 어떤 것, 또는 신God이라고 믿는 것과 반대되는 어떤 것을 의미합니다. 악Evil이라는 것은 누군가가 자신이 원하는 것과 조화를 이루지 않는다고 믿고 있는 그런 것들입니다.

제리 | 그러면 '선'은요?

아브라함 | 선Good이라는 것은 누군가가 자신이 원하는 것이라고 믿고 있는 그런 것들입니다. 당신도 알듯이, 선과 악이라는 건 단지 '원하는 것'과 '원하지 않는 것'을 정의하는 방식에 불과합니다. 그리고

'원하는 것'과 '원하지 않는 것'은 단지 각자가 개인적으로 바라는 일을 행함에 있어 적용이 될 뿐입니다. 그것은 사람들이 다른 이들의 바람에 휘말려 들어갈 경우에 혼동하기 쉽습니다. 게다가 그들이 다른 사람들의 바람을 통제하려 시도할 경우엔 더욱 혼동하기 쉽습니다.

자신이 진정 원하는 것을 어떻게 알 수 있나요?

제리 | 여러 해 동안 제가 사람들로부터 가장 많이 들었던 근심거리들 중 하나는, "나는 내가 원하는 게 뭔지 정말 모르겠어요."라는 말입니다. 어떻게 하면 우리가 무엇을 원하는지를 알 수 있게 될까요?

아브라함 | 당신들은 자신이 개인적으로 선호하는 것들과 소망하는 것들을 결정해보기 위해 다양성과 대조를 경험해보겠다는 의도를 가지고 이 물질세계로 들어온 것입니다.

제리 | 자신이 원하는 게 무엇인지 알아내는 데 사용할 수 있을만한 방법을 좀 추천해주시겠습니까?

아브라함 | 당신이 삶에서 하는 체험들은 자신이 원하는 것을 확인하고 알아내도록 지속적으로 당신을 돕고 있습니다. 심지어 자신이 원하지 않는 어떤 걸 예리하게 인식하는 그러한 순간에도, 당신은 자신이 정말 원하는 것에 대해 더 명확해지고 있는 중입니다. 다음

과 같은 진술을 하는 게 도움이 될 것입니다. "나는 내가 뭘 원하는지 알고 싶다." 왜냐하면 당신이 그와 같은 의도를 의식적으로 자각하는 순간에 '끌어당김'의 과정이 가속화되기 때문입니다.

제리 | 그렇다면, "나는 내가 무엇을 원하는지 알고 싶습니다."라고 제게 말하고 있는 누군가가 있다면, 그 사람은 자신이 원하는 게 무엇인지 알아내는 일을 바로 그 순간에 시작하고 있는 중입니까?

아브라함 | 당신들은 삶을 체험해가는 과정에서, 자신만의 개인적인 관점과 견해와 선호들로 인해 원하는 걸 알아내지 않을 수가 없습니다. "나는 저런 것보다는 이런 걸 더 선호해. 난 이것보다는 저걸 더 좋아해. 난 이런 걸 경험하고 싶어. 저런 건 경험하고 싶지 않아." 이런 식으로 당신들은 개인적이고 구체적인 삶의 체험들을 통해 선별해감으로써, 결국 자신만의 개인적인 결론에 도달할 수밖에 없는 것입니다.

우리는 많은 사람들이, 자신이 원하는 걸 얻을 수 있다는 사실을 믿지 않을뿐더러, 자신이 원하는 것을 결정하는 데 그토록 어려워하고 힘들어하는 것이 정말 믿기지가 않습니다. 그들은 '끌어당김의 법칙'의 강력한 힘을 이해하지 못하고 있을 뿐 아니라, 자신이 평소에 어떤 진동들을 내보내고 있는지 의식적으로 자각하지 않습니다. 그래서 자신의 삶속에 나타나는 것들에 대해 전혀 의식적인 통제력을 발휘하지 못하고 있습니다.

많은 사람들이 정말 자신이 원하는 어떤 것을 성취하고자 매우 열심히 노력하고 있으면서도, 오히려 그로 인해서 고통스러워하고 마음이 불편해지는 경험을 하고 있습니다. 그것은 평소에 그들이 주로 자신이 그걸 손에 넣은 상태에 관해 생각하면서 보내기보다는, 아직도 자신이 손에 넣지 못했다는 사실에 관해 더 많이 생각하면서 시간을 보내고 있기 때문입니다. 자신이 원하는 것을 얻지 못한 채 보내는 시간이 계속 늘어가면서, 마침내 그들은 자신이 삶에서 원하는 것들을 얻는 일을 애씀과 고투 또는 실망감 등과 결부시켜 생각하기 시작합니다.

따라서 그들이 "나는 내가 원하는 게 무엇인지 모르겠어요."라고 말할 때 실제로 그들이 하는 말의 속뜻은, "나는 내가 원하는 것을 어떻게 해야 얻을 수 있는지 모르겠어요." 또는 "원하는 걸 얻기 위해서 내가 해야만 한다고 여겨지는 일을 더 이상 하고 싶지 않아요." 또는 "힘든 노력 끝에 원하던 것을 얻지 못해 불편한 감정만을 느꼈던 그런 경험을 다시는 되풀이 하고 싶지가 않아요."와 같은 것들입니다.

"나는 내가 뭘 원하는지 알고 싶어."라는 진술을 하는 것이 의식적인 창조Deliberate Creation를 위한 강력한 첫 번째 단계입니다. 하지만 그런 다음에는, 자신이 삶속으로 끌어당기기 원하는 것들 쪽으로 자신의 주의와 시선을 의도적으로 이끌어가는 두 번째 단계가 필히 뒤따라야만 합니다.

대부분의 사람들은 자신이 정말 체험하기를 바라는 것들을 향해서 자신의 생각들을 의도적으로 이끌어가지 않습니다. 그러기 보다는 주위에서 벌어지고 있는 모든 일들을 단순히 관찰만 하며 보내고 있습니다. 그래서 그들은 자신이 좋아하는 걸 보게 되면 기분 좋은 감정을 느끼지만, 반대로 좋아하지 않는 걸 보게 되면 기분 나쁜 감정을 느낍니다. 아주 소수의 사람들만이 자신의 생각들을 의도적으로 이끌어감으로써 자신의 감정을 통제할 수 있고, 그 결과 자신의 삶에 나타나는 것들에 긍정적인 영향을 미칠 수 있다는 사실을 인식하고 있습니다. 하지만 그들은 그렇게 하는 것에 익숙하지 않기에 연습을 필요로 합니다. 그래서 우리가 당신들에게 창조워크숍 기법을 연습하라고 권장하는 것입니다. 자신의 생각들을 의도적으로 이끌어가고, 또한 기분 좋은 감정을 불러일으키는 즐거운 삶의 시나리오를 마음속에 창조함으로써, 당신은 자신의 삶속으로 끌어당기는 대상들을 바꿀 수 있습니다.

언제나 당신이 품고 있는 생각에 반응하는 우주는, 당신이 실제 현실에서 벌어지고 있는 일을 보면서 하는 생각과, 당신이 상상력을 발휘해서 상상중인 생각을 구분하지 않습니다. 어느 경우든 지금 당신이 하고 있는 바로 그 생각이 '끌어당김'을 시작하고 있습니다. 그래서 만일 당신이 그 생각에 충분히 오랫동안 초점을 집중시키게 될 경우, 그것이 바로 당신의 현실이 될 것입니다.

청색과 노란색을 원했는데 초록색을 얻었다면

자신이 원하는 모든 것들에 대해 명확해지게 될 때, 당신은 자신이 바라는 결과들 전부를 얻게 될 것입니다. 하지만 흔히 당신은 완전히 명확하지가 않습니다. 예를 들어서 당신은 이렇게 말합니다. "난 노란색을 원합니다. 그리고 청색을 원합니다." 그러나 실제로 당신이 얻은 것은 초록색입니다. 그럴 때 당신은 말합니다. "어떻게 해서 내가 초록색을 얻었지? 내가 바라는 것은 절대로 이게 아니었는데." 하지만 그것은 서로 다른 의도들이 뒤섞여서 일어난 일입니다 (당연히 청색과 노란색을 섞게 되면 초록색이 되겠지요).

그와 비슷하게 (무의식적인 차원에서)당신은 지속적으로 자신의 의도들을 뒤섞고 있습니다. 하지만 그것은 아주 복잡한 과정이기에, 당신의 의식적인 사고체계는 그것을 구분해낼 수가 없습니다. 하지만 당신의 내면존재는 구분을 할 수가 있고, 또 당신에게 감정을 통해 안내를 제공하고 있습니다. 당신이 할 필요가 있는 것은, 자신이 느끼는 기분이나 감정에 주의를 기울임으로써 기분 좋게 느껴지지 않거나 옳다고 느껴지지 않는 것들로 이끌려지도록 방치하는 일을 중단하는 동시에, 기분 좋게 느껴지거나 옳다고 느껴지는 그러한 것들로 이끌려지도록 스스로를 허용하는 일입니다.

자신의 의도들을 명확하고 뚜렷하게 만드는 연습을 조금만 하게 되면, 당신은 다른 사람들과 교류를 갖게 되는 초기 단계에서 그들이 제공하고 있는 것들이 가치가 있는지 아닌지를 알아차리게 될 것입니다. 당신은 그들을 자신의 삶속으로 초대하길 원하는지 아닌지를 알게 될 것입니다.

피해자는 가해자를 어떻게 끌어오나요?

제리 | 강도를 당하는 사람이 강도를 끌어당겼다는 것은 이해를 하겠습니다. 그런데 무고한 피해자(그들이 말하는 식으로)가 강도를 끌어당겼다는 것은 이해하기 어렵군요. 편견이나 선입견에 의해서 차별 대우를 당하는 사람도 마찬가지고 말이죠.

아브라함 | 하지만 그들은 정말 똑같습니다. 강도와 피해자는 모두 그 사건의 공동 창조자입니다.

제리 | 그렇다면 한 사람은 자신이 원하지 않는 것에 대한 생각을 해서 그것을 얻었고, 다른 사람은 자신이 원하는 것에 대한 생각을 해서 그것(그것의 진동적인 본질)을 얻었다는 말이군요. 다시 말해서 그들은 당신이 말하는 진동적인 일치를 이룬 것인가요?

아브라함 | 그게 당신이 원하는 것인지 원치 않는 것인지는 중요하지 않습니다. 언제나 당신이 끌어당기게 되는 것은 당신이 주시하는 대상의 진동적 본질이니까 말이죠. 당신이 절실하고 간절히 원하는 그것을 당신은 얻게 됩니다. 마찬가지로, 당신이 절실하고 간절히 원치 않는 그것 또한 당신은 얻게 됩니다.

어떤 것에 대한 감정이 동반된 강한 생각이 커져가는 것을 막을 수 있는 유일한 방법은 끌어당김의 법칙이 그 생각에 힘을 더하기 전에, 아직은 그다지 강력하지 않은 초기에 그 생각을 멈추는 것입니다.

당신이 신문에서 누군가가 강도를 당했다는 기사를 읽는다고 가정해봅시다. 세부적인 기사를 읽고서 커다란 감정을 느끼게 되지만 않는다면, 당신이 그 기사의 제목만을 읽거나 그것에 대해 들었다고 해서 그것을 끌어당기게 되지는 않습니다. 하지만 그 기사 내용을 모두 읽는다거나, 또는 그 사건을 텔레비전에서 보게 된다거나, 또는 그것에 관해 누군가와 토론을 하게 되어 감정적인 반응을 느끼기 시작하면, 이제 당신은 그와 비슷한 경험을 자신에게 끌어당기기 시작합니다.

전체 인구의 몇 퍼센트가 강도를 당할 수 있다는 통계가 발표될 경우 당신들이 반드시 알아야 할 것은, 아주 많은 사람들이 그로 인해 생각의 자극을 받고 있기에 수치가 그처럼 높을 뿐 아니라 앞으로도 더욱 높아지게 될 것이라는 사실입니다. 그러므로 그와 같은 경고들은 당신들을 강도로부터 지켜주지 못할뿐더러, 오히려 강도 사건이 발생할 확률만 높이게 됩니다. 그러한 발표는 사람들이 반복적으로 그러한 사실을 의식하게 만듦으로써 강도 사건들이 빈번히 발생하고 있다고 인식하게끔 만드는 어리석은 일입니다. 그렇게 되면 당신들은 단지 감정을 동반한 생각을 일으킬 뿐만 아니라 그것을 기대마저 하게 합니다. 당신들이 원하지 않는 것들을 그리도 많이 얻게 되는 게 결코 놀라운 일도 아닌데, 왜냐하면 당신들은 자신이 원치 않는 것들에 그토록 많은 관심과 주의를 기울이고 있기 때문입니다.

만일 누군가가 폭행을 당했다는 소식을 들었을 경우, 우리는 당신이 이렇게 말하기를 권합니다. "그것은 그들의 경험이야. 나는 그것을 선택하지 않을 거야." 그런 다음, 바라지 않는 그러한 것에 대한 생각을 놓아버리고 자신이 진정 바라는 것에 대해서 생각하기를 바랍니다. 왜냐하면 당신이 원하건 원하지 않건, 언제나 당신은 자신이 생각하는 바로 그것을 얻게 되기 때문입니다.

당신이 그처럼 많은 다른 이들과 함께 하는 이 환경 속으로 들어온 이유는, 공동으로 창조하는 멋진 경험을 원했었기 때문입니다. 당신은 자신과 긍정적인 창조를 함께 경험할 사람들만을 끌어당길 수 있습니다. 또한 자신의 삶속에 있는 사람들로부터 자신이 체험하길 원하는 경험만을 끌어당길 수가 있습니다. 자신이 원하지 않는 사람들이나 경험들로부터 숨거나 도망치는 일은 가능하지도 않을 뿐더러 그럴 필요가 없습니다. 하지만 오로지 자신을 기쁘고 즐겁게 해주는 사람들과 경험들만 끌어당기는 것은 가능한 일입니다.

삶을 개선시키기 위한 결정

제리 | 어렸을 때 저는 건강이 아주 나빴고 몸도 약했던 기억이 납니다. 그 후 십대가 되어 내 몸을 강화하겠다는 결심을 해서 그대로 되었고 또한 스스로를 지키는 법을 배웠습니다. 저는 무술을 배웠고 자신을 훌륭하게 방어할 수 있게 되었습니다.

그런데 십대 때부터 33살이 될 때까지, 저는 거의 매주 누군가와 주먹다툼을 벌여 그의 얼굴을 때리고는 했습니다. 33살이 되던 해에 '탈무드'라는 책에서 복수의 무익함에 대한 가르침을 읽고 난 후, 몇 가지 중대한 결심을 하게 됐는데, 그 중 한 가지가 더 이상 복수하는 일을 하지 않겠다는 결정이었습니다. 그날 이후로 저는 지금까지 아무도 때려본 적이 없습니다. 즉, 그 당시 남을 괴롭히는 사람이라고 여기고 싸움을 벌이곤 했던 그 모든 사람들이 내가 싸움을(육체적으로나 정신적으로) 중단했던 그날 이후로 제게 나타나는 일이 없어졌습니다.

아브라함 | 그것은 당신이 33살이 되면서 끌어당김의 방향을 바꾼 것입니다. 자신의 삶을 통해, 그리고 그런 매 주마다의 싸움을 통해, 당신은 자신이 원하는 것과 원하지 않는 것에 대한 여러 가지 결론에 도달하게 되었습니다. 그리고 그 당시에는 의식하지 못했겠지만, 당신은 스스로 경험한 그 모든 싸움을 통해서 그와 같은 경험을 점점 더 원하지 않게 된 것입니다.

당신은 상처를 입고 싶지 않았고 또 남에게 상처를 입히고 싶지도 않았습니다. 게다가 항상 싸움의 이유가 정당하다고 느꼈겠지만, 내면에서는 다른 선택을 하겠다는 생각이 자라나게 된 것입니다. 당신이 그 책을 접하게 된 것도 당신 내면의 그러한 의도 때문이었습니다. 그래서 당신이 그 책을 읽게 됨에 따라, 당신 존재의 여러 수준에서 형성돼오고 있던 의문들에 대한 답을 드디어 찾게 되었던 것입니다. 당신이 그 답을 접하고 나자 새로운 의도가 명확하게 형성되었고, 그 결과 당신의 내면으로부터 새로운 방향으로의 '끌어당김'이 시작된 것입니다.

종교적 편견이나 인종차별의 배후에 있는 것

제리 | 편견이나 선입관은 왜 존재하는 것입니까?

아브라함 | 다른 이들의 특정한 면들을 좋아하지 않는 사람이 있는데 그가 실제로 그런 특정한 면들을 좋아하지 않는 행위를 할 경우, 흔히 그 사람의 편견이나 선입관에 모든 책임이 있는 것처럼 인식되고는 합니다. 여기서 우리는 그것이 단지 편견을 갖고 있다고 비난받는 사람의 행위에 의해서만 일어나는 일이 아니라는 사실을 지적하고자 합니다. 실상 그와 같은 체험에 있어, 자신이 차별받는다고 '느끼는' 사람이 가장 강력한 창조자인 경우가 더 많습니다.

종교, 인종, 성별, 또는 사회적 지위 등 차별의 이유가 무엇이건 관계없이, 다른 사람들이 자신을 좋아하지 않는다고 느끼는 사람이 있다면, 그 사람의 '주의'가 편견이라는 주제에 주로 가 있기 때문에 스스로 그런 문제들을 끌어온 것입니다.

반대되는 것끼리도 끌어당깁니까?

제리 | 아브라함, 당신들에게서 들었던 내용들과 맞지 않는 것처럼 느껴지는 말이 있습니다. "반대되는 것끼리 서로 끌어당긴다."는 말입니다. 그 말은 당신들이 이야기한 "비슷한 것끼리 서로 끌어당긴다."와 아주 달라 보입니다. 예를 들어서 외향적인 남자가 내성적인 여자와 결혼을 하게 된다거나 또는 외향적인 여자가 내성적인 남자에게 끌리게 되는 경우처럼, 서로 반대되는 것끼리도 정말 끌어당기는 것처럼 보입니다.

아브라함 | 당신이 보고 있는 모든 것들과 당신이 알고 있는 모든

사람들이 언제나 진동적인 신호를 내보내고 있습니다. 그 신호들 간에 '끌어당김'이 일어나기 위해서는 반드시 서로 일치되어야만 합니다. 따라서 서로 아주 달라 보이는 사람들이 함께 있는 상황일지라도 거기엔 반드시 진동적인 동질성이 주된 기초로 작용하고 있기 마련입니다. 그건 법칙입니다. 모든 사람들은 각자 내면에 자신이 바라는 것들에 대한 진동과 자신이 바라는 그것들이 없다는 결핍의 진동을 가지고 있습니다. 그리고 그들의 체험 속에 나타나는 모든 것들은 그들이 각자 가지고 있는 '지배적인 진동들'과 항상 일치하게 됩니다. 거기에 예외는 없습니다.

조화Harmony라는 단어를 살펴봅시다. 두 사람의 의도가 완전히 똑같을 경우 그들의 의도는 충족될 수가 없습니다. 다시 말해서, 어떤 것을 팔고자 하는 사람은 또 다른 판매자를 잘 끌어당기지 않습니다. 하지만 구매자를 끌어당기는 것은 조화를 가져다줍니다.

내성적인 남자는 외향적인 여자를 끌어당깁니다. 왜냐하면 그가 바라는 것은 좀 더 외향적이 되는 것이기에 실제로 자신의 의도와 일치되는 대상을 끌어당기는 것입니다. 본질이 철로 이루어진 자석은 못이나 볼트처럼 본질이 철로 이루어진 또 다른 물체들을 끌어당길 것입니다. 하지만 구리나 알루미늄으로 만들어진 물체들은 끌어당기지 않습니다.

라디오 다이얼을 FM 98.7에 맞추게 되면 AM 630으로 방송되는 것들은 들을 수가 없습니다. 방송을 듣기 위해서는 반드시 주파수들이 서로 일치되어야만 합니다. 우주 그 어디에도 서로 반대되는 것끼리 끌어당긴다는 발상을 뒷받침해주는 진동상의 증거는 없습니다.

그렇게 될 수가 없습니다.

기대하던 것과 다른 걸 얻게 되는 이유

제리 | 어떤 사람이 절실히 원하던 것을 얻었는데, 막상 그것을 얻고 나자 그것이 매우 좋지 않은 것이라는 사실을 발견한 경우는 어찌된 것일까요? 그것은 그 사람에게 고통을 가져다주었습니다.

아브라함 | 흔히 사람들은 자신이 원하는 것과 진동적으로 아주 멀리 떨어져 있는 상황 하에서 자신이 바라는 것을 결정합니다. 하지만 그들은 자신의 소망에 초점을 맞추고 자신의 소망과 진동적인 일치를 이루게 될 때까지 소망의 진동을 발산해내는 연습을 하는 대신(그래서 끌어당김의 법칙이 우주로 뻗어나가 자신의 소망과 일치되는 결과를 가져다줄 수 있도록 허용하는 대신), 참을성을 잃고 그 일이 일어나도록 하기 위해서 행동에 뛰어듭니다. 하지만 자신의 진동 속에 있는 내용물을 개선시키기 전에 행동을 취하게 되면, 그들은 자신이 바라는 것과 일치되는 것들이 아니라 자신의 현재 진동과 일치되는 것들을 얻게 됩니다.

당신이 자신의 진동에 대한 연습을 하기 전까지는, 당신이 실제로 원하는 것에 대한 진동과 현재 당신이 발산해내고 있는 진동 사이에 커다란 격차가 존재합니다.

예를 들면, 어떤 부인이 최근에 그녀의 남편과 문제가 생겼는데 그녀의 남편은 그녀를 언어적으로나 육체적으로 학대를 했습니다. 그녀는 그런 상황을 원하지도 좋아하지도 않았습니다. 그녀는 그런 사람과 함께 산다는 사실을 혐오했습니다. 그 경험을 통해 자신이 원치 않는 것을 정확히 알았기에 그녀는 자신이 바라는 것에 대한 명확한 진술을 했습니다. 그녀는 자신을 사랑해주는 친절하고 배려할 줄 아는 그런 남편을 원했습니다. 하지만 그녀는 남편이 없는 상황에 대해 매우 불안해졌기에, 새로운 남편을 즉시 갖게 되기를 원했습니다. 그녀는 늘 가던 어떤 장소에서 아주 괜찮아 보이는 새로운 사람을 만나게 되었습니다. 그런데 그녀가 깨닫지 못하고 있었던 것은 '끌어당김의 법칙'이 자신의 지배적인 진동에 일치되는 것을 가져다준다는 사실이었습니다. 하지만 그녀가 내보내고 있던 주된 진동은 여전히 자신이 원치 않는 것에 대한 것들이었습니다. 그 이유는 전 남편과의 관계에서 자신이 원치 않았던 부분들에 대한 생각이 그녀의 새로운 의도보다도 훨씬 더 강했기 때문입니다. 그녀는 자신의 불안감을 해소시키기 위한 열망으로 행동을 취함으로써 새로운 관계 속으로 뛰어들었으며, 그 결과 자신의 지배적인 진동과 일치하는 것을 더 많이 얻게 되었습니다.

우리라면 아마 이렇게 권했을 것입니다. 그녀가 바라는 것에 대해 좀 더 많은 시간을 들여 생각을 해봄으로써, 그녀의 그런 생각들이 자신의 지배적인 진동의 토대가 될 때까지 좀 더 여유를 가지라고 말이죠. 그러면 '끌어당김의 법칙'이 기막히게 멋진 새로운 남편을 데려다 줄 것입니다.

제리 │ 알겠어요. 이해가 갑니다. 그것은 뭐랄까 우리가 흔히 사용하는 "자업자득"이라는 말과 비슷하군요.

아브라함 │ 그게 바로 창조워크숍 기법이 가진 소중한 가치와 힘입니다. 당신이 창조워크숍 공간 속으로 들어가, 놀랍고도 멋진 모든 경이로운 가능성들을 시각화 해보고, 자신이 삶에서 체험하길 진실로 바라는 것들에 대한 생각을 일으켜서 그것에 상응하는 감정이 일어나도록 허용을 하고, 또한 기분 좋게 느껴지는 것들에 초점을 맞춘 상태를 계속 유지하게 되면, 당신은 그처럼 후회하게 될 만한 것들을 삶속에서 거의 체험하지 않게 될 것입니다. 당신은 자신이 진정 바라는 것들이 자신의 지배적인 진동이 되도록 만드는 법을 알게 될 것이고, 그래서 '끌어당김의 법칙'이 당신이 연습해오고 있던 생각과 일치되는 것들을 가져다주게 되더라도 당신은 그리 놀라지 않을 것입니다. 실제로 당신은 자신의 마음속에서 연습해오고 있던 멋지고 놀라운 것들이 자신의 삶속에 구현되기 시작하는 것을 보게 될 것입니다.

모든 것들은 생각으로 구성되어 있습니까?

제리 │ 모든 것과 모든 사람이 생각으로 구성되어 있습니까? 또는 생각에 의해 구성되었습니까? 또는 둘 다 아닙니까?

아브라함 | 둘 다입니다. 끌어당김의 법칙의 강력한 힘을 통해 하나의 생각은 다른 생각을 끌어당깁니다. 생각은 끌어당김의 법칙이 그것에 반응하게 만드는 진동입니다. 생각은 재료이며, 또는 물질화된 구현물입니다. 또한 생각은 만물을 끌어당기거나 창조하는 '도구'이기도 합니다.

당신의 세상을 모든 게 잘 갖추어진 풍요로운 주방이라고 생각하십시오. 그리고 거기에는 지금까지 사람들이 생각했거나, 고려했거나, 숙고했거나, 바랬었던 그 모든 것들이 아주 풍족하게 존재하고 있습니다. 그리고 자신을 그 주방에서 요리를 하고 있는 요리사라고 생각하십시오. 당신은 선반에서 그 어떤 재료든 원하는 만큼 맘껏 꺼내서 맛있는 자신만의 케이크를 만들기 위해 사용합니다. 풍요로운 재료들을 가지고 자신이 바라는 멋지고 근사한 삶이라는 케이크를 기쁘게 만드는 요리사가 바로 당신인 것입니다!

나는 더 많은 기쁨과 행복과 조화를 원합니다.

제리 | 만약 어떤 사람이 "아브라함, 나는 더 기뻐지고 싶습니다. 어떻게 하면 당신의 가르침을 이용해서 나의 삶에 더 많은 기쁨, 더 많은 행복, 더 많은 조화를 가져올 수 있겠습니까?"라고 말한다면, 어떤 말을 해주시겠습니까?

아브라함 | 먼저 우리는 그 사람에게 찬사를 보낼 것입니다. 그는 모든 소망 중에서도 가장 중요한 소망인 기쁨의 추구를 향해 나아가

고 있기 때문입니다. 기쁨의 추구를 통해 당신은 '진정한 당신 자신'인 '내면존재'와 완벽하게 일치되는 법을 찾아내게 될 뿐만 아니라, 자신이 바라고 소망하는 모든 것들과 진동적으로 일치되는 법을 찾아내게 될 것이기 때문입니다.

기쁨이 자신에게 가장 중요한 것일 때, 당신은 결코 기분 좋게 느껴지지 않는 것들에 더 이상 초점을 맞추지 않을 것입니다. 결과적으로 당신은 오로지 기분 좋게 느껴지는 것들만을 생각할 것이기에, 마침내 당신은 자신이 소망하는 수많은 것들로 가득 찬 멋지고 놀라운 삶을 창조하게 될 것입니다.

기쁘고 행복해지겠다는 바람을 간직한 채 자신의 감정에 민감해지고, 그에 따라 더욱 더 기분 좋게 느껴지는 것들 쪽으로 계속해서 자신의 생각들을 이끌어가게 될 때, 지속적으로 당신의 진동은 더욱 더 개선되어질 것입니다. 그리고 마침내 당신은 오로지 자신이 바라는 것들만을 자력으로 '끌어당기는' 존재가 될 것입니다.

의식적이고 의도적으로 자신의 생각을 뜻하는 방향으로 이끌어나가는 일이야말로 '기쁨에 넘치는 삶'을 창조하는 열쇠입니다. 하지만 무엇보다도 기쁨을 느끼겠다는 바람을 의도하는 것이야말로 그런 목표를 달성하게 되는 최고의 계획이라 할 수 있는데, 왜냐하면 당신이 기쁨을 추구해가는 과정 속에서, 자신이 바라는 멋지고 근사한 삶을 끌어오게 할 생각들을 찾아내게 되기 때문입니다.

더 많은 기쁨을 바라는 건 이기적인 게 아닌가요?

제리 | 어떤 사람들은 "언제나 기쁨 속에 있겠다는 바람은 매우 이기적인 소망이다."라고 비난할 것입니다. 마치 기쁨을 바라는 것이 좋지 않은 일인 양 말이죠.

아브라함 | 우리는 이기적인 것을 가르친다고 자주 비난을 받습니다. 그리고 우리들은 틀림없이 이기적이 되라고 가르치고 있기에 그런 말에 언제나 동의합니다. 당신은 자신의 관점이 아닌 다른 어느 누구의 관점으로도 삶을 바라볼 수 없기 때문입니다. 이기적이라는 것은 자기 자신에 대한 감각입니다. 그것은 당신이 간직하고 있는 자신에 대한 그림입니다. 당신이 자신에 초점을 맞추건 또는 다른 사람에 초점을 맞추건 관계없이, 지금 당신은 자신의 이기적인 진동적 관점으로부터 그 모든 걸 하고 있는 중입니다. 그리고 지금 당신이 어떻게 느끼고 있든 간에 바로 그것이 당신의 끌어당기는 힘으로 작용합니다.

따라서 당신이 자신의 관점으로, 어떤 식으로든 자신에게 기분 좋게 느껴지는 것에 초점을 맞추게 되면, 당신이 끌어당긴 것들이 도착하게 되었을 때, 당신은 스스로 만족스럽게 느끼게 될 것입니다.

하지만 어떤 일이 있어도 '내 기분이 좋게 느껴지는 것'에 초점을 맞추겠다고 강력하게 고집할 만큼 당신이 충분히 이기적이지 않게 되면, 그래서 기분 나쁘게 느껴지는 어떤 것에 초점을 맞추게 되면, 당신의 끌어당기는 힘은 부정적으로 작용하게 됨으로써, 결국 당신은 자신이 좋아하지 않는 그런 것들을 얻게 될 것입니다.

만일 당신 자신이 느끼는 기분이나 감정을 기꺼이 돌보고 보살필 정도로 충분히 이기적이지 않고, '내면존재'와의 참된 연결을 허용하는 방향으로 자신의 생각들을 이끌어가지 않는다면, 당신은 어떤 식으로든 다른 이들에게 줄 것이 아무것도 없게 됩니다. 모든 사람이 다 이기적입니다. 이기적이 되지 않는다는 것은 가능하지가 않습니다.

주는 것과 받는 것 중 어떤 게 더 도덕적입니까?

제리 | 그렇다면 주는 것giving만큼이나 받는 것receiving 역시 도덕적으로 옳은 일이며 또한 즐거운 것이라는 말인가요? 다시 말해서 그 어느 쪽도 도덕적으로 더 우월하지 않다는 말이군요.

아브라함 | 강력한 끌어당김의 법칙으로 인해, 당신이 지금 '주고 있는' 만큼(당신이 발하는 진동만큼) 당신은 지금 그것을 '받고 있는' 중입니다……. 언제나 끌어당김의 법칙은 모든 것들을 정확하게 정리해 구분한 다음, 각자가 생각하는 것들과 일치되는 결과물을 모든 사람들에게 가져다줍니다. 따라서 당신이 언제나 좋은 것들에 대한 생각만 제공해 '주고' 있다면, 언제나 당신은 그에 걸맞는 것들을 제공 '받게' 됩니다. 당신이 미워하는 것들에 대한 생각을 제공하게 되면, '끌어당김의 법칙'은 사랑스러운 결과를 당신에게 가져다줄 수가 없습니다. 그것은 법칙에 맞지 않습니다.

종종 사람들이 주는 것과 받는 것에 대해 이야기 할 경우, 그들은 행동이나 물질적인 것들을 주거나 받는 것에 대해 언급하고 있는 것입니다. 하지만 끌어당김의 법칙은 당신이 하는 말이나 행동에 반응하고 있는 것이 아니라, 그런 말이나 행동의 토대가 되는 진동에 반응하고 있습니다.

당신이 가난한 어떤 사람들을 보고 있다고 가정해봅시다. 그들은 현재 돈이나 음식을 필요로 합니다. 그리고 당신은 그들을 보게 될 때 슬픔을 느끼는데, 왜냐하면 지금 당신은 그들이 필요한 걸 갖지 못했다는 결핍 쪽에 초점을 맞춤으로써 자신의 진동 속에서 그걸 활성화시키고 있기 때문입니다. 그리고 그렇게 슬픔을 느끼는 상태에서 당신은 돈이나 음식을 주는 행동을 취하게 됩니다. 지금 현재 당신이 진동을 통해서 실제로 그들에게 보내고 있는 메시지는 이런 것입니다. "나는 당신이 스스로의 힘으로 이걸 할 수 없다고 보기 때문에 당신을 위해 이것을 하는 것입니다." 지금 당신의 진동은 실제로 웰빙이 결여된 그들의 '결핍' 쪽에 맞춰져 있고, 따라서 비록 당신이 행동을 통해 돈이나 음식을 제공했다 할지라도, 당신이 그들에게 제공한 가장 지배적인 진동을 통해서 당신은 현재 그들의 결핍 상태를 영속화시키고 있는 중입니다.

우리가 권장하는 것은, 그들이 보다 나은 상태에 있는 모습을 상상해보는 시간을 가지라는 것입니다. 마음속으로 그들의 성공과 행복에 관해 생각하는 연습을 하십시오. 그래서 그와 같은 생각이 그들에 대한 당신의 지배적인 진동으로 자리를 잡게 되면, 그때 영감으로 떠오르는 그 어떤 행동이든 취하십시오. 그런 상태에서 당신이 그들을 주시의 대상으로 삼게 될 경우, 당신 존재의 지배적인 진동으로 인해서 당신은 그들로부터 웰빙의 진동을 이끌어내게 됩니다. 즉, 당신은 그들을 고양시키게 될 것입니다. 당신은 그들이 자신들의 당면현실과 일치하는 진동 대신에 웰빙을 바라는 자신의 소망과 일치되는 진동을 찾아낼 수 있도록 돕게 될 것입니다. 우리가 보는 관점에서는 그것이야말로 오직 가치 있게 주는 것입니다.

따라서 "주는 것과 받는 것 중 어떤 게 더 나은 일입니까?"라는 질문은 요점에서 벗어난 것입니다. 요점에 맞는 질문은 이것입니다. "나는 지금 원하는 것에 초점을 맞추고 있는가, 아니면 원치 않는 것에 초점을 맞추고 있는가? 어느 쪽이 더 우세한가?", "그들의 성공에 대해 기대하고 믿음으로써 그들을 고양시키는 것과 그들의 현재 상태만을 주시함으로써 그들의 낙담을 부추기고 있는 것, 그 중에서 나는 어느 쪽이 더 우세한 상태인가?", "내면존재와 일치된 진동 상태에서 행동을 취하고 있는 것과 일치되지 않은 상태에서 행동을 취하고 있는 것 중에서 나는 지금 어느 쪽이 더 우세한 상태인가?", "누군가의 성공을 부추기고 있는 것과 누군가의 실패를 부추기고 있는 것 중에서, 지금 나는 어느 쪽이 더 우세한가?"

당신이 다른 사람에게 줄 수 있는 가장 큰 선물은 그들의 성공을 기대하고 믿어주는 것입니다!

서로 다르게 지각하는 수많은 존재들 또는 개인들만큼의 서로 다른 수많은 세계가 존재합니다. 당신은 모두가 하나같이 똑같은 것을 바라고 똑같은 것을 얻게되는 단 하나의 똑같은 세상을 창조하기 위해서 이곳에 온 것이 아닙니다. 당신이 이곳에 온 이유는, 다른 이들이 각자 그들이 원하는 방식으로 살도록 기꺼이 허용하는 동시에, 당신은 자신이 원하는 방식의 삶을 기쁘게 살아가기 위해서인 것입니다.

만약 모두가 자신이 바라는 걸 얻게 된다면?

제리 | 짓궂은 질문을 하나 하겠습니다. 만약에 지구상의 이기적인 존재들 모두가 자신들이 개인적으로 바라는 모든 것을 얻고 있게 된다면, 세상이 혼란스러워지지 않을까요?

아브라함 | 전혀 그렇게 되지 않을 것입니다. 절대로 혼란스럽게 되지 않습니다. 왜냐하면 끌어당김의 법칙을 통해서 그들은 자신의 의도와 조화를 이루는 사람들만을 서로 끌어당기게 될 것이기 때문입니다. 당신이 살고 있는 이곳은 아주 균형이 잘 잡혀있는 곳입니다. 이처럼 광대하고 놀라운 풍요의 부엌에서 당신들 각자가 소망하는 요리를 모두 만들 수 있는, 충분한 양의 다양한 재료들이 알맞은 비율로 넉넉히 공급되고 있습니다.

고통스러운 삶을 체험중인 사람들을 돕는 방법

제리 | 저는 대단히 기쁘고 멋들어진 삶을 살고 있습니다. 하지만 세상에는 고통을 경험하고 있는 많은 사람들이 있음을 봅니다. 다른 사람들이 고통 없이 살게 하려면 제가 무슨 일을 할 수가 있을까요?

아브라함 | 당신은 다른 사람의 경험을 창조할 수 없습니다. 당신이 그들 대신 생각을 할 수 없기 때문입니다. 그들이 그런 감정을 통한 반응(고통)을 그들의 '내면존재'로부터 이끌어내는 이유는 그들이 하는 생각과 하는 말과 하는 행동 때문입니다. 그들은 자신들이 바라지 않는 것들에 대한 생각을 함으로써 스스로 고통을 창조하고 있습니다.

그들을 위해서 지금 당신이 할 수 있는 일은 기쁨의 모범을 보이는 것입니다. 오로지 그가 바라고 있는 것만을 생각하고, 그가 바라고 있는 것만을 말하고, 그가 바라고 있는 것만을 행함으로써, 오로지 기쁨의 감정만을 불러일으키십시오.

제리 | 저는 그렇게 할 수 있습니다. 저는 제가 원하는 것들에, 그러한 기쁨에 초점을 맞출 수가 있고, 또한 저는 그들이 창조하는 그 어떤 체험이든 그들이 할 수 있도록 허용하기를 배울 수 있습니다. 그렇다면 만일 제가 그들의 고통스러운 체험 자체에 초점을 맞추게 되면 지금 내 자신의 체험 속에 스스로 고통을 창조하게 된다고 말하는 게 정확하겠네요? 그럼으로써 저는 바로 '그와 같은' 본보기, 즉 고통스런 체험의 대표적인 모범이 될 것이고 말이죠.

아브라함 | 고통스러워하는 누군가가 당신의 삶속으로 들어왔다고 해봅시다. 그리고 그들이 고통스러운 상황을 겪고 있는 모습을 당신이 보게 될 때, 당신의 내면에서 하나의 강력한 소망이 태어납니다. 그들이 자신의 고통스러운 상황에서 벗어나는 방법을 찾아내길 바라는 그러한 소망 말이죠. 그래서 그들의 상황이 기쁘게 해결되길 바

라는 당신 자신의 소망을 신속하게 알아차리게 되면, 그들의 고통은 그저 가볍게 당신을 스치고 지나가게 됩니다.

그런 다음, 당신의 모든 주의를 그들의 성공적인 해결책에 온전히 집중시키게 되면 당신은 전혀 고통을 느끼지 않게 될 것입니다. 또한 당신은 그들이 스스로 실제적인 해결책을 찾아낼 수 있도록 영감을 줄 수 있는 촉매 역할을 하게 됩니다. 그게 바로 참되게 '고양시키는 존재'의 대표적인 본보기입니다. 하지만 만일 당신이 오로지 그들의 고통이나 그 고통을 불러온 상황에만 주의를 집중하게되면, 당신은 그것과 일치하는 진동을 자신의 내면에 활성화시키게 됨으로써, 자신이 원치 않는 것들을 삶속에 끌어당기기 시작하게 될 것이고, 당신 또한 고통을 느끼기 시작할 것입니다.

기쁨 넘치는 삶의 본보기가 되는 게 열쇠입니까?

제리 │ 지속적으로 자신의 기쁨을 찾는 것이 해결책입니까? 그런 모범을 보이는 것과 함께, 그들이 자신들을 위해 선택한 경험을(무슨 경험이 되었든지 또 무슨 방법으로 선택을 했든지) 가질 수 있도록 허용(진정한 허용)을 해야 합니까?

아브라함 │ 당신은 그들이 끌어당긴 경험이 무엇이든지 그들이 그것을 갖도록 허용하는 것 외에는 선택의 여지가 없습니다. 당신이 그들을 대신해서 생각하거나 진동하는 것은 가능하지 않은 일이고, 따라서 당신이 그들 대신 끌어다 줄 수 없기 때문입니다.

진정한 '허용'이라 함은 그들이 무슨 일을 하고 있건 관계없이 당신이 자신의 균형 상태와 기쁨을 유지하는 일입니다. 그 어떤 상황이나 조건에 구애받음 없이 당신이 먼저 자신의 '내면 존재'에 연결됨으로써 온갖 멋지고 근사한 것들을 가져다주는 우주적 생명력의 원천과 조화롭게 연결되십시오. 그렇게 근원적인 웰빙의 흐름과 진동적으로 일치된 에너지 균형 상태에서 당신이 다른 사람들을 주시하거나 생각하게 될 때, 당신은 그들에게 대단히 유익한 존재가 되고 그들을 이롭게 할 수 있습니다. 당신이 더욱 더 기분 좋게 느끼는 상태에서 다른 이들에게 초점을 맞추게 될수록 그들에게 더욱 긍정적인 영향력을 발휘하게 될 것입니다.

다른 이들이 원하는(혹은 원치 않는) 그 어떤 것이든 간에 기꺼이 그들이 되거나, 하거나, 가질 수 있도록 온전히 '허용하는' 지점에 도달하게 되면, 당신은 그들이 지금 무엇을 하고 있는지를 알기에, 그것과 관련해 부정적인 감정을 느끼지 않는 자신을 발견하게 될 것입니다. 당신이 진실로 '허용하는 존재Allower'가 될 때, 다른 이들이 체험중인 온갖 다양한 삶의 모습들을 바라보면서도 당신은 기쁘고 즐겁게 살아가게 됩니다.

언제나 '끌어당김의 법칙'은 당신의 생각에 의해 일어나는 진동에 반응합니다. 당신이 자신의 생각을 의도적으로 일으켜 기분 좋은 생각을 선택하면, 당신은 자신의 내면존재, 또는 진정한 자기 자신과 연결되도록 스스로를 허용하게 됩니다. 당신이 '진정한 자기 자신'과 연결되어 있을 때에는 당신의 주의가 향해있는 그 누구든 그로 인해 혜택을 보게 됩니다. 그리고 무엇보다 더 중요한 건 당신 자신이 기뿜을 느끼게 된다는 사실입니다.

머지않아 당신은 자신의 기분을 잘 알아차리게 될 것입니다. 그리고 자신의 생각을 의도적이고 의식적으로 일으키는 일에 능숙해지게 될 것이기에, 오로지 좋은 것들만을 끌어당기게 될 것입니다. 그럴 때, 오직 그럴 때만 당신은 타인들이 그들의 선택에 따라 어떤 것을 창조하고 있을지라도 불편한 감정을 느끼지 않고 마음 편하게 허용하게 될 것입니다.

당신이 원치 않는 것들이 당신의 경험 속으로 강제로 뛰어 들어올 수 없다는 사실, 그리고 모든 것들은 오직 당신의 생각에 의해서 초대하게 된다는 사실을 알게 되면, 이제 당신은 두 번 다시 다른 사람들이 선택하는 것들로 인해 위협을 느끼지 않게 될 것입니다. 심지어 그것들이 아주 가까운 곳에 존재할지라도 그것들은 결코 당신이 경험하는 인생체험의 일부가 될 수 없기 때문입니다.

원치 않는 걸 보면서 기분이 좋아질 수 있나요?

제리 | 우리가 부정적인 어떤 것에 주의를 기울이거나 생각하고 있으면서 부정적인 감정을 느끼지 않으려면 어떻게 해야 할까요?

아브라함 | 당신은 그렇게 할 수 없습니다. 그리고 우리는 당신이 그렇게 하라고 권하지 않을 것입니다. 다시 말해서, 부정적인 감정을 절대로 갖지 말라고 말하는 건 이렇게 말하는 것과도 같습니다.

"안내시스템을 갖지 마십시오. 자신의 감정안내시스템에 전혀 주의를 기울이지 마십시오." 그리고 그것은 우리가 전하는 메시지와 상반되는 것입니다. 우리는 당신이 자신의 감정을 민감하게 알아차린 다음, 마음이 편안해질 때까지 자신의 생각들을 의식적으로 이끌어 가기를 원합니다.

당신이 약간의 부정적인 생각에 초점을 맞추게 되면, 당신이 원치 않는 약간의 부정적인 감정을 느끼게 될 것입니다. 당신이 자신이 느끼는 기분이나 감정을 민감하게 알아차리고 좀 더 기분이 좋아지길 원하게 되면, 당신은 생각을 바꿀 것입니다. 그것이 약한 감정일 때 바꾸기는 쉽습니다. 그것이 크고 강한 생각이고 그로 인해 감정도 강할 때 그것을 바꾸는 일은 훨씬 더 어렵습니다. 감정의 강도는 끌어당김의 법칙에 의해 당신이 축적한 생각의 양에 비례하게 됩니다. 당신의 초점이 자신이 원치 않는 것들에 더 오래 머물러있게 될수록, 그 생각은 더욱 크고 더욱 강력해지게 됩니다. 하지만 당신이 자신의 감정에 민감해지고, 또한 원치 않는 생각의 주제나 대상으로부터 자신의 주의를 아주 신속히 거둬들이게 되면, 당신의 기분은 좀 더 좋아지기 시작할 것이고, 그럼으로써 당신은 스스로 원치 않는 이러한 것들의 끌어당김을 멈추게 될 것입니다.

웰빙의 상태를 증진시킬 수 있는 말들

제리 │ 완벽한 건강이라든가 무한한 풍요처럼, 우리가 다양한 좋은 것들을 끌어당기는데 도움이 될 말들을 알려 주시겠습니까?

아브라함 │ 나는 완벽한 건강을 원해! 나는 기분 좋은 느낌이 좋아. 나는 기분 좋게 내 몸을 즐기고 있어. 나는 내 몸에 대한 기분 좋은 기억들을 많이 가지고 있어. 나는 수많은 사람들이 건강하게 살아가는 모습을 보고 있어. 또 그들이 얼마나 자신의 몸을 기분 좋게 즐기고 있는지 쉽게 볼 수가 있어. 내가 이런 생각들을 하고 있을 땐 기분이 좋아. 바로 이런 생각들이 건강한 내 몸과 조화를 이루는 것들이지!

제리 │ 완벽한 재정적 풍요에 대한 것은 어떻습니까?

아브라함 │ 나는 재정적인 풍요로움을 원해! 이 놀라운 세상 속에는 언제든지 쉽게 이용할 수 있는 멋지고 근사한 것들이 아주 많아. 재정적인 풍요는 그러한 것들을 손에 넣을 수 있도록 해주지. '끌어당김의 법칙'은 항상 내 생각에 반응하고 있기에, 나는 온갖 풍요의 가능성들에만 주로 초점을 맞추기로 결심했어. 내 생각과 일치하는 재정적인 풍요가 내 삶으로 흘러들어오는 것은 단지 시간문제일 뿐이야. 언제나 '끌어당김의 법칙'은 내가 주시하는 것들을 가져다줄 것이기에 나는 기꺼이 풍요를 선택한다!

제리 │ 멋진 관계는요?

아브라함 │ 나는 멋진 관계를 원해! 나는 아주 멋지고, 현명하고, 재미있고, 활력이 넘치고, 자극이 되는 그런 사람들과의 관계를 즐기고 있어. 그리고 지구상에는 그런 사람들이 많다는 사실이 즐거워. 나는 아주 흥미로운 사람들을 만나고 있고, 또한 그런 사람들이 가진 매력적인 개성과 특징들을 발견하는 일을 좋아해. 내가 그런 만남들을 즐기면 즐길수록 나를 즐겁게 만드는 더 많은 사람들이 나를 찾아오고 있어. 나는 이처럼 장대하고 눈부신 공동창조의 시간을 정말 사랑해!

제리 │ 긍정적인 비물질적 체험에 대한 것은 어떻습니까?

아브라함 │ 나는 물질 세상에서든 비물질 세상에서든 오직 나와 조화를 이루는 존재들만을 끌어당기길 원해! 나는 '끌어당김의 법칙'에 완전히 매료되어 있어. 그리고 내가 좋은 기분을 느낄 땐 오로지 기분 좋게 느껴지는 것들만을 끌어당길 수 있다는 사실에 마음이 편해졌어. 나는 비물질적인 것들의 토대가 되는 것은 순수하고 긍정적인 에너지라는 사실이 너무나 좋아. 나는 '감정안내시스템'을 즐겁게 이용함으로써 언제나 그러한 근원 에너지와 만날 수가 있어!

제리 │ 지속적으로 즐겁게 성장하는 것은요?

아브라함 │ 나는 언제나 성장을 추구하는 존재야! 그리고 확장이라는 것은 자연스러운 일일 뿐 아니라 필연적이라는 걸 기억해내게 되어 무척 흥분되고 즐거워. 나는 기쁨이 단순히 선택의 문제일 뿐이라는 사실이 너무나 좋아! 내가 성장하고 확장해가는 건 필연적인 일임을 알기에, 난 내게 기쁨을 주는 그 모든 것들을 다 갖기로 선택한다!

제리 │ 그런데 이런 말들이 그것들을 끌어당기게 될까요?

아브라함 │ 당신이 하는 말들이 당신이 요청하고 있는 것들을 즉시 가져다주지는 않을 것입니다. 하지만 당신이 그 말들을 더 자주 반복할수록, 그 말을 하는 동안 당신의 기분은 더욱 좋아지게 될 것이고, 당신의 진동은 더욱 순수해지거나 덜 저항적이 될 것입니다. 그러면 얼마 안가서 당신의 세계는 당신이 말해오고 있던 이러한 것들로 금방 가득 차게 될 것입니다.

단지 말들만으로는 끌어당기는 힘이 없지만, 당신이 말을 하면서 감정을 느끼게 되면, 그것은 당신의 진동이 강력하다는 뜻입니다. 그렇게 되면 '끌어당김의 법칙'은 그런 진동들에 반드시 답을 할 것입니다.

성공의 잣대는 무엇입니까?

제리 │ 당신들은 어떤 걸 성공이라고 보십니까? 어떤 걸 성공의 표식이라 말하시겠습니까?

아브라함 | 당신들은 명예, 돈, 관계, 물질과 같이 자신이 소망하는 것들을 성취하는 걸 성공이라고 여길 것입니다. 하지만 만일 당신이 기쁨의 성취를 성공의 잣대로 삼게 될 수 있다면, 나머지 다른 모든 것들은 쉽게 얻어질 것입니다. 왜냐하면 당신이 기쁨을 찾아내는 중에 우주의 풍부한 자원들과 진동의 일치를 이루게 되기 때문입니다.

당신은 자신이 바라지 않는 어떤 것에 초점을 맞추고 있거나 또는 자신이 바라는 어떤 것이 없다는 사실에 초점을 맞추고 있으면서 동시에 기쁨을 느낄 수 없습니다. 그렇기에, 당신이 기쁨을 느끼고 있는 동안에는 결코 자신이 원하는 것과 상충된 진동을 발하는 상태가 아닐 것입니다. 오직 그처럼 상충되는 부정적 생각과 그에 따르는 부정적인 진동만이 당신이 바라는 것을 계속해서 얻지 못하게 만드는 것입니다.

우리는 대다수의 사람들이 인생의 대부분을 자기 삶 체험의 잣대가 될 규칙들을 찾는데 허비하고 있는 모습을 보는 일이 흥미롭습니다. 그들은 무엇이 옳고 무엇이 그른지를 자신에게 말해줄 누군가를 자신 밖의 외부에서 찾고 있습니다. 그들은 이미 자신의 내면에 그토록 정교하고 정밀하며 정확할 뿐 아니라 언제라도 쉽게 이용할 수가 있는 안내 시스템을 내내 지녀오고 있다는 사실을 모릅니다.

이 감정안내시스템을 이용하여, 현재 어떤 상황 속에 있든 간에 그 자리에서 지금 당장 찾아낼 수 있는 가장 기분 좋은 생각에 도달하면, 당신은 자신의 내면존재가 당신이 진실로 원하는 것들을 얻는 데 도움을 주는 것을 받아들이고 있는 것입니다.

엄청난 대조가 존재하는 이 물질세계를 살아나가면서, 당신이 느끼고 있는 감정을 의식적으로 알아차림으로써 자신의 생각을 더 기분 좋은 쪽으로 의도적으로 이끌어 나가게 되면, 조만간 당신은 더욱 광대하고 더욱더 지혜로운 내면존재의 근원적인 관점과 시선으로 자신의 삶을 바라보기 시작하게 됩니다.

그렇게 되면 당신은 이 놀라운 육체를 입기로 결정했을 당시 비물질적인 관점에서 선택했던 길 위에 자신이 올바로 서있다는 사실에 만족감을 느끼게 됩니다. 왜냐하면 이미 당신은 비물질적인 자신의 관점에서, 자신이 영원히 진화하고 확장해가는 존재라는 사실과, 또 이처럼 대조가 존재하는 최첨단의 창조 환경이 그러한 확장의 약속을 담보해주고 있다는 사실을 알고 있었기 때문입니다.

당신은 그처럼 놀랍고 경이로운 자신의 '안내시스템'에 대해서도 알고 있었고, 또 연습을 통해 자신도 '내면존재'가 바라보듯이 이 세상을 바라볼 수 있게 된다는 걸 알고 있었습니다. 게다가 당신은 그 강력한 끌어당김의 법칙에 대해서도 알고 있었고, 이 법칙이 모든 창조자들의 자유 의지에 언제나 공정하고 정확하게 반응한다는 사실도 알고 있었습니다.

당신이 지금 당장 찾아낼 수 있는 가장 기분 좋은 생각에 도달하면, 당신은 그런 비물질적인 관점에 다시 연결이 됩니다. 그래서 당신이 품었던 삶의 목적이 기억나고, 또 삶의 즐거움을 만끽하고자 했던 자신의 의도가 기억나고, 그리고 무엇보다 '진정한 자기 자신'이 기억나게 될 때, 바로 그 때 당신은 흘러넘치는 환희와 황홀감으로 전율하게 될 것입니다.

제2장

의식적 창조과학

두 번째 우주법칙

The Science of
Deliberate Creation

만일 당신이 의도하는 것을 맑고 순수하게 시각화해오고 있는 중이라면
그것은 반드시 그리고 빠르게 옵니다. 시각화의 맑고 순수한 정도가 핵심입니다.
순수하다는 말은 오로지 자신이 원하는 방향의 생각만을 하는 것을 의미합니다.
만일 당신이 바라는 어떤 것이 자신에게 오는 속도가 지지부진하다면,
그것은 오직 한 가지 이유 때문이라고 할 수 있습니다. 즉, 지금 현재 당신은 그것이 실재한다는
사실에 초점을 맞추고 있기 보다는 그것이 '없다'는 부재 또는 결핍에 초점을 맞춘 채
더 많은 시간을 보내고 있다는 것입니다. 당신의 생각과 말과 시선을 눈앞에 드러나 있는
당면 현실로부터 떼어내십시오. 그리고 순전히 자신이 '바라는 것들' 쪽을 향하도록 하십시오.
자신이 바라는 것들을 더 많이 바라보고 더 많이 생각하고 더 자주 말해갈수록,
당신은 그러한 것들을 더욱 빠르고 신속하게 끌어당기게 될 것입니다.

THE LAW OF

ATTRACTION

WELLBEING LOVE JOY SUCCESS HEALTH HAPPINESS WEALTH

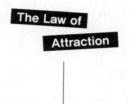

의식적 창조과학의 정의
The Science of Deliberate Creation

제리 | 아브라함, 당신들은 의식적인 창조에 대해서 말한 적이 있습니다. 정확히 의식적인 창조라는 것이 어떤 뜻인지, 그리고 어떤 가치가 있는지 자세히 설명해 주시겠습니까?

아브라함 | 우리는 그것을 '의식적 창조과학'이라고 부르는데, 우리는 모든 사람들이 목적을 가지고 창조하기를 원할 것이라고 전제하기 때문입니다. 하지만 사실 그것은 '창조의 법칙'이라고 부르는 게 더 적절할 것입니다. 왜냐하면 당신이 원하는 걸 생각하고 있든 원하지 않는 걸 생각하고 있든 그것은 항상 작동하고 있기 때문입니다. 다시 말해서, 지금 현재 당신이 원하는 어떤 것에 대해서 생각하고 있는 중이든, 혹은 원하는 어떤 것의 결핍이나 부족에 대해서 생각하고 있는 중이든(당신의 생각 방향이 당신의 선택입니다), 바로 지금

당신이 선택하고 있는 생각의 방향 쪽으로 창조의 법칙은 작동하기 시작합니다.

당신들의 물질적인 세계에서 이 창조 공식은 두 개의 중요한 부분으로 이루어지게 되는데, 한 부분은 '생각을 일으키기'라는 측면이고, 다른 한 부분은 '그 생각에 대해 기대하기'라는 측면입니다. 즉, 창조에 대한 소망desire이라는 부분과 그 창조를 허용allowing하는 부분입니다. 우리의 비물질 세계에서는 그 두 가지가 동시에 일어나는데, 왜냐하면 어떤 것에 대한 우리의 바람과 그것에 대한 우리의 전적인 기대 사이에는 어떠한 틈이나 불일치도 없기 때문입니다.

대부분의 인간들은 자신의 생각이 가진 힘과 자신이 본질적으로 진동하는 존재라는 사실, 그리고 강력한 끌어당김의 법칙에 대해서 제대로 인식하지 못하고 있습니다. 그래서 그들은 만사를 자신이 하는 행동을 가지고 일어나게 만들려고 합니다. 물론 우리도 행동이라는 것이 당신들의 물질세계에서 중요한 구성 요소라는 점에는 동의하지만, 비록 그렇다 할지라도 당신들이 창조하고 있는 물질적인 체험들을 자신의 행동을 통해서 하고 있는 게 아닙니다.

자신의 생각이 가진 힘을 이해하고 의도적으로 생각을 일으키는 연습을 하게 될 때, 당신은 오로지 '소망하기'와 '허용하기'를 통해서만 얻을 수 있는 창조에 있어서의 강력한 영향력을 실감하게 될 것입니다. 당신이 생각을 가지고 미리 길을 내거나, 또는 그 생각이 이루어진다는 것에 대해 긍정적인 예상과 기대를 하게 될 경우, 창조를 하기위해 요구되는 행동은 훨씬 더 적어지게 될뿐더러 그 행동 역시 훨씬 더 만족스러운 것이 됩니다. 하지만 당신이 그처럼 생각을 조율하는 시간을 갖지 않는다면, 훨씬 더 많은 행동이 요구되는 것은 물론이고 그 결과도 만족스럽지 않게 될 것입니다.

당신들의 병원에는 과거의 적절치 못한 생각들로 인한 결과들을 현재 행동을 통해서 보완하려는 사람들로 가득 차 있습니다. 물론 그들이 일부러 병을 창조하지는 않았겠지만, 그들은 병에 대해 생각하고 그걸 기대함으로써 스스로 그것을 창조했던 것입니다. 그리고 나서는 자신이 생각으로 창조해낸 것을 물리적 행동을 통해 보완하기 위해서 병원을 찾은 것입니다. 또한 우리는 자신의 행동을 돈과 맞바꾸기 위해 하루하루를 소비하고 있는 많은 사람들을 보고 있습니다. 이 물질세계에서 돈은 삶의 자유를 누리기 위한 필수품이기 때문이지요. 그럼에도, 대개의 경우 그들이 하고 있는 행동은 기쁨에 찬 행동이 아닙니다. 그들의 행동은 단지 조화롭지 못한 자신의 생각을 행동으로 보완하려는 시도에 불과할 뿐입니다.

당신은 행동을 의도했었습니다. 그리고 그것은 현재 당신이 살아가고 있는 이 물질세계에서만 맛볼 수 있는 감미로운 부분입니다. 하지만 당신은 결코 육체적 행동을 통해서 창조를 하겠다고 의도하지는 않았습니다. 애초에 당신이 품었던 행동에 대한 의도는, 자신이 생각을 통해 창조한 것들을 기쁘게 즐기기 위해서 육체를 사용하겠다는 것이었습니다.

당신이 기분 좋은 감정을 느끼면서 미래에 대한 생각을 일으키게 되면 당신은 창조를 출발시킨 것입니다. 그리고 나서 이제 당신이 미래에 있게 될 물질화를 기대하면서 삶을 살아나가고 있을 때, 자신의 미래를 향해 미리 출발시켰던 기쁨에 넘치는 그 창조물로부터 당신이 즐겁게 취하게 될 기쁨에 찬 행동에 대한 영감을 받게 될 것입니다.

만일 지금 현재 당신이 어떤 행동을 취하고 있는데 그것이 기쁨에 찬 행동이 아닐 경우, 절대로 당신은 행복한 결과를 얻을 수가 없습니다. 절대로 그렇게 될 수가 없는데, 그건 법칙에 맞지 않기 때문입니다.

자신이 원하는 결과를 얻기 위해서 성급하게 행동에 뛰어들기 보다는, 그것이 이미 이루어진 모습을 생각해보는 시간을 가지십시오. 그것을 상상해보며 마음속에 떠올려보고, 또 그것을 믿고 기대하십시오. 그러면 그것은 존재하게 될 것입니다. 그리고 당신은 자신이 찾고 있는 결과를 향해 나아가도록 해줄 완벽한 행동에 대한 안내를 받거나, 영감을 받게 되거나, 인도될 것입니다. 그렇지만 지금 우리가 이야기한 내용과 실제로 대부분의 세상 사람들이 행하고 있는 방식 사이에는 아주 커다란 차이가 있다는 걸 아시기 바랍니다.

그것에 대해 생각하면, 그것을 초대한다

우리가 의식적 창조의 과정에 대한 지식을 인간 친구들에게 전하게 될 때마다 그것에 반발하는 사람들을 종종 접하게 됩니다. 왜냐하면 그들은 현재 자신이 원하지 않는 것들을 삶속에 가지고 있기 때문입니다. 그래서 우리가 "모든 것들이 당신에 의해서 초대된 것입니다."라고 말을 하면 그들은 항의를 하고는 합니다. "아브라함, 내가 원하지도 않는 그런 것들을 초대했을 리가 없습니다."

그래서 우리는 당신들이 삶에서 얻고 있는 것들을 어떻게 해서 얻고 있는지 이해하도록 돕기 위해서 이러한 정보를 열심히 전하고 있는 것입니다. 당신이 그걸 이해하게 되면 자신이 끌어당기는 것들에 좀 더 신중하고 의도적이 될 것이고, 그러면 원치 않는 것들이 끌려오는 일을 사전에 미리 예방하는 동시에 의식적으로 자신이 원하는 것들만을 끌어당길 수가 있게 될 것입니다.

우리는 당신이 일부러 그것을 초대하거나 창조하거나 끌어당기고 있는 것은 아니라는 사실을 압니다. 하지만 우리는 당신이 바로 그것의 초대자이고 창조자이고 끌어당기는 존재라고 말합니다. 왜냐하면 바로 당신이 그것에 대해 생각을 함으로써 그렇게 만들고 있기 때문입니다. 당신은 아무런 자각 없이 무작위로 생각을 일으키고 있는데, 그러면 끌어당김의 법칙이 그러한 생각들에 반응함으로써 당신이 이해하지 못하는 결과들을 가져다주게 됩니다. 그래서 우리가 지금 여기 있는 것입니다. 우주의 법칙들을 알려줌으로써 현재 당신이 얻고 있는 것들을 어떻게 얻고 있는지 이해할 수 있도록 돕기 위해서 말이죠. 그렇게 되면 아마 당신은 자신의 의도대로 삶을 통제할 수 있게 될 것입니다.

대부분의 인간들은 이 물질세계에 너무나 깊이 몰입되어 있기 때문에 자신들이 비물질 세계와 어떤 관계에 있는지 거의 인식하지 못합니다. 예를 들어, 당신이 방에 들어가서 벽에 있는 스위치를 올리게 되면 방안이 환해지는 것을 보는데, 그때 당신은 아마도 이렇게 말할 것입니다. "이 스위치가 빛을 발생시켰어." 하지만 우리가 설명하지 않더라도 빛을 발생시키는 것과 관련해 훨씬 더 많은 이야기가 존재한다는 걸 당신은 알고 있습니다. 그리고 그것은 현재 당신이 이 물질세계에서 경험하는 모든 것들에도 적용되는 것입니다. 당신은 일들이 벌어지게 만드는 것과 관련해 아주 약간의 설명밖에는 하지 못합니다. 그 나머지들에 대해 설명하기 위해서 지금 우리가 여기에 있는 것입니다.

당신은 원대한 포부와 목적을 가지고 광대한 비물질 세계로부터 이 물질세계로 들어왔습니다. 당신이 이곳에 온 이유는 이러한 물질세계에서의 체험을 당신이 너무나도 원했었기 때문입니다. 이번 생애가 당신의 첫 번째 체험인 것은 아닙니다. 당신은 물질세계와 비물질 세계에서 이미 수많은 삶들을 경험했습니다. 그리고 당신은 지금의 육체적 형상을 하고서 또 다시 이곳으로 들어왔는데, 왜냐하면 끊임없이 성장하고 진화하면서 비물질 세계에 존재하는 진정한 당신의 모든 경험에 이번 생의 체험을 추가시키길 원했었기 때문입니다. 어쩌면 지금 현재 당신이 의식하고 있지 못할 수도 있는 그 존재는 이러한 몸과 이러한 물질적 감각들을 통해서 끊임없이 진화하고 있는 중입니다. 하지만 보다 광대할뿐더러 끊임없이 성장과 기쁨을 추구하면서 영원히 확장하고 진화해가고 있는 그 존재는, 진실로 당신 자신의 일부분인 것입니다.

당신은 항상 내면존재와 교신하고 있다

우리는 삶에서 당신이 하는 모든 체험의 창조자가 바로 당신 자신이라는 사실, 그리고 그러한 체험을 의도적으로 창조하게 될 때 비로소 진정한 기쁨과 만족감을 느끼게 된다는 사실을 기억해내도록 당신을 돕고자 합니다. 또한 우리는 당신의 비물질적인 부분인 내면존재와 당신이 맺고 있는 관계를 기억해내도록 돕고 싶습니다. 비물질 세계에 존재하는 당신의 내면존재는 당신이 하고 있는 모든 걸 항상 인식하고 있을 뿐만 아니라, 당신과 더불어 그 모든 일들에 함께 참여하고 있습니다.

지금 현재 당신은 이번 생애 이전에 자신이 체험했었던 모든 삶들의 세부적인 내용들에 대해서는 기억을 하지 못합니다. 하지만 당신의 내면존재는 그 모든 것들을 완전히 다 알고 있으며, 뿐만 아니라 당신이 이번 생에서 가장 기쁘고 즐거운 방식으로 살아갈 수 있도록 하기 위해서 도움이 될 만한 가능한 모든 정보를 끊임없이 제공하고 있습니다. 그것도 언제나, 모든 순간마다 그렇게 하고 있습니다.

당신은 현재의 삶속으로 들어올 당시, 자신이 이전에 살았었던 삶의 기억들을 지니고 오지 않았습니다. 왜냐하면 그러한 것들에 대한 상세한 기억을 지니게 될 경우, 당신은 중요한 '지금'에 집중할 수 없게 되기 때문입니다. 하지만 당신은 항상 자신의 내면존재와 관계를 맺고 있기 때문에, 보다 광대한 내면의 시각과 관점 혹은 총체적인 당신Total You의 앎과 지식에 언제나 접근할 수가 있습니다.

보다 광대한 시각을 가진 비물질적인 당신은 언제나 쉬지 않고 당신과 교신을 하고 있습니다. 당신이 지금의 물질적 몸속으로 들어오던 그 날 이후로 계속해서 그렇게 해오고 있는 중입니다. 그러한 교신의 형태는 아주 다양한 방식을 통해 일어나고 있습니다. 하지만 언제나 당신이 내면존재로부터 받고 있는 가장 기본적인 교신의 형태는 바로 당신이 느끼는 감정입니다.

모든 감정은 기분 좋거나 기분 나쁜 두 가지뿐

예외 없이 당신이 느끼는 모든 감정은 내면존재로부터 전해지는 교신이자 안내 메시지입니다. 그것은 현재 당신의 생각과 말과 행동이 적절한지 그렇지 않은지를 매순간 당신에게 알려줍니다. 다시 말해서, 당신이 자기 자신의 총체적인 의도와 진동상의 조화를 이루지 못하는 생각을 할 때마다 내면존재는 기분 나쁘게 느껴지는 부정적인 감정을 내보냅니다. 또한 당신이 '진정한 자신', 그리고 자신이 원하는 것들과 조화를 이루지 않는 어떤 걸 말하거나 행할 경우에도, 내면존재는 기분 나쁘게 느껴지는 부정적인 감정을 내보냅니다. 마찬가지 방식으로, 당신이 가진 총체적인 의도들과 조화를 이루는 방향으로 생각하거나 말하거나 행동하고 있을 경우엔, 내면존재는 당신에게 기분 좋게 느껴지는 긍정적인 감정을 내보내게 됩니다.

감정에는 오직 두 가지가 있을 뿐입니다. 한 가지는 기분 좋게 느껴지는 것들이고, 다른 한 가지는 기분 나쁘게 느껴지는 것들입니다. 당신은 그러한 감정들이 생겨난 상황이나 환경 또는 조건에 의거해 그것들을 온갖 다양한 이름으로 부릅니다. 하지만 자신의 내면에서 감정의 형태로 주어지는 이러한 안내 신호가, 모든 것을 알고 있는 더욱 광대한 내면존재로부터 오는 교신이라는 사실을 인식하게 된다면, 당신은 이곳에서 새로 품게 된 모든 의도들과 이곳으로 들어올 때 품고 있었던 모든 의도들을 망라하는 자신의 총체적인 의도들로부터 이로움과 혜택을 얻게 될 것입니다. 뿐만 아니라 당신은 이러한 감정안내시스템을 활용해서 자신의 모든 소망들과 모든 믿음들을 세부적으로 면밀히 검토해볼 수가 있다는 사실을 이해함으로써, 언제든지 완벽하고 적절한 결정을 내릴 수 있게 될 것입니다.

내면으로부터의 안내를 신뢰하십시오

많은 사람들이 자신의 직관적인 안내를 한쪽 옆으로 치워두고, 대신에 부모나 교사들 또는 전문가나 다양한 단체의 지도자들의 의견을 따릅니다. 하지만 당신이 그들의 안내를 쫓으면 쫓을수록 자신이 내면에 지니고 있는 현명한 조언자를 활용하지 못하게 됩니다. 그래서 종종 우리가 사람들마다 가지고 있는 각자의 안내 시스템과 다시 연결되도록 도우면서 그들이 본질적으로 어떤 존재인지를 일깨워주려고 할 때, 그들은 선뜻 받아들이기를 주저하거나 망설입니다. 그들은 대개 자신들이 무가치하고 잘못된 존재라고 믿도록 길들여져 왔기 때문에, 옳고 그름에 대한 자신의 판단과 내면으로부터의 안내를 신뢰하고 따르는 걸 두려워합니다. 그들은 자신들에게 어떤 것이 적절한지를 더 정확하게 알고 있는 다른 존재가 있을 것이라고 믿기 때문입니다.

하지만 우리는 당신이 얼마나 가치 있고 힘을 가진 존재인지, 그리고 당신이 왜 이러한 시공간현실로 들어 온 것인지 기억해내도록 돕고 싶습니다. 당신은 이처럼 놀라운 환경 속에 있는 대조와 다양성을 탐험하겠다는 의도를 품었었고, 또한 그러한 대조와 다양성으로 인해 자신의 새로운 의도들이 끊임없이 탄생하게 될 것임을 이미 알고 있었습니다. 게다가 당신들이 내면존재 또는 총체적인 자신 또는 근원이라 부르는, 진정한 당신 자신who-you-really-are은 매순간 확장해가는 당신을 지켜보면서 매우 기뻐하고 있다는 사실을 기억하고자 해보십시오.

우린 당신들이 기억해내도록 돕고 싶습니다. 당신은 모든 순간마다 자신이 지닌 감정의 힘을 통해서, 현재 자신이 더욱 광대한 근원적인 관점으로 현재 상황을 바라보고 있는지, 아니면 자신의 본성과 다른 생각들을 선택함으로써 그러한 근원으로부터 스스로를 분리시키고 있는지를 언제나 알 수 있다는 사실을 말이죠. 다시 말해서, 당신이 사랑의 감정을 느낄 때마다, 그것은 현재 당신이 주시하고 있는 대상을 바라보는 방식이 자신의 내면존재가 그것을 바라보는 방식과 일치한다는 의미입니다. 그리고 당신이 미움이나 증오의 감정을 느낄 때마다, 그것은 자신의 내면존재와 연결되지 않은 채 그것을 보고 있다는 의미입니다.

당신은 이러한 사실 모두를 직관적으로 알았었는데, 특히 어렸을 적엔 말이죠. 하지만 자신의 내면에서 나오는 충동을 신뢰해서는 안 된다고 열심히 당신에게 설득하고는 했었던, 당신 주변의 연장자들과 자칭 '현명한 사람들'의 주장에 굴복함으로써 당신의 직감은 점차적으로 더욱 더 무뎌지게 되었습니다.

그래서 당신들 대부분은 자기 자신을 신뢰하지 않습니다. 우린 그 사실이 놀랍기 그지없는데, 당신의 내면으로부터 생겨나는 바로 그것이야말로 당신이 신뢰할 수 있는 유일한 것이기 때문입니다. 당신들은 내면을 신뢰하는 대신에 거의 전 생애를 바쳐서 자신에게 무엇이 옳고 그른지를 말해줄 종교단체나 정치단체들 혹은 어떤 규칙들을 찾고 있습니다. 그러고 나서 당신은, 대체로 자신이 태어나기 수천 년 전에 만들어진 그처럼 오래되고 낡은 규칙들을 현재의 새로운 삶 체험에 들어맞도록 만들고자 애쓰면서, 흡사 자신이 가진 네모난 마개를 다른 사람의 동그란 구멍에 맞추려하는 것과도 같은 무익한 노력을 하면서 자신의 나머지 생애를 허비합니다. 그러한 결과로 십중팔구 좌절과 낙담에 빠지거나 잘해봤자 혼돈과 혼란 속에서 살아가는 당신들을 보게 됩니다. 그리고 또한 우리는 누구의 규칙들이 가장 적절한지에 관해서 해마다 논쟁만 하다가 죽어가는 수많은 사람들을 보아왔습니다. 우리가 말하고 싶은 것은, 그처럼 총체적이고, 모든 걸 포함하며, 절대불변인 규칙들은 존재하지 않는다는 사실입니다. 당신들은 끊임없이 변화하면서 성장을 추구해나가는 존재들이기 때문입니다.

　　만약 당신의 집에 화재가 났을 때 최신식 장비를 갖춘 소방차와 소방관들이 나타나 불을 진화했다면, 당신은 "참으로 가장 적절한 행동이었어."라고 말했을 것입니다. 하지만 불이 나지도 않았는데 어느 날 갑자기 같은 소방관들이 들이닥쳐서는 당신의 집에 물을 뿌려댔다고 한다면, 당신은 "그건 정말 부적절한 행동이야!"라고 말했을 것입니다.

그리고 현재 당신들이 계속해서 전승하고 있는 법칙들 역시 그와 같습니다. 당신들의 과거 법규들과 규칙들 대부분은 지금 현재 당신이 체험중인 삶에 맞지 않습니다. 만일 당신이 성장을 의도하지 않았다면 당신은 결코 이런 물질적 인생 경험을 하러 오지 않았을 것입니다. 왜냐하면 당신은 자신이 기존에 이해했던 앎에다가 더욱 많은 이해를 더해가고 싶었기에, 지금 이곳에서 끊임없이 변화하고 확장하면서 성장을 추구해가고 있는 것이기 때문입니다. 만약 당신들이 오래전에 알고 이해했었던 것들이 최종적인 것이었다면, 오늘 이 자리에 당신들이 존재하고 있을만한 그 어떤 이유도 없을 것입니다.

지금 내가 얻고 있는 것을 어떻게 얻고 있는가?

"당신이 당신 자신의 현실을 창조한다."는 우리의 말은 처음엔 기쁘게 받아들여지는데, 대부분의 사람들은 자신의 체험을 스스로 통제할 수 있기를 간절히 바라기 때문입니다. 하지만 당신에게 오고 있는 모든 것들이 자신이 하는 생각에 의해 끌려오고 있다는 사실을 이해하고 나면, 어떤 사람들은 심기가 매우 불편해지고는 합니다. 자신이 하는 모든 생각들을 지켜보고 분류해서 오직 자신이 원하는 것들을 끌어오게 할 생각들만 해야 하는 힘든 작업에 압도당하는 느낌이 들기 때문입니다.

우리는 생각들을 지켜보며 감시하는 걸 권장하지 않는데, 그렇게 하는 건 엄청난 시간이 소요될 뿐더러 무척 성가신 일이기 때문입니다. 그 대신에 우리는 당신이 자신의 감정안내시스템을 의식적으로 활용하기를 권합니다.

만일 당신이 현재 느끼고 있는 감정에 주의하게 되면, 생각들을 지켜보거나 감시하는 건 그다지 필요하지 않을 것입니다. 언제든지 기분 좋게 느끼고 있는 그 순간엔 당신이 자신의 의도들에 부합되는 생각을 하고 있거나, 말을 하고 있거나 또는 행동을 하고 있다는 걸 아십시오. 반대로 언제든 당신이 기분 나쁘게 느끼고 있을 땐, 자신의 의도들과 일치돼있지 않다는 사실을 아십시오. 간단히 말해, 언제든 당신 안에 부정적인 감정이 현존하게 될 경우, 그 순간에 당신은 자신의 생각을 통해서건, 말을 통해서건, 또는 행동을 통해서건 잘못된 방향 쪽으로 창조하고 있는 중입니다.

따라서 자신이 원하는 것들에 관해서 좀 더 의식적이 되고 자신의 의도를 좀 더 명확히 하는 것, 그리고 자신이 느끼는 기분이나 감정을 좀 더 민감하게 자각하는 것, 그 두 가지를 결합시키는 것이야말로 실상 '의식적 창조' 과정에 대한 모든 것입니다.

나는 내 체험의 유일한 창조자

우리의 설명이 이 지점에 이르게 되면 흔히 듣게 되는 중요한 질문이 있습니다. "아브라함, 내면에서 나오는 것을 신뢰해도 좋다는 걸 내가 어떻게 알 수 있나요? 모든 규칙들을 만들고 또 내가 특정한 것들을 하거나 특정한 존재가 되기를 바라는, 나보다 더 거대한 존재가 있는 게 아닌가요?"

그러면 우리는 말합니다. "당신은 자신이 하는 체험의 창조자입니다. 그리고 당신은 자신이 가진 소망의 힘을 통해서 지금의 육체를 입게 되었지요. 당신은 자기 자신이 가치있는 존재라는 사실을 입증하기 위해 여기에 있는 것이 아닙니다. 나중에 다른 어떤 차원에서 대단한 구원을 받기 위해서 여기에 있는 것도 아닙니다."

당신이 이곳에 있는 것은 하나의 특정한 목적을 품었었기 때문입니다. 당신은 의식적 창조자Deliberate Creator가 되길 원했습니다. 그래서 시간과 공간이 존재하는 이 물질 차원을 선택했습니다. 당신이 생각을 통해 창조한 것이 무엇이든, 자신의 앎을 내면존재의 앎과 일치하도록 미세하게 조율해냄으로써 그것을 허용하게 되면, 그것들이 자신의 삶속으로 오게 될 때의 이익과 혜택을 누릴 수 있게 됩니다. 그리고 당신은 이러한 물질적 삶의 체험을 통해 우주의 확장에 기여하고 있는 중이며, 또한 이러한 환경에 노출된 채 확장해가는 당신의 존재 자체로 인해서 존재 전체All-That-Is가 혜택을 누리고 있습니다.

당신이 하고 있는 모든 행위는 기쁨을 얻기 위해서인 것입니다. 옳은 일들의 목록이나 그른 일들의 목록은 결코 존재하지 않습니다. 단지 존재하는 것이 있다면, 당신의 '진짜 의도'와 '진정한 목적'에 일치되는 것들과 그렇지 않은 것들만 있을 뿐입니다. 당신은 내면으로부터 전해지는 '안내 신호'를 신뢰해도 좋습니다. 그것은 언제나 당신 본연의 상태인 '웰빙Well-Being'과 당신이 일치되어 있는지의 여부를 알 수 있도록 도와주고 있기 때문입니다.

나는 자석처럼 진동이 같은 생각들을 끌어당긴다

당신들 삶의 경험이 끌어당김의 법칙에 좌우된다는 것은 아주 명백한 사실입니다. 사람들은 이 법칙에 대한 부분적인 지식을 바탕으로 많은 격언들을 만들어 냈습니다. 당신들은 말합니다. "끼리끼리 모인다." "좋아지는 것은 더 좋아지고 나빠지는 것은 더 나빠진다." "하루를 나쁘게 시작하면, 아주 나쁘게 끝난다." 하지만 이런 말들을 하면서도 대다수의 사람들은 끌어당김의 법칙이 얼마나 강력한 것인지에 대해 진실로 실감하지 못하고 있습니다. 사람들이 함께 모이게 되는 것도 이 법칙 때문입니다. 또한 모든 상황이나 사건들도 이 법칙에 의한 결과물이지요. 이처럼 강력한 끌어당김의 법칙에 의해서, 마치 자석과도 같이 비슷한 생각들은 서로 서로 끌어당깁니다. 이 법칙으로 인해 같은 느낌을 가진 사람들도 자석처럼 서로 서로 끌어당깁니다. 당신이 하는 하나의 생각이 또 다른 하나를 끌어당깁니다. 그래서 한때는 작고 사소하며 미약하기만 했던 생각일지라도, 당신이 그 생각에 초점을 집중하고 있게 되면 아주 강한 생각으로 자라나게 됩니다.

이러한 끌어당김의 법칙 때문에, 당신들 각각은 일종의 강력한 자석과도 같습니다. 당신들 모두는 언제나 자신이 느끼고 있는 것들을 자신에게 더 많이 끌어당기고 있습니다.

말하거나 생각하고 있을 때 나는 창조하고 있다

다른 사람들이 당신의 경험을 창조하지 않습니다. 모든 것을 당신이 하고 있지요. 모든 것이 당신의 책임입니다. 당신이 자기 자신의 경험을 관찰하든 주변 사람의 경험을 관찰하든, 지금 우리가 설명하는 강력한 이 법칙에 반하는 것은 단 한조각도 존재하지 않는다는 사실을 아시기 바랍니다. 자신이 생각하고 말해오고 있는 것들과 자신이 실제로 얻고 있는 것들 사이의 절대적인 상관관계를 알아차리기 시작한다면, 당신은 이러한 끌어당김의 법칙을 더 잘 이해하게 될 뿐만 아니라, 자신의 안내 시스템을 더욱 효과적으로 이용해야 되겠다는 생각이 강해질 것입니다. 또한 당신은 주변 사람들의 삶에 대해서도 훨씬 더 잘 이해하게 될 것입니다. 실제로, 주변 사람들을 관찰하게 될 경우에 당신은 그 법칙이 작용하고 있다는 사실을 더욱 쉽게 이해하게 됩니다.

주로 병에 대해서 말하는 사람이 더 자주 병에 걸리는 것을 눈치챘던 적이 있으십니까? 가난에 대해서 자주 말하는 사람이 더 가난하게 살고, 풍요에 대해서 자주 말하는 사람이 더 풍요롭게 사는 것을 눈치챘던 적이 있으십니까? 자신의 생각이 일종의 자석이라는 사실을 이해하게 되고, 또한 자신이 주의를 기울이는 것은 점점 더 강해지게 됨으로써 궁극적으로 자신이 생각하는 것들을 삶속에서 실제로 경험하게 된다는 사실을 이해하게 될 경우, 당신은 자신이 느끼는 기분에 더욱 주의를 기울여야겠다는 의지를 갖게 됨으로써, 자신이 하는 생각의 방향을 더욱 더 의도적으로 선택하게 될 것입니다.

당신이 다른 이들과 대화를 하고 있을 때 끌어당김의 법칙이 작용하는 걸 쉽게 볼 수가 있을 것입니다. 예를 들어, 당신의 친구가 당신에게 자신이 체험중인 어떤 것에 관해 말하고 있고, 당신은 그녀에게 좋은 친구로 여겨지기를 바란다고 해봅시다. 그래서 당신은 주의를 집중한 채 그녀가 자신에게 일어나고 있는 일들에 관해 이야기하는 내용에 귀를 기울이고 있습니다. 당신의 주의가 더욱 오래 동안 거기에 머물러있게 될 때, 그와 비슷한 자신의 경험에 대한 기억들이 당신의 마음속에 떠오르게 됩니다. 만일 그럴 때 당신이 자신의 경험담을 그녀와의 대화에 덧붙이게 된다면, 그 생각의 진동은 더욱 더 강력하게 성장해갑니다. 당신이 그 주제에 대해서 충분한 주의를 기울이고 또한 당신들이 서로 경험한 것들에 관해 충분할 정도로 대화를 하게 되면, 당신들은 동일한 종류의 경험들을 더 많이 끌어당기게 될 것입니다. 그래서 당신들이 원치 않는 것들과 관련된 더욱 더 많은 생각들이 끌려오게 되고, 마침내 당신들은 원치 않는 것들에 관한 생각들과 말들과 경험들로 완벽히 둘러싸인 자신들을 보게 될 것입니다. 이제 당신과 친구는 서로 이야기를 나누게 될 한층 더 불쾌한 과거 경험들을 갖게 될 것입니다.

자, 만일 당신이 원치 않는 방향으로 대화가 기울어지기 시작했던 초기에 자신의 느낌이나 감정에 민감했었더라면, 당신은 명치끝에서 느껴지는 아픔을 즉시 알아차렸을 것입니다. 당신은 내면으로부터의 안내 신호를 인식했을 것이고, 그것이 당신에게 이렇게 말하고 있다는 사실을 알아차렸을 것입니다. "지금 현재 당신은 원하지 않는 것들에 관해 생각하고, 말하고 있는 중입니다." 그리고 그와 같은 안내 신호인 경고의 종소리가 울리는 이유는, 당신이 지금 이 순간 초점을 맞추고 있는 것이, 당신이 소망하는 것, 그리고 진정한 당신 자신과 일치되지 않기 때문입니다. 당신의 감정들은 당신이 지금 부조화 상태에 있다는 걸 보여줍니다. 지금 당신의 안내자는 당신 자신이 원치 않는 그러한 것들에 대해 생각하거나 말하고 있는 동안에 다음과 같은 사실을 당신에게 경고하고 있는 중입니다. 지금 현재 당신은 그러한 환경들, 사건들, 다른 존재들을 자석처럼 자신에게 끌어당기고 있으며, 조만간 자신이 말해왔던 원치 않는 것들과 본질이 같은 것들을 삶속에서 실제로 체험하게 될 것이라는 사실을 말입니다.

마찬가지로, 당신이 정말 원하는 것에 관해 말하고 있는 중이라면, 당신의 생각들은 그와 비슷한 생각들을 더 많이 끌어당길 것입니다. 당신은 자신이 진정 원하는 것에 관해 이야기를 나누고 싶은 사람들을 더 많이 끌어당기게 될 것입니다. 그리고 당신이 진정 원하는 것에 관해 말하고 있는 동안, 당신의 내면존재는 긍정적인 감정을 제공해줄 것입니다. 현재 당신은 자신이 품고 있는 의도들의 본질과 조화를 이룬 상태라는 사실과, 당신이 지금 끌어당기고 있는 것들 또한 그런 의도들과 조화를 이루고 있다는 사실을 당신에게 알려주기 위해서 말이죠.

'바람'과 '허용' 간의 섬세한 균형

의식적 창조과학은 섬세하게 균형을 잡는 법칙입니다. 그것은 두

부분으로 구성 되어 있습니다. 한 쪽에는 원하는 것에 대한 생각이 있습니다. 다른 한 쪽에는 당신이 생각을 통해 창조하고 있는 것에 대한 기대나 믿음 또는 그것이 자신의 삶속에 나타나도록 허용하기가 있습니다.

따라서 만일 당신이 "나는 빨간색 새 차를 갖고 싶어."라고 말하게 되면 사실상 당신은 생각을 통해 그 빨간색 새 차가 당신의 삶속에 나타나도록 창조 작업을 작동시킨 것입니다. 이제 당신이 그 생각에 더 많이 주의를 집중하게 되면, 그 차를 가지고 있는 자신의 모습을 더욱 선명하게 그려볼 수가 있게 되고, 당신은 그 차에 대해 더욱 흥분된 감정을 느끼게 될 것입니다. 그래서 당신이 그 차를 생각할 때마다 더욱 흥분되거나 더욱 기분 좋게 느껴진다면, 그 차는 더 빨리 당신의 경험 속으로 다가옵니다. 일단 당신이 생각을 통해 그 것을 창조했고, 그것을 생각하는 동안에 긍정적인 감정을 강하게 느꼈다면, 그 차는 당신의 경험 속으로 빠른 속도로 다가오게 됩니다. 그 차는 이미 창조된 것이며, 그것은 지금 존재하고 있습니다. 이제 당신이 그 차를 실제로 갖기 위해서는 단지 허용하기만 하면 됩니다. 그리고 당신은 그 차를 갖게 될 것이라고 기대함으로써, 그 차가 나타날 것이라고 믿음으로써, 그 차가 오도록 받아들임으로써 허용을 하게 됩니다.

하지만 빨간색 새 차를 가질 수 있는 자신의 능력을 의심할 경우, 당신은 자신의 창조 작업을 무산시키게 됩니다. 당신이 "나는 빨간색 새 차를 갖길 원해."라고 말하게 되면 그 차의 창조 작업을 시작한 셈입니다. 그렇지만 그 후 "하지만 그 차는 너무 비싸."라고 덧붙여 말하게 되면, 당신은 자신의 창조물에서 멀어지게 됩니다. 즉, 당신은 자신의 바람을 통해서 그 창조의 첫 번째 부분을 완료했습니다. 하지만 당신은 그것을 믿지 않고, 기대하지 않고, 허락하지 않음으로서 자신의 창조 작업을 스스로 방해하고 있습니다. 자신의 창조물을 실제 삶속에서 가져오기 위해서는 창조공식의 양쪽 부분이 모두 필요하기 때문입니다.

현재 당신이 자신의 창조 대상에 대해 이야기하고 있다고 해서, 반드시 당신이 지금 그것을 허용하고 있다는 뜻은 아닙니다. 새 차를 생각하면서 그것에 대해 흥분된 감정을 느끼고 있을 때는 지금 그것을 허용하고 있다는 뜻입니다. 하지만 만일 당신이 그 차에 대해 생각하면서 그것을 얻지 못할까봐 걱정을 하고 있거나 또는 아직도 그것이 나타나지 않았다고 실망하고 있는 중이라면, 지금 당신의 초점은 그 차가 없다는 사실에 맞춰져 있는 상태이기 때문에, 당신은 그 차가 자신의 삶속에 나타나는 체험을 허용하지 않고 있는 중입니다.

때때로 바라는 것을 창조하는 시작 단계에서는, 당신이 그것에 대해 흥분된 감정을 느끼거나 그것이 나타날 것이라고 긍정적으로 기대하고 있기 때문에, 그것을 삶에서 실제로 받을 수 있는 올바른 길 위에 서있게 됩니다. 하지만 그런 다음에 당신이 다른 누군가에게 그것에 대한 이야기를 하게 될 경우, 그 사람은 당신에게 그러한 일이 왜 이루어 질 수 없는지에 관해서 온갖 이유들을 말하기 시작합니다. 그와 같은 주위 사람들의 부정적인 영향력은 당신에게 도움이 되지가 않습니다. 당신이 자신의 소망에 초점을 맞추고 있을 때는 그것을 끌어당기고 있는 상태였지만, 이제 당신의 초점이 소망하는 것의 결핍에 맞춰짐으로 인해서, 현재 당신은 자신이 바라는 것을 밀어내고 있는 상태가 되었기 때문입니다.

그것이 기분 좋게 느껴지는가, 나쁘게 느껴지는가?

"난 빨간색 새 차를 갖길 원해. 그리고 나는 그 차가 내게로 오고 있다는 걸 알아." 자, 당신이 이렇게 말을 하게 되면 이제 그 차는 존재하고 있는 것입니다. 하지만 당신이 "그런데 그 차가 대체 어디 있는 거지? 나는 아주 오랫동안 그 차를 원해왔어. 나는 아브라함의 말을 믿어. 하지만 내가 바라는 것은 아직도 오고 있지 않잖아!"라고 말할 경우, 지금 당신은 자신이 바라는 것에 초점을 맞추고 있지 않습니다. 지금 당신은 바라는 것이 없다는 결핍 쪽에 초점을 맞추고 있습니다. 그래서 당신은 끌어당김의 법칙에 의해서 자신이 초점을 맞추고 있는 바로 그것(결핍)을 얻고 있는 중입니다.

그게 무엇이건 자신이 바라는 어떤 것에 초점을 맞추고 있다면, 당신은 그것을 끌어당기게 될 것입니다. 반면에 그게 무엇이건 자신이 바라지 않는 어떤 것에 초점을 맞추고 있다면, 당신은 그것을 더 많이 끌어당기게 될 것입니다. 실상, 모든 주제는 오직 두 가지에 대한 것입니다. 즉, 당신이 바라는 무엇에 대한 것과 당신이 바라는 그것이 없다는 결핍 또는 부재에 대한 것입니다. 자신이 느끼는 기분이나 감정에 주의를 기울인다면, 당신은 그 두 가지 중에서 자신이 현재 어디에 초점을 맞추고 있는지를 항상 알게 될 것입니다. 당신이 원하는 것에 대한 생각을 하고 있다면 언제나 좋은 기분을 느끼게 됩니다. 하지만 당신이 원하는 그것이 없다는 사실에 대해 생각을 하고 있다면 당신은 좋지 않은 기분을 느끼게 될 것입니다.

지금 당신이 "내가 소망하는 삶을 살기에 충분한 돈을 갖기를 원해."라고 말하고 있다면, 당신은 지금 돈을 끌어당기고 있습니다. 하지만 당신이 부족한 돈에 신경을 쓰거나 그걸 의식함으로써 자신이 원하는 그것을 지금 가지고 있지 않다는 사실에 초점을 맞추고 있다면, 지금 당신은 재정상의 풍요를 밀어내고 있는 중입니다.

의식적 창조에 도움이 되는 연습

이것은 의식적 창조에 도움이 되는 한 가지 연습방법입니다.

세 장의 종이를 준비한 다음, 각각의 페이지 상단에 당신이 원하는 것을 각각 하나씩 적으십시오. 지금 이 순간에 당신에게 가장 중요한 소망이나 바람 또는 의도를 선택하고, 종이 한 장에 한 가지씩 상단에 이렇게 쓰는 것입니다. "나는_____을 얻고자 한다."

이제 첫 번째 종이를 가지고 그처럼 당신이 적어 놓은 소망 목록 밑에다 이렇게 쓰십시오. "내가 이것을 원하는 이유는 다음과 같다." 그런 다음 마음속에 떠오르는 이유들을 그 밑에다 모두 써내려 가십시오. 자연스럽게 흘러나오는 것은 무엇이든 적되, 강제로 떠올리려 애쓰지는 마십시오. 그리고 더 이상 떠오르지 않으면 중단하십시오. 이렇게 소망과 이유를 적어가는 동안 당신은 그 소망의 실현에 가장 강렬하게 의식을 집중하고 있는 상태가 됩니다.

이제, 종이를 뒤집어 뒷면의 맨 위에다 이렇게 적으십시오. "나는 다음과 같은 이유 때문에 이 소망이 이루어질 수밖에 없음을 안다." 그런 다음 종이 앞면에 적었던 바람이 왜 이루어질 수밖에 없는지 알고 있는 이유를 모두 적으십시오. 다시 한 번 말하지만, 당신에게서 우러나오는 것이어야 합니다. 이제 나머지 두 장의 종이도 같은 식으로 작업을 한 다음, 다 되었으면 잘 접어서 적당한 장소에 잘 보관을 하고, 당신의 창조 작업이 완료되었음을 유념하십시오. 종이에 적은 그 의도들이 이미 당신에 의해서 창조되어 삶속으로 오고 있다는 것을 느끼십시오.

당신이 첫 번째 페이지에 쓴 것은 당신이 원하는 소망을 강화시켰습니다(의식적 창조공식의 첫 번째 부분). 두 번째 페이지에 쓴 것은 당신이 그것을 가질 것이라는 자신의 믿음을 강화시켰습니다(창조공식의 두 번째 부분). 당신은 이제 창조에 필요한 두 가지 요소(창조공식의 두 가지 부분) 모두에 초점을 맞추어 그 진동을 자신의 내면에 활성화시켰습니다. 따라서 자신의 소망이 구현(물질화)된 것을 받을 수 있는 상태가 되었는데, 왜냐하면 당신이 창조공식의 양쪽 부분을 모두 성공적으로 완료했기 때문입니다. 이제 필요한 것은 당신이 그것을 계속 원하고, 또한 그것을 갖게 될 때까지 지속적으로 그것을 기대하는 일입니다. 그러면 그것은 실제로 당신의 것이 됩니다.

당신이 한꺼번에 창조할 수 있는 것들의 숫자에는 제한이 없는데, 그 이유는 어떤 소망을 갖는 동시에 그것의 성취에 대한 기대감을 품는 것은 어려운 일이 아니기 때문입니다. 하지만 당신이 생각들의 초점을 맞추는 연습을 하고 있는 초기에는, 한 번에 두 개나 세 개 정도의 소망에만 의도적으로 집중하는 것이 도움이 될 것입니다. 왜냐하면, 한꺼번에 많은 것들을 시도하게 되면 아직까지 실현되지 않은 것들을 바라보게 되어 의심하거나 염려하게 될 가능성이 더 많기 때문입니다. 당신이 연습을 더 많이 하게 될수록, 자신의 생각들을 원하는 방향으로 초점 맞추는 일에 더욱 능숙해질 것입니다. 마침내 당신은 창조하고자 하는 목록의 숫자를 제한할 필요가 없게 될 것입니다.

자신의 물질적 삶속에서 어떤 것을 체험할 수 있게 되기에 앞서서, 당신은 먼저 그것에 대해 생각을 해야만 합니다. 당신의 생각이 바로 초대장이며, 그것 없이는 어떤 것도 오지 않습니다. 우리가 당신에게 권유하는 건, 자신이 원하는 게 뭔지 의식적으로 결정한 다음, 의도적으로 자신이 원하는 것들에 대해서만 생각을 하고, 자신이 원하지 않는 것들에 대해서는 의도적으로 생각하지 말라는 것입니다. 그리고 이러한 제안을 함에 있어서, 우리는 당신이 날마다 얼마간의 시간을 별도로 정해놓은 다음, 자신이 삶에서 체험하길 원하는 것들에 대해 의도적으로 곰곰이 생각해보는 시간을 갖기를 권합니다. 우리는 당신이 일종의 상상의 공간속으로 들어가는 이러한 시간을 당신의 '의식적 창조를 위한 워크숍'이라고 언급해왔습니다.

당신이 매일 매일의 체험들을 하게 될 때, 다음과 같은 의도를 세우십시오. "오늘, 내가 무엇을 하고 또 누구와 함께 하든, 나의 주된 의도는 내가 좋아하는 것들만을 찾는 것이다." 그리고 당신이 의도적으로 자신이 좋아하는 이러한 자료들을 모아나가게 되면, 당신이 나중에 창조워크숍 공간 속으로 들어갔을 때 효과적인 창조 작업을 할 수 있는 유용한 자원들을 갖게 될 것입니다.

강력한 감정이 일어나는 생각들은 빠르게 구현된다

우리는 당신의 생각이 자석이라고 말했습니다. 하지만 우리는 여기에서 한 가지 점을 분명히 하고자 합니다. 즉, 모든 생각이 잠재적으로 창조를 일으킬 힘이 있지만, 강한 감정을 불러일으키지 못하는 생각은 그 생각 대상을 삶속으로 빠르게 가져다주지 못한다는 사실입니다. 당신이 강한 감정을 느끼는 생각을 하게 되면(그것이 기분 좋은 감정이든 기분 나쁜 감정이든) 그 생각과 본질이 같은 것이 당신 삶 속으로 신속하게 물질화됩니다. 그리고 그러한 감정은 당신이 지금 우주의 힘에 연결되어 있다는 사실을 내면존재가 알려주고 있는 것입니다. 당신이 공포 영화를 보러 가게 되어 친구와 영화관에 앉아서 스크린에 펼쳐지는 온갖 괴기스러운 장면을 음향효과와 더불어 총천연색으로 보고 있다고 해봅시다. 그러한 순간에 당신은 일종의 부정적인 창조워크숍을 갖고 있는 상태입니다. 당신이 보고 싶지 않은 것을 보게 될 때 느껴지는 부정적인 감정은, 그 순간 당신의 내면존재가 이렇게 말을 하고 있는 것입니다. "당신은 지금 너무나 생생한 장면을 보고 있기에 지금 우주가 그것에 힘을 더해주고 있어요."

하지만 다행스럽게도 당신은 영화관에서 나오는 순간 보통 이렇게 말을 합니다. "그것은 단지 영화일 뿐이야." 따라서 당신은 그것을 기대하지 않습니다. 당신은 그런 일이 당신에게 일어날 것이라고 믿지 않습니다. 그래서 당신은 창조공식의 두 번째 부분을 완료하지 않았습니다. 당신은 그것에 대해 감정을 동반하는 생각을 일으킴으로써 그것을 창조했지만, 그럼에도 그것을 정말로 기대하지 않았기 때문에 그것을 실제 자신의 체험 속으로 허용하지 않은 것입니다. 그런데 만약에, 당신이 영화관을 나와서 걸어가는 도중에 친구가 이렇게 말했다고 해봅시다. "그것은 단지 영화에 불과해. 하지만 내게 만약 그런 일이 일어나면 어떻게 하지." 그럴 경우 아마도 당신은 그러한 생각을 곱씹어보기 시작할 것입니다. 또한 그렇게 하는 가운데 어쩌면 자신에게도 그런 일이 일어날 수도 있다는 믿음이나 기대를 하게 될지도 모릅니다. 그러면 실제로 당신에게 그런 일이 일어날 것입니다. 한쪽 편에는 '생각을 일으키기'가 있고, 또 다른 한쪽 편에는 그것을 '기대하거나 믿기'가 있습니다. 그것이 바로 당신이 삶에서 실제로 받고 있는 것들을 가져오는 창조의 균형입니다.

당신이 그것을 원하고 또한 그것을 기대하게 되면, 그것은 금방 당신에게 올 것입니다. 그렇지만 당신의 바람과 기대가 균형을 이루는 경우는 흔치가 않습니다. 때때로 당신의 바람은 무척 강하지만 당신의 믿음은 거기에 전혀 미치지 못합니다. 예를 들어봅시다. 자신의 어린 아들이 자동차 밑에 깔렸던 어떤 어머니의 이야기가 있습니다. 그녀는 자신이 그 차를 들어 올려 아들을 차에서 빼낼 수 있다고는 믿지 않았습니다. 하지만 그녀의 바람이 극도로 강했기 때문에 그녀는 그렇게 할 수가 있었습니다. 다른 한편으로, 믿음은 강하지만 바람은 그렇지 않은 경우들도 많이 있습니다. 암과 같은 질병을 창조하는 일이 그런 종류의 예라 할 수 있는데, 그것에 대한 당신들의 믿음은 아주 강한 반면 그것에 대한 당신들의 바람은 그렇지가 않습니다.

많은 사람들이 하루에도 여러 차례에 걸쳐 우리가 소위 부정적인 창조워크숍이라고 이름 붙인 행위들을 하고 있습니다. 당신이 눈앞에 잔뜩 쌓인 청구서를 마주하고 앉아서 그것을 지불할 돈이 충분치 않기에 불안과 긴장 혹은 심지어 공포심을 느끼고 있다면, 당신은 지금 부정적인 워크숍을 진행하고 있는 중입니다. 현재 자신에게 돈이 충분치 않다는 것에 대해 생각하면서 그런 감정을 느끼고 있는 중이라면, 당신은 지금 자신이 바라지 않는 것을 더 많이 창조해내기 위한 완벽한 자리에 있는 것입니다. 그 순간에 당신이 느끼고 있는 기분이나 감정은 내면존재가 보내오는 안내 신호로, 당신은 지금 자신이 바라는 것과 조화를 이루지 않는 생각을 하고 있다는 사실을 알려주고 있는 것입니다.

의식적 창조과학 요약

이제 우리가 지금까지 이야기한 것들을 요약해보겠습니다. 그러면 당신은 아마도 자신이 하고 있는 삶의 경험들을 의도적으로 통제할 수 있는 명확하고 확실한 계획을 세울 수가 있을 것입니다.

우선, 자신이 이처럼 눈에 보이는 육체 이상의 존재라는 사실을 인식하십시오. 그리고 보다 더 많은 앎과 지혜를 가진 아주 오래된 당신의 분신이 비물질 차원에 존재하고 있다는 사실을 아십시오. 그 존재는 당신이 이전에 경험했었던 모든 삶들을 기억하고 있고, 더욱 중요하게는 지금의 당신을 잘 알고 있습니다. 그래서 모든 것을 알고 있는 그 광대한 관점에서 당신의 분신은 명확하고도 완벽한 정보를 당신에게 제공할 수가 있습니다. 따라서 당신은 지금 현재 자신이 하고 있는 말과 생각과 행동들, 또는 이제 막 하려고 하는 말과 생각과 행동들이 적절한 것인지를 알 수가 있습니다.

이제, 당신이 이 시간에 자신이 하고자 하는 일들에 대한 의도를 명확하게 세우면 당신의 안내 시스템은 한층 더 효과적으로 작동하게 됩니다. 그 이유는 그 존재가 모든 자료들을 망라할 수 있는 능력을 가지고 있기 때문입니다. 즉, 당신이 이곳에서의 수많은 체험들로부터 모아온 온갖 소망들과 의도들과 믿음들에 관한 모든 자료들을 말합니다. 그래서 그러한 자료들을 바탕으로 당신이 지금 하고 있는 일이나 이제 막 하려고 하는 일과 비교해봄으로써 당신에게 완벽한 안내를 제공할 수 있는 능력이 있기 때문입니다.

그런 다음, 당신이 하루를 보내는 동안 삶속에서 자신이 느끼는 기분이나 감정에 더욱 민감해지십시오. 그래서 언제든 기분 나쁜 감정을 느끼고 있다는 사실을 알아차리게 될 때마다, 그런 감정을 가져온 것이 무엇이든 간에 즉시 중단하십시오. 왜냐하면 그와 같은 부정적인 감정이라는 것은, 지금 이 순간 당신이 부정적인 방향 쪽으로 창조를 하고 있다는 사실을 뜻하기 때문입니다.

기분 나쁜 감정은 오직 당신이 잘못된 창조를 하고 있을 때만 느끼게 됩니다. 따라서 자신이 지금 기분 나쁜 감정을 느끼고 있다는 사실을 인식하게 될 때는 상황이나 이유를 불문하고 현재 하고 있던 그것을 무조건 즉시 중단하십시오. 그런 다음 좀 더 기분 좋게 느껴지는 어떤 것에 초점을 맞춰 생각을 집중하십시오.

매일매일 '의식적 창조'의 기법을 15분에서 20분 정도 연습하시기 바랍니다. 방해받지 않고 주의가 산만해지지 않는 조용한 곳에 앉아서 말이죠. 그래서 자신이 소망하는 삶에 관해 공상에 잠겨보고, 이미 바라는 모습으로 살고 있는 자신을 상상해보고, 온통 자신이 좋아하는 것들에 둘러싸여있는 자신을 마음속으로 그려보십시오.

현재 상황을 주시하면 그것을 더 많이 창조한다

끌어당김의 법칙은 항상 당신에게 반응하고 있습니다. 그것은 시종일관 당신의 끌어당김 자력에 반응하고 있습니다. 당신의 끌어당김 자력은 당신의 생각에서 비롯됩니다. 또한 당신이 느끼고 있는 기분이나 감정도 자신의 생각에서 비롯됩니다. 따라서 당신이 자기 자신에 대해서 느끼는 방식은 당신의 끌어당김에 있어 대단히 강력한 자력으로 작용합니다. 당신이 가난하다고 느끼고 있을 때에는 풍요를 끌어올 수가 없습니다. 당신이 뚱뚱하다고 느끼고 있을 때에는 날씬함을 끌어올 수가 없습니다. 당신이 외롭다고 느끼고 있을 때에는 사랑 넘치는 관계를 끌어올 수가 없습니다. 그건 법칙에 맞지 않기 때문입니다.

아마도 당신 주변의 많은 사람들은 당신에게 눈앞의 현실을 보라고 말할 것입니다. 흔히 그들은 말합니다. "네 현실을 똑바로 봐. 현실을 직시하라고." 그러면 우리는 말할 것입니다. "만일 당신이 현재 상황만을 볼 수 있는 능력밖에 없다면, 끌어당김의 법칙에 의해서 당신은 현재 상황만을 더욱 더 많이 창조하게 될 뿐입니다." 만일 당신이 그 이상의 무언가를 원하거나, 또는 다른 어떤 걸 삶속에 끌어당기고자 한다면, 당신은 반드시 자신의 생각들을 눈앞에 드러나 있는 '현재 상황' 너머로 가져갈 수 있어야만 합니다.

계속해서 당신이 감정적인 반응을 동반한 채 눈앞의 현재 상황만을 주시하게 된다면, 흡사 당신은 나무와도 같이 현 지점에 뿌리박히게 되고 말 것입니다. 하지만 당신이 삶에서 체험하길 원하는 것들에 대해 행복한 느낌을 주는 영상을 마음속으로 그리게 된다면, 당신은 삶속으로 그런 변화를 불러오게 됩니다.

지금 현재 당신이 체험중인 삶속에 그대로 지속되기를 원하는 것들이 많이 있다면, 계속해서 그런 것들에 관심과 주의를 기울이십시오. 그러면 당신은 그런 것들을 자신의 삶속에 계속 유지시킬 수가 있습니다. 하지만 원하지 않는 어떤 것이 삶속에 있다면, 당신은 반드시 그러한 것들로부터 자신의 주의를 거둬들여야만 합니다.

감사하는 대상이 자신에게 끌려온다

강한 감정을 불러일으키는 생각들은 당신 삶속에 가장 빠르고 효과적으로 변화를 가져다줍니다. 감정이 전혀 동반되지 않는 생각들은 이미 존재하고 있는 현 상태를 유지시킬 뿐입니다. 따라서 당신이 이미 삶속에 창조한 것들 중에서 당신이 고맙게 여기는 것들이 있다면, 당신은 그러한 것들에 지속적으로 감사를 표함으로써 계속 자신의 삶속에 머물러 있도록 할 수가 있습니다. 반면, 당신이 아주 빨리 갖기를 간절히 원하지만 아직까지 갖지 못한 것들이 있다면, 당신은 반드시 그것과 관련해 아주 강한 감정을 동반하는 아주 명확한 생각을 의식적이고 의도적으로 일으켜야만 합니다.

당신이 창조워크숍 기법을 가장 효과적으로 사용하는 방법은, 자신에게 가장 중요한 것들에 대해서 감사함을 느끼게 하는 좋은 점들을 깊이 생각해보는 것입니다. 당신이 어떤 대상에 대해 반복해서 생각하게 될 때마다, 그 대상에 대한 세부 사항들이 더 상세하게 생각나게 될 것이고, 또한 더 많은 시간을 통해 더 자주 생각함으로써 그것에 대한 생각이 더욱 상세해지게 되면, 그 대상에 대해 느끼게 되는 감정 또한 더욱 강해질 것입니다.

창조워크숍 기법을 이런 식으로 활용하게 되면, 의식적 창조에 필요한 모든 것이 충족됩니다. 즉, 당신은 원하는 어떤 것에 대한 생각을 하고 있는 중이고, 또한 그것에 대해 감사의 감정을 느낌으로써 그 대상이 자신의 삶속에 물질화되도록 허용하고 있는 상태이기 때문입니다. 당신이 창조워크숍을 자주 실행하게 되면, 당신은 창조워크숍 속에서 숙고해오고 있는 것들과 실제로 자신의 삶속으로 물질화되어 드러내는 구현물들 사이에 분명한 상관관계가 있다는 사실을 발견하게 될 것입니다.

우주 법칙들은 나의 믿음과 관계없이 작동합니까?

제리 | 아브라함, 당신들이 말하는 이러한 우주 법칙들은 우리가 그것들이 작동한다는 사실을 믿지 않더라도 작동합니까?

아브라함 | 예. 명백히 그렇습니다. 당신은 스스로 인지하지 못하는 순간에도 진동을 내보내고 있습니다. 그것이 바로 무의식적이고 무자각적인 창조가 일어나게 되는 원인입니다. 당신은 자신의 창조 메커니즘을 중지시킬 수가 없습니다. 그것은 언제나 쉬지 않고 작동되고 있고, 또한 우주의 법칙들은 끊임없이 그러한 진동들에 반응하고 있습니다. 그래서 근본적인 우주법칙들을 이해하는 일이 그토록 중요한 것입니다.

법칙들을 이해하지 못하면, 그건 마치 규칙도 모르는 상태에서 게임을 하거나 경기에 참가하는 것과도 같습니다. 그렇게 되면 당신은 그 게임을 하고 있으면서도 그 속에서 당신이 얻고 있는 것들, 또는 자신에게 벌어지는 일들을 전혀 이해할 수가 없게 됩니다. 그러면 당신은 그런 종류의 게임에 점점 실망과 좌절감을 느끼게 되고 결국엔 게임을 그만두고 싶어지게 됩니다.

내가 원하지 않는 것들을 얻지 않는 방법

제리 | 어떻게 해야 자신이 원치 않는 것을 얻지 않을 수 있을까요?

아브라함 | 원하지 않는 것들에 대해서 아예 생각을 하지 마십시오. 당신은 삶에서 원하지 않는 것들에 대해서 생각을 하지 말아야만 하는데, 왜냐하면 그러한 것들에 대한 당신의 주의력으로 인해서 그러한 것들이 끌려오게 되기 때문입니다. 당신이 그것에 대해 더 많이 생각을 하면 할수록 그 생각은 더욱 강해지게 되고, 그만큼 더 강한 감정을 느끼게 됩니다. 당신이 아무리 "나는 더 이상 그것에 대해 생각하지 않을 거야."라고 말한다 할지라도, 바로 그러한 순간에도 당신은 여전히 그것에 대해 생각하고 있는 중입니다. 따라서 자신이 원하지 않는 것을 얻지 않는 열쇠는, 다른 어떤 것에 대해서 생각하는 것입니다. 즉, 당신이 삶에서 얻기를 진정 원하는 어떤 것들에 대해서 생각하는 것입니다. 조만간 당신은 연습을 통해서, 지금 자신이 원하는 것에 대해 생각하고 있는지 아니면 원치 않는 것에 대해 생각하고 있는지를, 자신의 기분이나 감정을 통해서 알 수 있게 될 것입니다.

기쁨이 부족해 보이는 현 문명사회

제리 | 우리들은 소위 아주 문명화된 사회 속에서 살고 있습니다. 우리들은 경제적이고 물질적인 측면에서 비교적 잘해오고 있습니다. 그럼에도 불구하고 길거리나 사무실 또는 다른 여러 곳들에서 마주치는 사람들 중에서 기쁨을 느끼는 사람들을 많이 볼 수가 없습니다. 그렇게 된 원인이 당신들이 말했던 대로, 자신이 바라는 소망들은 아주 적게 가지고 있는 반면에 아주 강한 어떤 믿음들을 지니고 있기 때

문인가요?

아브라함 | 대다수의 사람들은 자신들이 관찰하고 있는 것들에 반응해서 대부분의 진동을 내보내고 있습니다. 그래서 그들은 자신이 좋아하는 어떤 걸 보게 되면 기쁨을 느끼지만, 자신이 좋아하지 않는 어떤 걸 목격할 경우엔 단순히 기쁨을 느끼지 못합니다. 게다가 대다수의 사람들은 자신들의 기분이나 감정을 얼마든지 스스로 통제할 수 있다는 사실을 믿지 않습니다. 자신들이 감정적으로 반응중인 그러한 상황들을 뜻대로 통제할 수가 없다고 믿기 때문이죠. 당신이 관찰했었던 그 사람들에게 기쁨이 적어지게 된 가장 큰 이유는, 그들은 자신의 경험에 대한 통제력이 자신에게 없다는 믿음을 갖고 있기 때문입니다. 그리고 당신이 유념해야 할 것은, 당신이 만일 계속해서 기쁨이 없이 살아가는 그들의 모습을 주시하게 된다면, 당신의 기쁨 또한 그들과 마찬가지로 사라지게 될 것이라는 사실입니다.

나는 열정적인 바람을 갖길 원합니다

제리 | 우리가 아주 열정적으로 어떤 걸 원할 경우엔 우리의 믿음이 그렇게 강하지 않아도 이루어진다고 당신들은 말했습니다. 그렇다면 당신들이 말했던 창조워크숍 속에서 어떻게 하면 우리가 열정적인 소망들을 만들어낼 수가 있을까요?

아브라함 | 모든 일들을 위한 시작 지점이 확실히 있습니다. 즉, 우

리와 교류하고 있는 많은 사람들이, "아브라함, 나는 당신들이 하는 말들을 들었습니다. 하지만 내가 무엇을 원하는지 모르겠어요."라고 말합니다. 그럴 경우에 우리는 이런 진술로부터 시작하라고 말해줍니다. "나는 내가 무엇을 원하는지 알고 싶다." 그 이유는 그와 같은 진술을 표현하게 되면, 당신은 그러한 바람을 충족시키는데 필요한 온갖 종류의 자료들을 끌어당기는 자석이 되기 때문입니다. 그리고 그렇게 끌어당긴 자료들을 통해서 이제 당신은 결정을 내릴 수가 있게 될 것입니다.

어디에서든 시작하십시오. 그래서 '끌어당김의 법칙'이 당신에게 적절한 사례들과 선택거리들을 배달해주도록 만드십시오. 그리고 그러한 것들을 가지고 창조워크숍 속에서 더 많이 생각을 하면 할수록, 당신은 더욱 더 커다란 열정을 갖게 될 것입니다.

어떤 주제나 대상에 대해서 주의를 집중하게 되면 그것은 더욱 강해집니다. 그로 인해서 당신의 감정 역시 더욱 강해지게 됩니다. 자신이 바라는 것에 대해 생각하면서, 그 그림에 세부 사항들을 계속해서 첨가해가게 되면, 그 생각은 더욱 더 강해지게 됩니다. 하지만 자신이 바라는 어떤 소망에 대해 생각하다가, 아직도 그것이 오지 않았다는 것에 대해 생각하고, 또 다시 그것을 갖게 된다면 얼마나 즐거울지를 생각하다가, 하지만 그걸 가지려면 비용이 많이 들것인데 자신에겐 그만한 돈이 없다는 생각을 하면서… 그렇게 왔다 갔다 하는 식으로 생각을 하게 되면, 당신의 열정은 시들게 마련이고 당신이 하는 생각들의 위력도 약해지게 됩니다.

비생산적인 믿음들을 놓아버리려면

제리 | 자신이 어떤 방향으로 창조해나가도록 결정된 운명이라고 타인들에 의해 세뇌된 사람들의 경우, 자신이 바라는 다른 방향 쪽으로 창조를 하는 일이 가능합니까?

아브라함 | 만일 그들의 바람이 충분히 강하다면 가능합니다. 다시 말해서, 우리가 앞서 예로 들었던 '아들이 차에 깔린 어머니'의 이야기가 바로 그런 경우입니다. 그녀는 사회적인 교육을 통해서, 그리고 자신이 경험해온 삶을 통해서, 자동차처럼 무거운 물건은 자신이 들어 올릴 수가 없다고 믿게 되었습니다. 하지만 그녀의 바람이 충분히 강했을 때(그녀의 아들이 큰 위험에 처했을 때) 그녀는 그런 일을 해낼 수가 있었습니다. 따라서 바람이 충분히 크고 강력하다면, 그 것은 믿음을 능가할 수가 있게 됩니다.

믿음은 대단히 강력하며, 또한 천천히 바뀝니다. 하지만 그것은 바뀔 수가 있습니다. 당신이 더 기분 좋은 생각, 또 더 기분 좋은 생각을 지속적으로 추구해나가게 되면, 당신은 새로운 생각들을 찾아내게 될 것이고 새로운 믿음을 활성화시키게 될 것입니다. 그러면 끌어당김의 법칙이 그러한 생각에 반응하게 됨으로써, 시간이 지나면 당신 삶의 모습은 그처럼 변화된 생각들을 반영해 새롭게 바뀌게 될 것입니다. 하지만 만일 당신이 현실에 있는 사실적인 증거에 근거한 것들만을 믿을 수 있다고 생각하고 있다면, 당신의 삶은 절대로 바뀔 수 없습니다. 당신이 다른 생각에 초점을 맞추면 끌어당김의 법칙이 그 새로운 생각에 반응한다는 사실을 이해하게 될 때, 당신은 실제로 새로운 증거들을 삶속에서 발견하게 될 것입니다. 그때 비로소 당신은 의식적인 창조의 강력한 힘을 이해하게 될 것입니다.

전생에서 가졌던 믿음이 현생에 영향을 미칩니까?

제리 | 우리의 현재 삶속에서 여전히 창조를 하고 있거나 창조력을 발휘할 수 있는 과거 생에서의 생각들(또는 믿음들)이 있습니까?

아브라함 | 당신은 지속적으로 확장해가고 있는 존재입니다. 그리고 당신의 내면존재는 당신이 살았었던 모든 삶의 총화입니다. 내면존재는 당신이 얼마나 가치 있고 소중한 존재인지를 믿고 있을 뿐만 아니라 알고 있기도 합니다. 따라서 당신이 내면존재의 그런 앎과 생각들을 선택하고 있을 때마다 당신은 그런 앎을 명확히 느끼게 됩니다.

그렇지만 지난 생의 그 어떤 세부적인 사항도 지금의 당신에게 영향을 끼치지 못합니다. 그것과 관련해 많은 혼란이 존재하고 있습니다. 그것은 대개 자신의 삶을 스스로 창조하고 있다는 사실을 받아들이길 원치 않는 사람들이 있기 때문에 그런 것입니다. 그래서 그들은 이렇게 말합니다. "내가 지금 뚱뚱한 이유는 지난 생에서 굶어 죽었기 때문입니다." 그러면 우리는 말합니다. 당신이 어떤 식으로든 그것을 알게 되어서 지금 현재 그것에 주의를 기울이고 있지 않는 한, 과거 삶의 체험 중에서 지금 현재 당신이 하고 있는 일들에 영향을 미치고 있는 것은 아무것도 없습니다.

타인에 대한 부정적 기대가 그들에게 미치는 영향

제리 | 제가 진정으로 아끼는 사람들의 행복과 번영에 대한 염려와 걱정 속에서, 그들과 관련해 다소 부정적인 예상을 하는 쪽으로 제 생각들이 흘러가는 것을 보게 될 때가 있습니다. 그럴 경우, 단지 그들의 삶속에 어떤 문제들이 발생할 가능성이 있다는 생각을 하는 것만으로도 그들에게 실제로 해를 끼칠 수 있습니까?

아브라함 | 당신은 타인의 경험을 창조할 수가 없습니다. 왜냐하면 당신이 그들을 대신해서 진동해줄 수가 없을뿐더러, 그들이 발산하는 진동이 바로 그들의 '끌어당김 자력'이기 때문입니다. 하지만 당신이 그들과 관련된 어떤 주제에 아주 오랫동안 초점을 집중함으로써 강력해진 생각으로 인해 강한 감정을 느끼고 있을 경우, 당신은 그 주제와 관련해 그들이 하고 있는 생각들에 영향을 미칠 수가 있습니다.

자, 대부분의 사람들은 자신이 관찰하고 있는 것들에 대한 반응으로 대부분의 진동을 발산한다는 사실을 유념하십시오. 따라서 그들이 지금 당신을 지켜보고 있는 상태인데, 당신의 얼굴에서 걱정스런 표정을 발견하게 된다거나 혹은 염려하는 당신의 말들을 듣게 된다면, 아마도 그들은 자신이 원하지 않는 것들의 방향으로 아주 쉽게 주의가 향하게 될 것입니다.

만약 당신이 다른 이들에게 크게 도움을 주는 가치있는 존재가 되고자 한다면, 그들이 그들 자신이 바라는 대로 되어 있는 모습으로 바라보십시오. 그것이야말로 당신이 그들에게 주고 싶어 하는 당신의 진정한 영향력인 것입니다.

타인에 의해 주입된 믿음을 바꾸려면

제리 | 누군가가 타인에 의해서 주입된 어떤 믿음을 갖고 있는데, 이제 그 사람이 그와 같은 믿음이 더 이상 자신에게 도움이 되지 않는다는 걸 발견했다고 해봅시다. 그럴 경우 이 사람은 어떻게 그런 믿음을 해체시킬 수 있을까요?

아브라함 | 당신은 두 가지 주요한 방해물에 의해 부정적인 영향을 받습니다. 한 가지는 타인에게서 받는 영향력이고, 다른 한 가지는 자신의 오래된 사고 습관입니다. 당신은 생각의 습관을 지속적으로 발전시켜 왔습니다. 그래서 당신은 새로운 바람과 조화를 이루는 새로운 생각을 하기보다는 과거에 해오던 식의 생각 습관으로 쉽게 되돌아갑니다. 그것은 어느 정도의 노력을 통해, 또는 당신의 표현대로 의지력을 발휘해 새로운 생각의 방향으로 다시 초점을 맞출 수 있느냐의 문제입니다.

당신이 언급한 주입된 믿음이라는 것은, 단지 당신이 어떤 생각에 초점을 맞추어 주의를 집중해왔고, 그렇게 주의가 집중된 생각에 끌어당김의 법칙이 반응한 결과일 뿐입니다. 그처럼 당신이 주의를 집중하는 것은 무엇이든지 더욱 강해지게 될 것입니다. 당신이 주입된 믿음들이라고 부르는 것들 중에서 어떤 것들은 사회적으로 그다지 해롭지 않는 것으로서 단지 현 사회에 동화되기 위한 것일 수 있습니다. 하지만 어떤 것들은 당신들의 개인적인 성장에 실제로 방해가 됩니다. 조만간 당신은 연습을 통해 다른 방식으로 생각하고 말할 수 있게 될 것이고, 그래서 자신이 선택한 것들의 방향 쪽으로 생각들을 이끌어갈 수 있게 될 것입니다. 실상 그것이 바로 의식적 창조에 대한 모든 것입니다.

나의 모든 힘은 지금 순간에 있다

제리 | '세스Seth'의 책에 이런 구절이 있습니다. '당신의 힘은 현재에 집중되어 있다.' 당신들에게 이 말은 어떤 의미입니까?

아브라함 | 당신이 바로 지금 벌어지고 있는 어떤 일에 대해 생각하고 있건, 과거에 벌어졌던 어떤 일에 대해 생각하고 있건, 또는 미래에 일어나길 바라는 어떤 일에 대해 생각하고 있건 관계없이, 당신은 그 생각을 바로 지금 하고 있습니다. 언제나 당신은 '생각–진동'을 당신의 현재 속에서 발하고 있습니다. 또한 끌어당김의 법칙은 당신의 현재 '생각–진동'에 항상 반응하고 있습니다. 따라서 당신이 가진 창조력은 지금 현재에 있는 것입니다.

또한 당신의 감정은 자신이 하는 현재 생각에 대한 반응으로 인해 (그 생각이 과거, 현재, 미래 중 어떤 것에 대한 것이든) 발생하게 된다는 사실을 아는 것이 도움이 될 것입니다. 그리고 그러한 감정이 강하면 강할수록, 당신이 하는 생각의 창조력은 보다 더 강력합니다. 그러면 당신은 그 생각과 본질이 같은 것들을 더욱 더 빠르게 자신의 삶속으로 끌어당기게 됩니다.

어쩌면 당신은 몇 년 전에 누군가와 말다툼했던 기억을 떠올리고 있는 중일 수도 있고, 또는 십년 전에 세상을 떠난 어떤 사람과 말다툼했던 기억을 떠올리고 있는 중일 수도 있습니다. 하지만 당신은 그 말다툼을 바로 지금 머릿속에 떠올리고 있는 중이며, 그것에 관한 진동을 지금 활성화시키고 있는 중입니다. 그로 인해서 현재 당신의 끌어당김 자력은 과거에 있었던 그 말다툼의 영향을 바로 지금 받고 있는 중입니다.

부정적인 일은 처음에 어떻게 해서 일어났습니까?

제리 | 저는 질병이라든가 부정적인 어떤 것들이 처음에 어떻게 해서 생겨났을까 하는 의문이 자주 듭니다. 거의 모든 것들이 처음 생겨나게 된 것은 그것에 대한 생각을 통해서라는 게 맞습니까? 다시 말해서, 첫 번째 만들어진 전등처럼, 생각이 먼저 오고 그 다음에 전등이 뒤따르게 됐다는 것인가요? 따라서 우리가 질병을 점차로 더 많이 갖게 된 것이건, 또는 좋거나 흥미 있는 것들을 점차로 더 많이 갖게 된 것은, 단지 이전에 해오고 있던 어떤 생각들에 한 단계 혹은 한 생각이 계속 더

해졌기 때문인가요?

　　아브라함 | 당신들이 그것들을 좋은 것이라고 규정하건 나쁜 것이라고 규정하건 관계없이, 그 모든 것들은 단지 당신들이 현재 서 있는 지점으로부터 시작해서 필연적인 그 다음 단계로서 등장하게 됩니다.

　　생각이 먼저 온다는 당신의 말이 확실히 맞습니다. 먼저 생각이 있고, 그 다음에 생각의 틀이 있게 되고, 그 다음에 물질적 구현이 뒤따르게 됩니다. 지금 당신이 체험중인 현재 상황은 그 다음의 체험을 위한 발판 역할을 합니다. 그 현재 상황으로부터 다음의 생각, 또 그 다음의 생각이 촉발되는 것입니다.

　　당신은 모든 일들을 긍정적으로 기대할 수도 있고 혹은 부정적으로 기대할 수도 있습니다. 하지만 그 두 가지 경우 모두, 끌어당김의 법칙은 그것이 현실로 구현될 때까지 계속 그 생각에 힘을 보태 줄 것입니다. 만일 당신이 그런 사실을 알게 되면, 아마도 당신은 자신이 하는 생각들의 방향을 좀 더 의도적으로 통제하고자 할 것입니다. 지금까지 그 어떤 생각도 맨 처음의 미약한 주의 속에서 바로 현실로 구현된 적이 없습니다. 어떤 생각의 주제가 물질적으로 구현될 수 있을 정도의 충분한 힘을 끌어오기 위해서는 그 주제에 시간을 들여 주의를 기울이는 일이 필요합니다. 그게 바로 당신들이 원하는 것들이건 원치 않는 것들이건, 온갖 종류의 그러한 것들이 계속해서 늘어나고 있는 이유입니다. 다시 말해서 인간들이 질병에 더욱 많은 주의와 관심을 기울이고 있기 때문에 질병들이 더욱 더 늘어나고 있는 것입니다.

상상하기는 시각화와 같은 게 아닙니까?

제리 | 상상하기라는 단어를 당신들은 어떻게 정의하십니까?

아브라함 | 상상하기imagination는 생각들을 다양한 조합을 이루도록 뒤섞고 주물러보는 일입니다. 그것은 어떤 상황을 관찰하는 것과 비슷합니다. 그렇지만 상상을 하는 중에 당신은 자신의 실제 현실을 관찰하는 게 아니라 어떤 심상을 창조하고 있는 중입니다. 어떤 사람들은 시각화visualization라는 용어를 사용하기도 합니다. 하지만 거기에는 약간의 미묘한 차이가 있습니다. 흔히 시각화라는 것은 단지 언젠가 당신이 관찰했었던 어떤 것에 대한 기억에 불과합니다. 하지만 우리가 말하는 상상하기는 당신이 소망하는 어떤 시나리오를 창조하기 위해서 자신이 바라는 구성 요소들을 마음속에서 의식적으로 함께 모으는 것입니다. 다시 말해서, 기분 좋은 감정을 불러일으키기 위해서 의도적으로 초점을 집중하는 것입니다. 우리가 상상하기라는 단어를 사용할 경우, 실제로는 자신의 현실을 의도적으로 창조하는 것에 관해서 말하고 있는 것입니다.

제리 | 하지만 자신이 아직 한 번도 보지 못한 것들을 어떻게 상상하거나 시각화할 수가 있나요? 가령, 앞으로 만나고 싶은 연인이라든가, 앞으로 태어나길 바라는

아이라든가, 또는 자신이 한 번도 고려해본 적이 없는 직업과 같은 것들을 말이죠.

　아브라함 | 당신이 자신의 주변 세상을 관찰하게 될 때, 매력적이고 흥미롭게 느껴지는 삶의 모습들을 의도적으로 골라모아서 그것들에 대해서만 숙고하십시오. 예를 들어, 어떤 사람에게서 아름다운 미소를 본다든가 혹은 어떤 사람이 살고 있는 아름다운 집을 보게 될 경우에는 그처럼 멋지게 느껴지는 것들을 주목하십시오. 그래서 자신의 주변에서 목격한 것들 중에서 만족스럽게 느껴지는 것들에 대해서 메모를 해둔다거나 마음속에 담아두십시오. 그랬다가 나중에 창조워크숍 공간에 들어갔을 때, 그러한 것들을 마음속에서 주무르고 뒤섞어서 자신의 마음에 드는 삶의 시나리오나 영상을 창조하십시오. 자신에게 딱 맞는 완벽한 역할 모델을 찾으려고 애쓰지는 마십시오. 왜냐하면 당신은 당신이고, 자신만의 독특한 현실의 창조자이기 때문입니다.

　머지않아 당신은 이 상상의 기술이 당신의 삶속으로 만족스런 결과들을 가져다준다는 사실을 발견하게 될 것입니다. 뿐만 아니라 '상상하기' 그 자체가 놀이처럼 매우 재미있고 즐거운 일이라는 것을 깨닫게 될 것입니다.

　자, 당신이 "나는 내가 원하는 게 무엇인지 알고 싶어."라는 말을 시작하게 되면, 끌어당김의 법칙에 의해서 당신에게 적절한 본보기가 될 온갖 사례들이 끌려오기 시작할 것입니다. 그리고 당신에게 다가오는 이러한 자료들을 수집하면서, 매일 매일의 삶속에서 자신이 정말 원하는 것들만 찾겠다는 것을 자신의 주된 의도로 삼으십시오. 그러면 당신은 자신의 배우자나 친구 또는 직장 동료가 갖고 있기를 바라는 그런 성격이나 특징을, 당신 주위 사람에게서 볼 수 있게 되고 다른 사람들로부터도 발견할 수가 있게 될 것입니다. 진실로, 그 어떤 주제와 관련해서든 당신을 위한 완벽한 역할 모델은 존재하지 않습니다. 바로 당신이 그것의 창조자인 것입니다!

때때로 우리는 이런 말을 듣습니다. "나는 부자가 되기를 원했습니다. 그래서 어느 날 돈이 많은 남자를 만났지요. 하지만 그 사람은 건강이 나빠서 결혼 생활은 불행했습니다. 그 이후로 나는 부유함이라는 것을 불행한 결혼생활과 나쁜 건강상태와 연관시켜 생각하게 되었습니다. 그래서 나는 더 이상 부자가 되는 걸 원하지 않게 되었습니다." 그러면 우리는 이렇게 말씀드립니다. "당신이 원하는 부유함에 대한 자료들만 수집하십시오. 그리고 원하지 않는 나쁜 건강과 불행한 결혼생활에 대한 자료들은 그냥 거기에 놔두십시오."

제리 | 그렇다면, 원해왔던 배우자나 아이들 또는 직업과 관련해 일부 바람직한 특징들만을 한데 모아서 우리가 원하는 대로 시각화를 할 수가 있다는 말이군요?

아브라함 | 그렇습니다. 그게 바로 창조워크숍의 진정한 핵심입니다. 주의력이 흩어지지 않을만한 자신만의 조용하고 아늑한 장소에서, 자신의 마음속에 자신이 삶에서 체험하길 원하는 그림들을 그려보는 것입니다.

제리 | 그렇다면 그것은 이미 현실로 존재하고 있는 어떤 것이어야 할 필요는 없

고, 이제 삶에서 자신이 경험하길 원하는 것들이면 되겠네요?

아브라함 | 창조워크숍 공간에서 창조 작업을 해나가고 있을 때, 대부분의 경우 그것이 자신에게 즉시 오지는 않는다는 사실을 발견할 것입니다. 하지만 당신은 그것이 오고 있다는 것이 분명해지는 때를 스스로 알게 될 것입니다. 그럴 때 당신은 흥분된 감정을 느끼게 될 것이기 때문입니다. 자, 언젠가 당신은 어떤 프로젝트를 맡아 작업했던 적이 있을 것입니다. 당신이 그것에 대해 상당히 오랫동안 반복해서 생각하고 있을 때, 문득 이렇게 말했던 적이 있지 않습니까? "좋은 아이디어가 떠올랐어." 바로 그와 같이, 좋은 아이디어가 떠올랐다고 느껴지는 때의 그러한 감각이야말로 당신이 창조를 가동시킨 순간에 느끼는 것입니다. 다시 말해서, 당신은 아주 명확해질 때까지 마음속으로 그것에 대해 숙고하고 또 숙고를 합니다. 그러다가 그 생각들이 완벽하게 결합됨으로써 불현듯 의식 속에 떠오르게 되는 것이죠. 바로 그럴 때 당신의 내면존재는 "좋았어. 바로 그거야. 지금 당신은 그걸 찾아냈어!"라고 느낌을 통해서 말하게 됩니다. 따라서 창조워크숍의 핵심은, 당신이 멋진 아이디어를 찾았다는 그와 같은 감각을 느끼게 될 때까지, 온갖 종류의 것들에 관해서 계속 생각을 해보는 것입니다.

제리 | 강한 의도를 갖고서 시각화를 해오고 있는데도 아직 그것이 삶속에서 일어나지 않았다면, 그렇게 되는 가장 흔한 이유는 무엇입니까?

아브라함 | 만일 당신이 자신이 의도하는 것을 순수하게 시각화해 오고 있는 중이라면 그것은 반드시 그리고 빠르게 옵니다. 여기서 시각화의 순수한 정도가 핵심입니다. 순수하다는 말은 오로지 자신이 원하는 방향의 생각만을 하는 것을 의미합니다. 만일 당신이 "나는 이것을 원해. 하지만…"이라고 말할 경우, 자신의 바람을 표출하고 나서 덧붙인 '하지만'이란 말로 인해서, 당신은 자신의 바람이 태어나자마자 무산시키거나 취소시키게 됩니다. 아주 흔히 당신은 자신이 소망하는 것이 실재하고 있다는 생각만큼이나 그것이 없다는 부재에 관한 생각들을 더 많이, 더 자주 해오고 있습니다. 만일 당신이 바라는 어떤 것이 자신에게 오는 속도가 지지부진하다면, 그것은 오직 한 가지 이유 때문이라고 할 수 있습니다. 즉, 지금 현재 당신은 그것이 실재한다는 사실에 초점을 맞추고 있기 보다는 그것이 없다는 부재 또는 결핍에 더 오래 초점을 맞추고 있다는 것입니다.

만약에 당신이 바라는 것을 확인한 다음에, 그것을 실제로 얻게 될 때까지 아주 명확하게 자신이 바라는 것만을 의도적으로 생각해 간다면, 그것의 본질은 아주 빠르게 당신에게 오게 될 것입니다. 당신이 눈앞의 현실에 주의와 관심을 기울이지 않고 오직 자신이 바라는 것만을 순수하게 마음속 비전으로 더 오래 간직할 수 있다면, 현재 드러나 있는 것들을 더 많이 창조하는 대신 자신이 바라는 것들을 더 많이 끌어당기게 될 것입니다. 그것은 단지 당신이 끌어당기는 힘의 방향을 바꾸는 것에 달린 문제 입니다.

당신의 생각과 말과 시선을 눈앞에 드러나 있는 현실로부터 떼어내십시오. 그리고 순전히 자신이 바라는 것들로 향하도록 하십시오.

자신이 바라는 것들을 더 많이 바라보고 더 많이 생각하고 더 자주 말할수록, 당신은 그러한 것들을 더욱 빠르고 신속하게 끌어당기게 될 것입니다.

인내심이라는 것은 좋은 덕목이 아닙니까?

제리 | 누군가에게 "그저 참고 인내하라"고 말하는 것에 대해 당신들은 어떻게 느끼십니까?

아브라함 | 당신이 끌어당김의 법칙을 이해하고 자신의 생각들을 의도적으로 이끌어가기 시작한다면, 바라고 소망하는 것들이 삶속으로 빠르고 신속하게 그리고 지속적으로 흘러들게 될 것입니다. 그렇게 되면 인내라는 것은 필요하지 않게 될 것입니다.

우리는 누군가가 인내심을 배운다는 것에 대해 그다지 흥미를 느끼지 않습니다. 거기에는 일들이 일어나려면 기본적으로 시간이 많이 걸린다는 뜻이 내포되어 있기 때문입니다. 하지만 그것은 결코 진실이 아닙니다. 오직 당신의 생각들이 모순된 상태일 때만 시간이 오래 걸리는 것입니다. 만일 당신이 앞으로 가다가는 다시 뒤로 가고, 또 다시 앞으로 가다가는 뒤로 가기를 반복한다면, 당신은 결코 자신이 가고자 하는 곳에 도달할 수 없습니다. 하지만 당신이 뒤로 후진하는 일을 멈추고 오로지 앞을 향해서만 전진해가게 되면 아주 신속하게 원하는 목적지에 도착할 것입니다. 그랬을 때 인내심은 필요하지 않게 됩니다.

나는 양자적 도약을 원합니다

제리 | 우리가 서 있는 곳에서 한 단계 위로 작은 발걸음을 내딛는 일은 쉬운 일입니다. 가령, 이제껏 해오던 일보다 단지 조금 더 행한다거나, 현재 상태보다 약간 더 나아진다거나, 지금 가진 것보다 조금 더 갖게 되는 일처럼 말이죠. 하지만 우리가 소위 양자 도약이라고 부를 만큼 비약적인 발전을 원할 경우엔 어떻게 하나요? 다시 말해서, 우리가 이제껏 보아왔던 수준을 훨씬 넘어서는 어떤 걸 성취할 정도로 비약적인 성과를 창조하기 시작하려면 어떻게 해야 합니까?

아브라함 | 멋지군요. 지금 당신은 핵심을 건드렸습니다. 작은 걸음을 옮겨가는 것이 당신에게 더 쉬운 이유는, 지금 자신이 갖고 있는 믿음을 인식하고 그 믿음을 약간만 더 늘리면 되기 때문이지요. 즉, 그것은 당신의 믿음을 완전히 바꾸는 것이 아니라 단지 그것을 약간 확장시키는 것입니다. 하지만 흔히 양자 도약이라는 것은 당신이 가진 현재의 믿음을 완전히 놓아 버리고 새로운 믿음을 채택해야만 한다는 걸 의미합니다. 양자 도약과 같은 것들은 창조공식의 믿음이나 허용하기 부분을 강화시킴으로써 달성되지 않습니다. 그것은 바람 또는 소망 부분을 강화시켜야만 달성될 수가 있습니다.

앞서 예로 들었던 '자동차에 깔린 아들을 구한 어머니'의 경우가 일종의 양자 도약을 체험한 사례입니다. 만일 그녀가 운동을 통해 자신이 그렇게 무거운 것을 들어 올릴 수 있다는 믿음을 갖게 되었다고 한다면, 아주 오랜 시간이 필요했을 것입니다. 하지만 그녀의 강력한 소망은 그 순간에 획기적인 양자 도약을 불러일으킨 원인이 되었습니다.

우리는 양자 도약을 그다지 권장하지 않습니다. 그것은 아주 놀라운 결과를 만들어낼 정도로 강력한 소망의 극적인 추진력을 일으킬만한, 과도한 대조적 상황을 필요로 하기 때문입니다. 게다가 그것은 거의 언제나 일시적인 결과에 그치고 마는데, 왜냐하면 당신이 지니고 있는 믿음의 균형이 결국 당신을 이전의 믿음 상태로 다시 되돌려 보내기 때문입니다. 따라서 그렇게 하기 보다는 자신이 바라는 방향을 향해 점진적으로 믿음에 다리를 놓아가는 것이 창조를 하는 훨씬 더 만족스러운 방법입니다.

제리 | 한 번 더 이야기 해주시기를 바랍니다. 어떻게 하면 우리의 소망을 확장시킬 수가 있을까요? 어떻게 하면 우리 스스로 더 많이 바라게 될 수가 있을까요?

아브라함 | 자신이 바라는 것이라고 믿고 있는 대상에 생각의 초점을 맞추십시오. 그러면 끌어당김의 법칙이 더 많은 정보들과 더 많은 자료들, 그리고 더 많은 환경들을 당신의 창조를 위해 가져다 줄 것입니다.

당신도 알듯이, 자신이 원하는 것을 바라볼 때 긍정적이고 기분 좋은 감정을 느끼게 되는 것은 자연스러운 일입니다. 따라서 그것은 당신이 지속적으로 자신이 원하는 것들에 대한 생각을 유지하고 있느냐에 달린 문제인 것입니다. 만일 가능하다면 당신이 바라고 소망하는 것들이 있는 장소에 가서 멋지고 근사한 기분을 느끼십시오. 자기 자신을 그처럼 기분 좋은 상태 속에 의도적으로 가져다 놓으십시오. 그래서 당신이 기분 좋게 느끼고 있을 때, 자신이 좋은 것이라고 여기는 모든 것들이 당신의 삶속으로 오기 시작할 것입니다.

당신이 어떤 것에 초점을 맞추고 있을 때는 끌어당김의 법칙이 그것을 확장시킬 것입니다. 따라서 만일 자신의 소망들을 더욱 늘리고 기분 좋은 감정을 더욱 더 많이 느끼기 위해 당신이 아주 많은 노력을 할 필요가 있는 것처럼 느껴진다면, 그 원인은 지금 현재 당신이 원하는 것들에 대해서 생각하다가 다시 반대되는 것들에 대해 생각하기를 반복하고 있기 때문입니다. 그 결과 한결같이 앞을 향해 나아가도록 스스로를 허용하지 않고 있는 것입니다.

거대한 것을 창조하는 게 더 어렵습니까?

제리 | 삶에서 작은 것들은 창조할 수 있다고 느끼는 거의 모든 사람들이, 보다 더 크고 거대한 것들은 창조할 수 없다고 느끼는 이유가 무엇입니까?

아브라함 | 그들이 우주법칙을 알고 있지 못하기 때문입니다. 그리고 그들은 앞으로 자신이 창조할 수 있는 것들이라고 생각하는 것들을, 자신들이 지금까지 창조해왔던 것들에 한정시키고 있기 때문입니다. 만일 당신들이 법칙을 제대로 이해하게 되면, 성(城)을 창조하

는 일도 단추를 창조하는 일 만큼이나 쉽다는 사실을 알게 될 것입니다. 실상 그것들은 똑같습니다. 100억원을 창조하는 일이 1억원을 창조하는 일보다 더 어려운 것이 아닙니다. 단지 그것은 두 가지 서로 다른 의도에 동일한 법칙이 동일한 방식으로 적용되는 것에 불과합니다.

이 법칙들을 타인들에게 입증할 수 있습니까?

제리 | 어떤 사람이 이 법칙들이 유용하다는 사실을 다른 사람들에게 증명해보이기 위해서 시험해보길 원한다고 합시다. 그래서 "내가 이 법칙들을 가지고 무엇을 할 수 있는지 보여 주겠소."라고 말할 경우, 그것이 끌어당김 법칙의 효력에 어떤 영향을 미치게 될까요?

아브라함 | 어떤 것을 입증하고자 시도할 때의 문제점은, 종종 그런 행위가 당신이 바라지 않는 어떤 것을 밀어내게 만든다는 사실입니다. 그렇게 되면 자신이 바라지 않는 바로 그것을 자신의 진동 속에 활성화시키게 됨으로써, 자신이 정말 바라는 것을 성취하는 일이 훨씬 더 힘들어지게 됩니다. 게다가 당신은 그런 행위로 인해서 실망하거나 낙담하게 될 수도 있습니다. 왜냐하면 만일 다른 사람들이 강한 의구심을 갖고 있을 경우, 그들은 당신에게도 어느 정도 의구심이 생겨나도록 영향을 미칠 수 있기 때문입니다.

당신은 다른 누구에게도 말을 통해서 어떤 걸 증명할 필요가 없습니다. 그저 당신의 존재 자체, 당신이 살아가는 삶의 모습 자체가 타인들을 고양시키는 확실한 본보기가 되도록 하십시오.

자신의 가치를 정당화할 필요가 있습니까?

제리 | 아브라함, 많은 사람들은 왜 자신이 좋은 것들을 가질만한 자격이 있다는 것을 정당화해야할 필요성을 느끼게 되었을까요?

아브라함 | 한 가지 이유는, 자원이 한정돼있다는 잘못된 믿음을 인간들이 갖고 있기 때문입니다. 그래서 그들은 다른 사람들에게 왜 자신이 그들 대신 그것을 받아야만 하는지를 설명해야만 한다고 느끼게 된 것입니다. 그리고 또 다른 이유는 자신이 가치가 없다고 믿기 때문입니다. 이 물질세계에는 그런 강한 믿음이 있습니다. 그래서 이런 말을 합니다. "당신은 가치가 없어요. 당신이 여기 온 것은 스스로 가치있다는 것을 증명하기 위해서입니다."

당신은 자신의 가치를 입증하기 위해서 이곳에 있는 것이 아닙니다. 당신은 가치있는 존재입니다! 당신이 이곳에 있는 이유는 기쁨에 넘치는 성장과 확장을 체험하기 위해서입니다. 당신이 현재 이곳에 있는 것은, 이러한 시공간현실 차원으로 들어가겠다고 결정한 당신 자신의 소망의 힘과 그러한 소망을 기꺼이 스스로에게 허락했던 허용의 힘에 의해서입니다. 즉, 지금 우리가 여기서 설명하고 있는 바로 그 법칙들을 스스로에게 실제로 적용함으로써 이곳에 있게 된 것입니다. 따라서 당신이 지금 이곳에 존재하고 있다는 사실 그 자체가, 당신이 소망하는 그 어떤 것이든 가질 수 있고 할 수 있고 될 수 있는 자격과 가치가 이미 있다는 사실을 입증해주는 것입니다.

자신이 무가치하다는 생각을 할 때마다 그렇게 기분이 나쁜 이유는, 그런 생각이 당신의 내면존재가 느끼고 있는 것과 완전히 다르기 때문입니다. 당신이 그 사실을 알았더라면, 아마도 당신은 자신의 생각 방향을 바꾸기 위해 노력했을 것입니다. 하지만 그런 사실을 알지 못했기에, 대개 당신은 타인들을 만족시키거나 기쁘게 해주고자 애쓰면서 허둥대며 돌아다녔던 것입니다. 하지만 타인들이 당신에게 요구하는 것들은 전혀 일관성이 없었기 때문에, 당신은 결국 길을 잃어버리고 말았던 것입니다.

당신이 스스로를 입증해야만 한다거나 정당화시킬 필요성을 느끼고 있을 때, 당신은 부정적인 끌어당김의 상태에 있게 됩니다. 자신이 원하는 것에 초점을 맞추고 있지 않기 때문이죠. 그보다도 당신은 지금 자신이 바라거나 소망하는 것이 옳다는 것을 다른 이들에게 납득시키고자 애쓰고 있습니다. 그런데 그렇게 할 필요가 전혀 없습니다. 당신이 무엇을 소망하든 그것은 적절한 것입니다.

아브라함 메시지와 행동과의 관계

제리 | 제가 보기에 삶에서 엄청난 성공을 한 사람들(물질적으로 성공했고 건강함과 좋은 대인관계를 가지고 있는 사람들)은 그것을 얻는데 있어 육체적인 에너지를 크

게 많이 투입한 것 같지가 않습니다. 훨씬 힘든 일을 하면서도 수입은 훨씬 더 적은 사람들과 비교해 볼 때, 그들이 더 많이 일을 하는 것같이 느껴지지가 않습니다. 그렇다면, 우리가 원하는 것들을 창조하는 데에 있어 당신들의 가르침과 육체적인 노동 또는 행동은 어떻게 서로 조화를 이루게 됩니까?

아브라함 | 당신은 육체적인 행동을 통해서 창조를 하고자 이곳에 온 것이 결코 아닙니다. 애초에 당신이 행동에 대해 품었던 의도는, 자신의 생각을 통해 창조한 것들을 즐기는 하나의 수단으로써 행동을 사용하겠다는 것이었습니다. 당신이 소망하는 것들에 대한 생각과 일치되는 믿음과 기대 섞인 생각들을 품는 것이 얼마나 강력한 힘을 발휘하는지 인식하십시오. 그래서 자신의 소망에 부합하는 생각들을 의도적으로 일으키는 시간을 가지십시오. 그러면 끌어당김의 법칙은 반드시 당신이 추구하는 결과들을 배달해줄 것입니다. 하지만 만일 당신이 자신의 생각들을 조율하는 시간을 갖지 않는다면, 아무리 많은 육체적 행동을 제공한다 할지라도 그처럼 부조화 상태의 생각들로 인한 결과를 충분히 메울 수가 없게 됩니다.

조화로운 생각을 통해 영감을 받은 행동은 그야말로 기쁨에 넘치는 행동입니다. 그러나 조화를 이루지 못한 생각을 통해서 하게 되는 행동은 힘들고 어려운 노동이 될 뿐입니다. 그와 같은 행동을 통해서는 어떠한 만족도 느낄 수 없을뿐더러 그 결과도 좋을 수가 없습니다.

당신이 행동에 뛰어드는 것이 정말 기분 좋게 느껴진다면, 그것은 지금 당신의 진동이 순수할 뿐 아니라 소망과 상충되는 생각을 전혀 하고 있지 않다는 확실한 신호입니다. 만일 지금 현재 당신이 어떤 일을 억지로 하기 위해 힘든 시간을 보내고 있다든가, 또는 육체적인 행동을 취하고 있음에도 불구하고 원하는 결과를 얻고 있지 못하는 상태라면, 언제나 그 원인은 당신이 여전히 자신의 소망과 반대되는 어떤 생각들을 하고 있기 때문입니다.

오늘날 대다수의 사람들은 여전히 행동지향적인 상태로 살아가고 있습니다. 아직은 자신이 가진 생각의 강력한 힘을 제대로 이해하지 못하고 있기 때문입니다. 당신이 연습을 통해서 의도적으로 생각을 일으키는 일에 더욱 능숙해지게 되면, 창조와 관련해서 당신이 취해야 할 행동이라는 측면은 그렇게 많지 않게 될 것입니다.

미래 체험 속으로 길 내기

흔히 사람들은 우리에게 이렇게 말하고는 합니다. "하지만 나는 행동을 해야만 합니다. 그저 빈둥거리며 앉아서 하루 종일 생각만 하고 있을 수는 없습니다." 그리고 우리도 그 말에 동의하는데, 현재 당신의 삶은 진행되고 있고, 또한 그것들은 행동을 필요로 한다는 걸 알기 때문입니다. 그러나 만약에 우리가 당신 입장이었다면, 우리는 오늘 가장 중요한 것들에 대한 생각만을 가능한 최대한 많이 의도적으로 일으키기 시작했을 것입니다. 그리고 언제나 부정적인 감정을 동반하는 원치 않는 것들에 대한 생각들을 하고 있다는 사실을 알아차릴 때마다, 즉시 그 생각을 중단하고 좀 더 기분 좋게 느껴지는 생각을 찾아내고자 노력했을 것입니다. 그러면 얼마 안가서 우리 삶의 모든 영역들에서 일들이 개선되기 시작했을 것입니다.

자, 당신이 길을 걸어가다가 덩치가 아주 큰 불량배가 작은 몸집을 가진 사람을 때리는 걸 보게 됐다고 해봅시다. 지금 당장 어떤 행동이 요구되는 상황입니다! 이런 상황에서 당신이 선택할 수 있는 길은, 그 사람이 다치든 말든 그냥 놔두고 그 자리를 벗어나든가, 아니면 다칠 위험을 무릅쓰고 그 일에 끼어드는 것입니다. 하지만 어떤 선택도 만족스럽지 않은 상황입니다.

따라서 지금은 자신이 선택한 어떤 행동이든 취하십시오. 하지만 더 이상 그 일에 대해서는 생각을 하지 마십시오. 그 대신 세상에서 조화롭게 살아가고 있는 사람들에 대한 긍정적인 모습들을 모으십시오. 그리고 그러한 모습들을 자신의 창조워크숍 속으로 가지고 들어가, 그와 같은 종류의 생각들이 자신의 지배적인 진동이 되도록 활성화시키십시오. 그렇게 되면, 다시는 끌어당김의 법칙이 그처럼 긍정적인 선택의 여지가 전혀 없는 상황 속으로 당신을 데려가지 않게 될 것입니다.

스스로를 덩치 큰 사람들로부터 왜소한 사람들을 구해주는 구원자로 여기는 사람은, 구원을 필요로 하는 사람들을 예기치 않게 마주치는 경험을 자주 하게 될 것입니다. 그런 종류의 경험을 하는 것이 당신의 바람이라면, 그런 종류의 체험에 대한 생각을 계속 하십시오. 그러면 끌어당김의 법칙이 그런 사람들을 계속해서 데려다 줄 것입니다. 하지만 당신이 그와 다른 뭔가를 더 선호한다면, 다른 것에 대해서 생각을 하십시오. 그러면 끌어당김의 법칙이 당신이 생각하는 그것을 가져다 줄 것입니다. 지금 현재 당신이 하고 있는 그러한 생각들의 주제가 미래에 당신이 갖게될 경험들 속에 길을 미리 내고 있는 중입니다.

우주는 다양한 소망들을 어떻게 충족시킵니까?

제리 | 저는 삶에서 가장 열심히 힘들게 일하는 사람들이 가장 적게 얻는 반면, 가장 적게 일하는 사람들이 가장 많은 것을 얻는 걸 자주 목격했습니다. 아직도 어떤 사람들은 감자를 캐고, 소의 젖을 짜고, 석유를 캐기 위해 구멍을 뚫는 등 우리가 소위 '막노동'이라 부르는 일을 하고 있습니다. 아브라함, 어떻게 하면 우리가 어떤 일을 하는지에 관계없이 각자가 하고 싶은 걸 하거나 갖거나 될 수가 있을까요?

아브라함 | 당신들은 완벽하게 균형이 잡혀있는 우주 속에서 살고 있습니다. 당신들은 모든 게 아주 잘 갖추어져있고 준비되어있는 주방에서 요리를 하는 요리사와도 같습니다. 이곳에는 지금까지 상상 가능했었던 모든 재료들이 풍부하게 갖춰져 있기에, 당신들이 원하는 그 어떤 요리도 만들 수 있습니다. 자신이 정말로 하고 싶지 않은 어떤 일이 있다면, 그걸 하고 싶어 하는 사람이 있다거나 또는 그 일을 전혀 마다하지 않는 다른 누군가가 있을 수도 있다는 상상을 하는 것은 무척 어려운 일일 수도 있습니다.

하지만 우리는 확실하게 말씀드릴 수가 있습니다. 만일 사람들이 어떤 일을 하는 걸 원하지 않는다고 사회적으로 결정이 날 경우, 당신들이 지니고 있는 '소망'의 힘을 통해서 그걸 다른 방식으로 해결하거나 혹은 그걸 하지 않아도 되는 또 다른 방법을 고안해내게 될 것이라는 사실입니다. 일반적으로 한 사회에서 어떤 것을 더 이상 바라지 않게 되는 지점에 이를 경우, 그것은 더 이상 존재하지 않게 되고 보다 새롭게 개선된 다른 무언가로 대체됩니다.

비물질 세계의 삶은 물질세계와 어떻게 다릅니까?

제리 | 여기 이 물질세계의 삶과 당신들이 있는 비물질 세계의 삶은 어떤 점이 가장 다른가요? 당신들에겐 없지만 이곳에 있는 우리만 가지고 있는 것은 무엇인가요?

아브라함 | 당신들은 우리가 물질화된 존재들이기 때문에, 이곳에서 당신들이 경험하는 것들은 대부분 우리도 역시 경험하고 있습니다. 그렇지만 우리는 당신들이 불편하게 느껴지는 것들에 초점을 맞추도록 자신을 허용하지는 않습니다. 우리들은 원하고 있는 것들에만 예민하게 주의를 집중하고 있기 때문에, 당신들이 느끼는 부정적인 감정들은 경험하지 않습니다.

당신들도 역시 우리가 느끼는 것처럼 느낄 수 있는 능력이 있습니다. 실제로 당신들이 감사나 사랑의 감정을 느끼고 있을 때가 그러한 경우입니다. 당신들이 느끼는 그와 같은 감정은 지금 이 순간 당신이 우리가 그것을 보는 것과 동일한 방식으로 현재 상황을 바라보고 있다는 표식입니다.

당신들이 물질세계로 알고 있는 차원과 비물질 세계로 이해하는 차원은 분리되어 있지 않습니다. 그럼에도 불구하고 비물질 세계에서 우리가 하는 생각들은 보다 더 순수합니다. 우리들은 바라지 않는 것들을 거부하거나 밀어내지 않습니다. 우리들은 바라는 것이 없다는 결핍에 대해서는 생각하지 않습니다. 우리는 **끊임없이 진화되고 있는 바람과 소망들에만** 온전히 주의를 집중합니다.

당신들이 살고 있는 지구 즉, 물질세계는 당신의 앎을 미세하게 조정해나갈 수 있는 멋진 환경입니다. 이곳에서는 당신들이 하는 생각이 즉시 물질화되지 않습니다. 당신들은 버퍼링 시간을 갖고 있기 **때문입니다.** 당신이 바라는 것에 대한 생각을 일으킬 때, 끌어당김의 과정이 시작되도록 하기 위해서 당신은 반드시 먼저 생각을 명확하게 해야만 합니다. 내면에 감정을 불러일으킬 정도로 충분히 명확하고 분명하게 하는 것이죠. 그렇게 하고 나서도 그것이 삶속에 구현되도록 하기 위해서는, 그것이 자신의 체험 속으로 들어올 수 있도록 기대하고 허용해야만 합니다. 그리고 당신은 그러한 버퍼링 시간으로 인해서, 자신이 하는 생각이 얼마나 바람직하게 느껴지는지를 아주 확실하고 명확하게 알 수 있는 좋은 기회를 갖게 되는 것입니다.

만일 당신이 즉각적으로 물질적 구현이 일어나는 세계에 살고 있다면, 당신은 원하는 것들을 창조하며 보내기 보다는 자신이 실수로 창조해낸 것들을 처리하기 위해서 더 많은 시간을 보내고 있을 것입니다(실제로 당신들 중 많은 사람들은 어쨌든 지금 현재 그렇게 하며 보내고 있습니다).

원치 않는 것들의 구현을 어떻게 막을 수 있습니까?

제리 | 그와 같은 버퍼링 시간이 존재하는 이 세계에서, 우리의 생각들이 물질화 되기 전에 원치 않는 것을 불러올 생각들만을 어떻게 가려낼 수 있습니까?

아브라함 | 대부분의 경우 그것은 가려낼 수 없습니다. 대부분의 사람들은 자신이 좋아하는 것들도 어느 정도 가지고 있고, 또한 좋아하지 않는 것들도 어느 정도 가지고 있습니다. 대부분의 사람들은 게임의 규칙을 이해하지 못하고 있기 때문에 자신의 삶속에 무작위로 거의 모든 것들을 창조하고 있습니다. 아직 그들은 우주법칙들을 알지 못합니다.

하지만 이제 영원한 우주의 법칙들을 이해하는 사람들이 생겨나기 시작하고 있습니다. 설령 그걸 모른다고 할지라도 항상 존재하며, 또한 모든 차원들에 걸쳐 존재하는 우주법칙들 말이죠. 그런 사람들은 자신의 감정이 뜻하는 바를 이해하고 있기에, 생각들이 물질화되는데 있어 법칙을 모르는 다른 사람들과는 다른 결과들을 만들어냅니다.

물질화를 가져오는 수단도 시각화해야 합니까?

제리 | 아브라함. 우리가 바라는 것을 시각화하고 있거나 생각하고 있을 때, 우리가 얻고자 하는 대상뿐만이 아니라 그것을 얻는 구체적인 수단에 대해서도 생각해야만 합니까? 아니면 단지 최종 결과만 시각화하고 어떻게 얻게 되는지에 대해서는 알아서 이루어지도록 내맡겨두는 것이 더 현명한 것일까요?

아브라함 | 당신이 이미 어떤 구체적인 수단을 통해서 그것을 이루게 된다는 사실을 알게 됐다면, 그것에 주의를 기울여도 괜찮습니다.

당신이 너무 구체적인 것까지 생각하고 있는지, 아니면 충분할 정도로 구체적이지 못한지 알 수 있는 간단한 방법은, 당신이 느끼는 감정을 통해서입니다. 다시 말해서, 당신이 구체적인 것들을 생각하면서 창조워크숍을 진행하고 있을 때, 열정이라든가 긍정적인 감정이 일어날 수 있습니다. 하지만 만일 당신이 충분한 자료들을 모으기도 전에 너무 지나치게 구체적인 것을 생각하게 되면, 의심이라든가 걱정같은 감정을 느끼게 될 것입니다. 따라서 자신의 느낌에 주의를 기울인다면, 당신은 그러한 의도들의 균형 여부를 파악할 수가 있습니다. 당신이 기분 좋은 감정을 느끼는 한도 내에서 구체적이 되십시오. 하지만 부정적인 감정이 느껴지기 시작한다면 너무 구체적으로 생각하지 마십시오.

자신이 무엇을 바라는지 그리고 왜 그것을 바라는지에 대해 말하게 될 경우, 대체로 당신의 기분은 더 좋아집니다. 하지만 자신이 바라는 게 무엇인지 말하고 나서 그것이 어떻게 오게 될지에 대해서 말할 경우, 게다가 그것이 어떤 식으로 전개될지를 지금 당신이 모르고 있는 상태라면, 그처럼 구체적인 생각은 당신의 기분을 더 나빠지게 만들 것입니다. 만일 당신이 구체적으로 누가 그것이 오도록 도와줄 것인지, 언제 그것이 올지, 또는 어디에서 그것이 올 것인지에 대해 생각하고 말할 경우, 또한 그러한 의문에 대한 답을 전혀 알고 있지 않을 경우, 그처럼 구체적인 생각들은 당신에게 도움이 되기보다는 오히려 방해가 될 뿐입니다. 진실로 그것은, 당신의 기분이 여전히 좋게 느껴지는 한도 내에서만 구체적이 되는 문제인 것입니다.

구체적으로 소망하는 게 좋습니까?

제리 | 아주 기쁘고 즐거운 상태에서 학생들을 가르치는 교사가 되는 게 저의 소망이라고 해봅시다. 그럴 경우 이렇게 말 하는 것이 어떤 도움이 됩니까? "좋아, 그렇다면 나는 역사나 수학이나 철학 중 내가 어느 과목을 가르치기를 원하는지, 또는 고등학교나 중학교나 초등학교 중에서 어느 곳에서 가르치기를 원하는지 구체적으로 결정해야만 해."

아브라함 | 당신이 왜 교사가 되고 싶은지 그 이유에 관해서 구체적으로 생각해서 가령 이렇게 말했다면, "나는 내가 얻은 이 특정한 지식들을 가지고 다른 사람들을 고양시켜 기쁨을 얻게 하고 싶어." 그럴 때 당신이 느끼게 되는 기분 좋은 감정은 지금 자신이 하는 생

각이 창조에 도움이 되고 있다는 표식입니다. 하지만 만일 당신이 다음과 같은 생각을 하게 된다면, "하지만 나는 이 과목에 정통하지가 않아." 또는 "현행 학교제도는 학생들에게 전혀 자유를 주지 않아." 또는 "내가 학생이었을 때 얼마나 숨이 막혔었는지 기억이 나." 또는 "나는 좋아하는 선생님을 단 한 번도 만나질 못했어." 이런 생각들은 기분 좋게 느껴지지 않으며, 따라서 그와 같은 구체적인 생각들은 당신이 바라는 기쁘고 즐거운 창조를 방해하게 됩니다.

문제는 당신이 구체적이 돼야 하는지 아니면 포괄적이 돼야 하는지에 관한 것이 아닙니다. 중요한 것은 당신이 하는 생각의 방향입니다. 당신이 지금 추구하는 것은 기분 좋은 느낌을 주는 생각들입니다. 따라서 기분 좋게 느껴지는 생각들을 찾아내십시오. 보통 자신이 포괄적인 주제를 추구해가는 과정에서 더 빨리 그런 생각을 찾아내게 된다는 걸 알게 될 것입니다. 그래서 그처럼 기분 좋게 느끼는 상태에서, 이제 더욱 더 기분 좋게 느껴지는 구체적인 생각들을 조금씩 조금씩 그것에 덧붙여 나아가십시오. 그렇게 하면 당신은 매우 구체적으로 생각을 하면서도 동시에 기분 좋게 느끼는 것이 아주 쉬워질 것입니다. 이렇게 하는 것이야말로 최상의 창조 방법입니다.

제리 | 우리는 단지 최종 결과의 본질만을 상상하고 구체적인 세부사항들은 스스로 알아서 이루어지도록 놔두는 것이 좋습니까?

아브라함 | 그렇게 하는 게 좋은 방법입니다. 당신이 추구하는 행복한 최종 결과들을 향해서 빠르게 달려가십시오. 소망하는 것이 무

엇이건, 자신이 이미 그것을 성취했다고 상상하십시오. 그러면 그처럼 기분 좋게 느껴지는 상태로부터, 당신은 그러한 결과를 초래하게 만들어줄 구체적인 생각들, 사람들, 환경들, 사건들을 모두 끌어당기게 될 것입니다.

제리 | 최종 결과에 대해서는 얼마나 상세하게 상상해야 하나요?

아브라함 | 당신이 기분이 좋게 느껴지는 한, 가능하면 아주 상세하게 구체적으로 상상하십시오.

과거의 낡은 생각이나 믿음을 지워버릴 수 있습니까?

제리 | 지금 이 순간에 우리의 유쾌한 창조에 도움이 되지 않는 과거의 모든 경험들, 생각들, 믿음들을 어떤 식으로 지워 버릴 수가 있습니까?

아브라함 | 당신은 바라지 않았던 과거의 경험을 되돌아보고 있으면서, 그와 동시에 더 이상 그것에 대해 생각하지 않겠다고 말할 수 없습니다. 바로 그 순간에도 당신은 그것에 대해서 생각하고 있는 중이기 때문입니다. 하지만 당신은 다른 어떤 것에 대해서 생각을 할 수가 있습니다. 당신이 다른 어떤 것에 주의를 기울이고 있게 되면, 자신이 생각하고 있던 과거의 그 주제나 대상은 힘을 잃게 됩니다. 그러면 조만간 당신은 그것에 관해서는 더 이상 생각하지 않게

될 것입니다. 과거의 기억들을 지우기 위해 너무 힘들게 애쓰기 보다는 현재에 초점을 맞추십시오. 지금 당신이 원하는 것들에 대해서 생각을 하십시오.

어떻게 하면 하강 악순환을 되돌릴 수 있습니까?

제리 | 만일 자신에게 중요한 모든 것들이 무너져 내리는 것처럼 느껴지는 하강 악순환의 상태에 빠졌다는 걸 알게 됐을 경우, 어떻게 해야 그런 부정적인 흐름을 다시 상승의 선순환 쪽으로 되돌릴 수가 있습니까?

아브라함 | 대단히 좋은 질문입니다. 그와 같은 하강의 악순환 상태가 바로 끌어당김의 법칙이 작동하고 있는 상태입니다. 다시 말해서, 그것은 부정적인 하나의 조그만 생각에서 출발했습니다. 그 다음에 더 많은 생각들이 그 생각에게 끌려왔고, 더 많은 사람들이 끌려왔으며, 더 많은 대화가 거기에 가세하게 되었습니다. 그리고 마침내 그것은 당신의 말마따나 대단히 강력한 하강의 악순환 상태에까지 이르게 되었습니다. 그처럼 격렬한 상태에 빠져 있을 때 자신이 원하지 않는 그 현실로부터 생각을 거둬들이기 위해서는 아주 강한 존재가 될 필요가 있습니다. 즉, 당신의 발가락이 너무나 욱신거리고 있을 때 건강한 발을 생각하기란 무척 어려운 일입니다. 그처럼 극단적으로 부정적인 상황들에 놓이게 될 경우, 우리가 추천하는 방법은 자신의 생각을 바꾸려고 애쓰기보다는 관심을 다른 데로 돌

림으로써 주의를 전환시키라는 것입니다. 즉, 잠을 잔다거나, 영화를 본다거나, 음악을 듣는다거나, 또는 애완동물과 어울려 노는 것이죠. 생각을 다른 데로 돌릴 수 있는 다른 어떤 걸 하는 것입니다.

비록 당신이 그와 같은 하강 악순환 상태에 놓여있을 때조차도, 당신의 삶속에는 다른 이들보다 더 좋은 것들이 반드시 있습니다. 자신이 가지고 있는 것들 중에서 최상의 좋은 것들에 초점을 맞추게 되면, 비록 그것이 현재 삶에서 벌어지고 있는 일들 중에서 사소한 부분이라 할지라도, 끌어당김의 법칙은 바로 지금 당신에게 그러한 것들을 더 많이 가져다주게 됩니다. 당신은 오직 자신이 정말 원하는 것들의 방향으로 더욱 더 많이 자신의 생각들을 이끌어나가는 것에 의해서만, 그처럼 급격한 하강 악순환의 추세를 상향 선순환의 추세로 빠르게 바꿀 수가 있습니다.

같은 것을 놓고 두 사람이 경쟁할 경우

제리 | 경쟁적인 상황에서 한 사람이 트로피를 차지하게 되면 그것은 다른 사람이 트로피를 놓쳤다는 걸 의미합니다. 그럴 때 어떻게 각자가 자신들이 원하는 것을 얻을 수가 있나요?

아브라함 | 트로피가 무한히 많이 있다는 사실을 인정함으로써 그렇게 할 수 있습니다. 당신이 트로피가 단 하나뿐인 경쟁에 참가하게 될 경우, 당신은 오직 한 명만이 트로피를 손에 넣게 될 것임을

자동적으로 알 수밖에 없는 상황에 스스로를 몰아넣은 것입니다. 그런 상황에서는 가장 명확하면서, 가장 강한 소망을 갖고 있는 동시에, 승리에 대한 기대감도 가장 강한 사람이 그걸 얻게 될 것입니다.

경쟁은 자신의 소망을 자극시키기 때문에 당신에게 도움이 될 수도 있습니다. 하지만 성공을 한다는 자신의 믿음에 방해가 된다면 도움이 되지 않을 수도 있습니다. 경쟁 속에서 즐길 수 있는 방법을 찾아내십시오. 비록 당신이 그 경쟁에서 트로피를 획득해 집으로 가져오지 못한다 할지라도, 그러한 경쟁 자체가 당신에게 가져다주는 유익한 측면들을 찾아보십시오. 그래서 그 경쟁의 결과에 관계없이 당신이 기분 좋게 느낄 수 있을 때, 당신은 우리가 보기에 모든 것 중에서 가장 좋은 트로피를 획득하게 됩니다. 당신은 내면존재와의 연결을 획득하게 됩니다. 당신은 명료성을 획득하게 됩니다. 당신은 생명력을 손에 넣게 됩니다. 당신은 자신의 내면존재와 진동상의 일치를 이루게 됩니다. 그래서 그와 같은 긍정적인 태도 속에서 당신은 더 많은 트로피들을 집으로 가지고 갈 수 있게 될 것입니다.

이 무한한 우주에서는 자원들을 놓고 경쟁할 필요가 없습니다. 자원들은 무한하기 때문입니다. 어쩌면 당신은 그것을 받을 수 있는 권리를 자신에게서 박탈할 수도 있습니다. 그래서 자신의 삶에 뭔가 부족하거나 결핍된 것을 볼 수도 있습니다. 하지만 그것은 어디까지나 당신 스스로 그렇게 만든 것입니다.

상상할 수 있다면 구현될 수 있다

제리 | 우리가 원하는 것들 중에서 당신들이 생각하기에 비현실적이라고 여길만 한 것들이 있습니까?

아브라함 | 만약에 당신이 그걸 상상할 수 있다면 그것은 비현실적 인 것이 아닙니다. 만일 당신이 이 시공간현실로부터 어떤 소망을 창조할 수가 있었다면, 이 시공간현실은 그것을 실현시킬 수 있는 자원들을 가지고 있는 것입니다. 이제 당신이 할 필요가 있는 모든 것은 자신이 바라는 소망과 진동적으로 일치를 이루는 일입니다.

제리 | 그렇다면, 제가 어떤 식으로든 그것을 마음속에 그릴 수가 있었다면, 제 가 그것을 상상할 수 있었다는 걸 의미합니까?

아브라함 | 당신이 상상하고 있는 그림 속에 자신의 모습을 그려 넣 고 있는 중일 때, 당신은 그것을 창조할 수단을 제공하게 될 적절한 환경을 끌어당기고 있는 중입니다.

우주법칙은 나쁜 쪽으로도 쓰일 수 있습니까?

제리 | 이러한 창조의 법칙들을 사용해서 누군가는 악이라고 여기는 어떤 것들 도 창조할 수가 있습니까? 가령, 타인의 뜻을 거슬러서 생명을 빼앗는다든지 혹은

소유물을 빼앗는 것과 같은 일들 말입니다.

아브라함 | 비록 그들이 원하는 어떤 것을 당신이 원하지 않는다 할지라도, 그들은 자신이 원하는 걸 창조하는 게 가능하냐는 뜻입니까?

제리 | 예.

아브라함 | 그렇습니다. 그들이 무엇을 원하더라도…그들은 그것을 끌어당길 수가 있지요.

그룹으로 하는 공동 창조가 더 효과적입니까?

제리 | 사람들이 그룹을 이루어 함께하게 되면, 창조를 하는 힘이나 능력이 더 강화됩니까?

아브라함 | 창조를 할 때 여럿이 함께 하는 일의 장점은 당신들이 서로 서로 소망을 자극하고 강화시킬 수 있다는 것입니다. 반면에 불리한 점은 여럿이 함께 있기 때문에 오직 자신이 원하는 소망에만 주의를 집중시키고 있기가 더 어렵다는 점입니다. 개별적으로, 당신들 각자는 자신이 상상할 수 있는 어떤 것이든 창조할만한 충분한 힘을 보유하고 있습니다. 따라서 굳이 다른 사람들과 함께 모일 필요는 없습니다. 하지만 그게 더 재미있을 수는 있습니다!

타인이 내 성공을 원치 않을 때

제리 | 만일 우리가 원하는 것을 강력히 반대하는 사람들과 함께 있을 경우에도 효과적으로 창조하는 것이 가능합니까?

아브라함 | 당신이 오직 자신의 소망에만 집중함으로써 그들의 반대를 개의치 않을 수 있습니다. 하지만 만일 당신이 그들의 반대에 저항하거나 반발하게 된다면, 당신은 자신이 원하는 것에만 주의를 집중할 수 없을 것이고, 그로 인해 당신의 창조가 영향을 받게 됩니다. 당신이 자신의 소망에만 주의를 집중하고 있기 위해서는 반대자들에게 더 이상 신경 쓸 필요가 없는 곳으로 떠나는 것이 더 쉬울 것입니다. 하지만 자신에게 반대할 가능성이 있다고 해서 어떤 사람으로부터 떠날 필요성을 느낀다면, 당신은 이 도시를 떠나야 하고, 이 나라를 떠나야 하고, 종국에는 이 행성마저 떠날 필요성을 느끼게 될 것입니다. 당신의 생각에 전적으로 동의하지 않는 사람들은 언제나 있기 마련이니까요. 당신은 반대하는 사람들로부터 떠날 필요가 없습니다. 단지 자신이 바라는 것에만 주의를 집중하십시오. 그러면 당신 자신이 가진 명확성의 힘으로 인해 당신은 어떤 상황 속에서도 자신이 바라는 것을 창조할 수 있게 될 것입니다.

제리 | 당신들이 말하는 것은, 우리가 원하는 것을 생각하든 원치 않는 것을 생각하든, 우리가 그것에 감정이 동반되기만 하면, 우리가 생각하고 있는 모든 것들의 본질을 받게 된다는 것입니까?

아브라함 | 당신이 어떤 생각을 하면서 그 생각에 초점 맞춘 상태를 충분히 오래 유지 할 수 있다면, 끌어당김의 법칙이 계속해서 더 많은 생각들을 가져다주게 됩니다. 그래서 그 생각이 충분히 명확하고 뚜렷해지게 되면 당신은 그에 따르는 감정을 느끼게 됩니다. 당신이 일으키는 모든 생각들은 당신이 그 생각을 계속 유지하게 될 경우, 결국에는 당신의 삶속으로 그 생각과 본질이 같은 것을 끌어당기기에 충분할 만큼 강력해지게 될 것입니다.

성장을 위해 자신의 창조력을 활용하는 방법

제리 | 아브라함, 어떻게 하면 창조력의 추세momentum가 우리의 지속적인 성장에 보탬이 되는 방향으로 작용하게 만들 수 있습니까?

아브라함 | 당신이 그것에 대해 생각을 할 때 자신을 행복하게 해주는 작은 대상을 하나 찾아내십시오. 그런 다음, 끌어당김의 법칙이 그와 비슷한 것들을 더 많이, 더 많이, 또 더 많이 계속 가져다 줄 때까지 그것에만 초점을 집중하도록 하십시오. 자신이 바라는 것에 대해 더 많이 생각하면 할수록, 당신이 느끼는 기분 좋은 감정 또한 더욱 강해질 것입니다. 그래서 당신이 느끼는 기분 좋은 감정이 더욱 강해질수록, 당신은 지금 현재 자신이 바라는 것들에 대해 생각하고 있다는 사실을 더욱 쉽게 알아차리게 될 것입니다. 따라서 당신의 질문은, 당신이 의도적으로 그리고 의식적으로, 자신이 원하는 흐름

의 방향을 결정해 나가는 것에 달린 문제입니다. 예외 없이 모든 사람들은, 자신의 삶에 나타나는 모든 것들을 스스로 끌어당기고 있습니다. 하지만 당신이 의도적으로 자신이 하는 생각들의 방향을 선택함으로써, 좀 더 기분 좋게 느껴지는 생각들 쪽으로 자신의 주의를 부드럽게 이끌어가게 될 경우, 더 이상 당신은 스스로 원치 않는 것들을 아무 생각 없이 끌어당김으로써 무작위로 창조하는 삶을 살게되지 않을 것입니다. 당신이 강력한 끌어당김의 법칙을 의식적으로 자각하면서, 기분 좋게 느끼기 위해 의도적으로 자신의 소망과 감정에만 주의를 기울이겠다고 결심을 하게 된다면, 비로소 당신은 의식적인 창조에서 오는 기쁨을 체험하게 될 것입니다.

제3장

허용의 기술

세 번째 우주법칙

The
Art of
Allowing

자기 자신을 허용하지 않는 것이야말로
일반적으로 당신들이 타인을 허용하지 않게 되는 원인입니다.
보통 자신이 가진 어떤 특질을 가장 인정하지 않는 사람은,
타인에게서도 똑같은 특질에 주목을 하게 되며,
그것 역시 마찬가지로 인정하지 않습니다.
따라서 먼저 자신을 받아들이고, 인정하고, 감사하고, 허용하는 것이야말로
당신이 타인을 받아들이고, 인정하고, 감사하고, 허용하게 되는 첫 걸음입니다.
그것이 의미하는 것은 먼저 당신 자신 안에서
당신이 보길 원하는 것만을 보겠다고 의도하고 또 바라보라는 뜻입니다.
그리고 타인들 안에서도 역시 당신이 보길 원하는 것만을 보겠다고
의도하고 바라보라는 뜻입니다.

THE LAW OF

ATTRACTION

WELLBEING LOVE JOY SUCCESS HEALTH HAPPINESS WEALTH

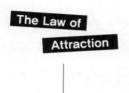
허용의 기술의 정의
The Art of Allowing

제리 | 아브라함, 다음 주제인 '허용의 기술'은 제가 새롭게 이해하게 된 지식들 중에서 가장 큰 충격으로 다가왔습니다. 저는 한 번도 당신들처럼 그토록 명확한 관점을 가지고 그것에 대해 생각해본 적이 없기 때문입니다. 이 법칙에 대해서 이야기해 주시겠습니까?

아브라함 | 우리는 이 '허용의 기술'에 있어서 자신의 역할이 무엇인지에 대한 기억을 당신이 되찾을 수 있도록 열심히 돕겠습니다. 당신이 이 법칙을 제대로 이해하고 의식적으로 이용하게 된다면 모든 것을 성취할 수 있게 되기 때문입니다. 다시 말해서, 끌어당김의 법칙은 당신이 그것이 존재한다는 사실을 알고 있든 모르고 있든 그저 존재합니다. 그 법칙은 언제나 당신에게 반응함으로써 정확한 결과를 가져다주고 있습니다. 그 결과는 언제나 당신이 생각하고 있는

것과 한 치의 오차도 없이 정확하게 일치합니다. 하지만 허용의 기술을 의도적으로 삶에 적용하기 위해서는 자신의 느낌을 의식적으로 알아차려서 그에 따라 자신이 하는 생각들의 방향을 선택하는 일이 필요합니다. 당신은 이 법칙을 이해해야만 무의식적인 창조 대신에 의식적인 창조를 할 수 있게 됩니다.

우리가 '끌어당김의 법칙'을 먼저 설명하고, 두 번째로 '의식적 창조과학'을 설명하고, 그 다음에 '허용의 기술'을 설명하는 이유는, 이 허용의 기술은 앞에 나온 두 가지의 법칙을 이해하기 전까지는 이해할 수가 없기 때문입니다.

우리가 말하는 허용의 기술은 이런 의미입니다.

"나는 나이다. 나는 그 사실이 기쁘고 즐겁다. 그리고 당신은 당신이며, 아마 당신은 나와 아주 다를 수도 있지만 그것 역시 괜찮은 것이다. 왜냐하면 당신과 나는 서로 크게 다를지도 모르지만 나는 내가 바라는 것에 초점을 맞출 수 있는 능력이 있기 때문이다. 나는 당신이 나와 다르다고 해서 기분 나쁜 감정으로 고통 받지 않는데, 나는 불편함이 느껴지는 대상에는 초점을 맞추지 않을 만큼 충분히 현명하기 때문이다. 내가 허용의 기술을 사용해가게 되면서, 나는 내가 '진실'이라고 믿고 있는 것을 모든 사람이 따르게 만들기 위해 이 물질세계로 온 것이 아니라는 걸 이해하게 되었다. 나는 모든 사람들을 서로 비슷하거나 같아지게 만들기 위해서 이곳에 온 것이 아니다. 왜냐하면 그런 '비슷함'이나 '같음'은 창조성을 자극시킬 다양성을 없어지게 만들 것이기 때문이다. 또한 '비슷함'을 가져오고자 하는 일은 창조를 지속시키는 것이 아니라 모든 것의 종말을 향하게 되는 일이기 때문이다."

따라서 '허용의 기술'은 모든 생명체의 지속적인 생존과 이 지구별은 물론 이 우주의 존속을 위해서 절대 필요한 것입니다. 그리고 그런 지속성은 근원의 광대한 관점으로부터 강력하게 지지를 받고 있습니다. 당신은 자신의 육체적인 관점에서 자신의 성장을 허용하지 않고 있을 수도 있지만, 그랬을 때 당신은 뭔가 잘못되고 있다는 것을 느끼게 됩니다. 또한 당신이 남을 허용하지 않을 때도 역시 당신은 잘못되고 있다는 것을 느끼게 됩니다.

당신이 괴롭게 느끼는 어떤 상황을 보면서 자신이 그 상황을 중지시키거나 변화시키기 위해 할 수 있는 일이 전혀 없다고 결정했다면, 당신은 지금 그 상황을 억지로 참아내며 묵인하고 있는 상태입니다. 그것은 우리가 말하는 허용하기와 크게 다른 것입니다. 허용하기는 당신이 자신의 내면존재와 연결을 유지한 상태에서 사물을 바라보는 어떤 방법을 발견하는 기술입니다. 허용하기는 당신이 이 시공간현실의 자료들을 선택적으로 걸러냄으로써 기분 좋게 느껴지는 것들에 초점 맞추는 일을 통해 성취됩니다. 그것은 자신의 생각 방향을 결정하는데 도움을 주고 있는 자신의 감정안내시스템을 활용하는 일에 대한 것입니다.

타인들의 생각으로부터 스스로를 보호해야 합니까?

제리 | '허용하기'와 관련해 처음 제가 이해하기 힘들었던 의문은 다음과 같은

것이었습니다. "우리는 자신과 다르게 생각하고 있는 타인들로부터 스스로를 어떻게 보호할 수가 있을까? 이를테면, 그들이 어떤 식으로든 우리의 영역을 침범할 수 있을 정도로 아주 많이 다르다면 어떻습니까?"

아브라함 | 좋습니다. 그것이 바로 우리가 당신에게 허용의 기술을 이해하고 받아들일 수 있으려면 먼저 '끌어당김의 법칙'과 '의식적 창조과학'을 이해해야만 한다고 말했던 이유입니다. 왜냐하면 당신이 만약 자신에게 오는 것들이 어떻게 해서 오게 되는지를 모른다면, 틀림없이 그것에 대해서 두려움을 갖게 될 것이기 때문입니다. 당신이 생각을 통해 타인들을 초대하지만 않으면 그들이 당신의 경험 속으로 나타날 수 없다는 사실을 이해하지 못한다면, 당신은 타인들이 하고 있는 일들에 대해서 걱정을 하게 될 것입니다. 하지만 당신이 생각을 통해서(감정이 동반된 생각과 함께 그것에 대한 큰 기대감을 통해서) 초대하지만 않으면 그 어떤 것도 자신의 경험 속으로 들어오지 못한다는 사실을 이해하고, 그러한 창조의 균형 상태를 실제로 달성하지만 않는다면 그것을 받게 되는 일은 없을 것입니다.

당신들이 이 강력한 우주적 법칙들을 이해하게 된다면, 장벽이나 바리케이드 또는 군대나 전쟁이나 감옥 같은 것들이 더 이상 필요하다고 느끼지 않게 될 것입니다. 왜냐하면, 당신은 자유롭게 자신만의 세계를 자신이 원하는 식으로 건설할 수가 있고, 또한 타인들은 그들의 선택에 따라 그들의 세계를 건설할 수 있다는 걸 알 것이기 때문입니다. 게다가 그들이 선택한 것들이 결코 당신에게 위협이 되지 않을 것입니다. 당신은 이러한 앎과 이해가 없이는 절대적인 자유를 누릴 수 없습니다.

이 물질세계에는 당신과 절대적으로 조화를 이루는 것들이 있으며, 또한 절대적으로 부조화를 이루는 것들도 있습니다. 그리고 그 중간에 해당되는 것들도 일부 있습니다. 하지만 당신은 마음에 들지 않는 것들을 없애버리고 마음에 드는 것만 남겨두기 위해 이곳에 온 것이 아닌데, 그런 것들은 지속적으로 변하고 있기 때문입니다. 당신이 이곳에 온 진정한 이유는, 매 순간마다, 매 시간마다마다, 매일마다, 매년 마다 자신이 원하는 것을 알아내 규정한 후 생각의 힘을 이용해 그것에 초점을 맞춤으로써, 끌어당김의 법칙의 강력한 힘이 그것을 자신에게 가져다주도록 허락하기 위해서입니다.

당신은 타인들의 행동에 대해 취약하지 않다

대다수의 사람들이 타인의 행동을 흔쾌히 허용하지 않는 이유는 그들이 끌어당김의 법칙을 이해하지 못하기 때문입니다. 그래서 바라지 않는 것들이 자신의 삶속으로 뛰어 들어오거나 스며들어올 수 있다고 부정확하게 믿고 있기 때문입니다. 자신이 원치 않는 경험을 하고 있거나 또는 타인들에게서 그런 모습을 보게 될 때, 스스로 그처럼 나쁜 경험을 일부러 선택하는 사람은 없을 것이라고 여겨지기에 그들이 느끼는 위협감은 훨씬 더 사실적이 됩니다. 만약 타인들이 그런 식으로 행동하는 것이 허용된다면 그들 자신의 경험 속으로도 뛰어 들어올 수 있다고 두려워하는 것입니다. 그들은 끌어당김의 법칙에 대한 이해의 부족으로 인해 스스로 취약함을 느끼는 것은 물론 방어적인 태도를 취하게 됩니다. 그래서 서로 간에 장벽을 쌓고 군대를 모집하지만 아무런 소용이 없습니다. 왜냐하면 자신이 원치 않는 것들을 밀어내려고 하면 할수록 단지 그와 같은 것들을 더 많이 만들어낼 뿐이기 때문 입니다.

우리는 세상의 온갖 대조되는 것들로부터 당신의 세계를 자유롭게 만들기 위해서 이러한 지식을 전하고 있는 게 아닙니다. 왜냐하면 당신이 없애버리고 싶어 하는 바로 그 대조되는 부분들이말로 존재전체All-That-Is : 근원의 영원한 확장을 가능하게 만들고 있기 때문입니다. 우리가 이런 지식을 전하는 이유는, 그런 어마어마한 다양성과 대조가 존재하는 한복판에서도 당신이 기쁘고 즐겁게 살아가는 것이 가능하다는 사실을 우리가 알고 있기 때문입니다. 우리가 전하는 이러한 지식들은, 오직 우주 법칙들을 이해하고 실제로 삶에 적용하기 시작할 때라야 얻을 수 있는 개인적인 자유를 스스로 발견할 수 있도록 당신을 돕기 위해 제공하는 것입니다.

당신은 처음에 나오는 두 가지 법칙들을 이해하고 적용할 수 있게 될 경우에만 허용의 기술을 이해하고 실제로 자신의 삶에 적용해나갈 수 있게 됩니다. 타인들의 행동이나 말들이 자신에게 영향을 끼칠 수 없다는 사실을 알게 된 뒤에야 비로소 당신은 타인들을 기꺼이 허용할 수가 있기 때문입니다. 본능적으로 당신은 자신의 정체성을 보존하기를 원할 뿐더러 그에 따라 존재의 핵심으로부터 나오는 느낌도 강하기 때문에, 당신이 위협을 느끼는 누군가를 허용할 수도 없고 허용하지도 않을 것입니다.

우리가 지금 알려드리고 있는 이 법칙들은 영원한 것들인데, 그 말은 그것들이 언제까지나 영원히 존재한다는 뜻입니다. 또한 이 법칙들은 우주적인 것인데, 그 말은 그것들이 온 우주에 걸쳐 어디에나 존재한다는 뜻입니다. 당신이 그 법칙들을 알든 모르든 그것들은 절대적이며, 또한 당신이 그 법칙들을 받아들이든 거부하든 그 법칙들은 존재합니다. 뿐만 아니라 그 법칙들은 당신이 그걸 인식하든 인식하지 못하든 언제나 당신의 삶에 영향을 미치고 있습니다.

인생게임의 규칙들

우리가 쓰는 법칙Law이라는 단어는 지구상에서 많은 사람들이 '법칙'이나 '법률'이라고 합의한 용어를 지칭하는 것이 아닙니다. 당신들은 중력의 법칙, 시간과 공간의 법칙, 그리고 그 밖에도 수많은 법칙과 법률들을 가지고 있습니다. 심지어 교통을 통제하기 위한 법률도 있고 시민들의 행동을 통제하기 위한 법률도 가지고 있습니다. 하지만 우리가 사용하는 법칙이라는 용어는 언제나 현존하며 영원히 작용하고 있는 우주 보편의 법칙들을 의미하는 것입니다. 그리고 그것들은 당신들이 생각하는 것만큼 그다지 많지가 않습니다. 당신이 알 필요가 있는 기본적인 우주법칙들은 세 가지입니다. 그것은 '끌어당김의 법칙'과 '의식적 창조의 법칙'과 '허용의 법칙'을 말합니다.

이러한 세 가지 기본적인 법칙들을 이해하고 자신의 삶에 적용하게 된다면, 당신은 우주가 어떻게 기능하며 돌아가고 있는지를 알게 될 것입니다. 당신은 자신의 경험 속에 나타나는 모든 것들이 어떻게 나타나게 되었는지를 이해하게 될 것입니다. 당신은 자신이 바로 그 모든 것들을 끌어당기는 존재이며, 창조하는 존재이며, 초대하는 존재라는 사실을 인정하게 될 것입니다. 또한 그럴 때 당신은 삶에서 자신이 하는 체험들에 대해 진정 의도적이고 의식적인 통제력을 갖게 될 것입니다. 그리고 무엇보다도 당신은 오직 그때, 오로지 그때에만 비로소 그 모든 것들 속에서 자유로움을 느끼게 될 것입니다. 자유는 자신이 얻고 있는 것을 어떻게 얻게 되는지를 이해할 때라야 오게 되기 때문이지요.

이제 우리는 물질적인 삶의 체험이라는 '인생게임'의 규칙들을 명확히 설명하고자 합니다. 우리는 이 일에 무척 열정을 느끼는데, 이 규칙들은 물질적 삶 체험이건 비물질적 삶 체험이건 관계없이 모든 삶 체험들에 동일하게 적용되는 게임의 규칙이기 때문입니다.

우주에서 가장 강력한 법칙은 끌어당김의 법칙입니다. 간단히 말해서 '비슷한 것끼리 서로 끌어당긴다'는 것이지요. 당신은 아마 눈치챘던 적이 있을 것입니다. 자신의 삶속에 나쁜 일이 일어나기 시작하면 모든 일들이 잘못되기 시작하는 것처럼 보인다는 걸 말이죠. 하지만 당신이 아침에 기분 좋은 상태에서 눈을 떴을 경우엔 하루를 행복하게 보냈을 것입니다. 반면에 당신이 누군가와 다투면서 하루를 시작하게 되면 그날은 온종일 다방면에 걸쳐 부정적인 일이 일어나는 걸 발견하게 되는데, 그럴 경우에 당신은 끌어당김의 법칙을 인식하게 된 것입니다. 가장 명백한 것에서부터 가장 미묘한 것에 이르기까지, 실로 당신이 경험하고 있는 모든 것들은 강력한 이 법칙의 영향을 받고 있습니다. 자신을 기쁘고 즐겁게 해주는 어떤 것에 대해 생각하게 되면, 끌어당김의 법칙에 의해서 그와 비슷한 다른 생각들이 모여들기 시작할 것입니다. 반면 자신을 불쾌하게 만드는 어떤 것에 대해 생각하게 되면, 끌어당김의 법칙에 의해서 그와 유사한 다른 생각들이 모여들기 시작할 것이고, 그러면 당신은 과거에 가졌었던 유사한 생각들까지 찾아내게 될 것입니다. 마침내 당신은 다른 이들과 그것에 대해 이야기를 나눔으로써 계속해서 커져만 가는 그 생각에 둘러싸여있는 자신을 발견하게 될 것입니다. 그리고 그 생각이 점점 더 커져감에 따라 추진력을 갖게 됩니다. 말하자면, 그 생각은 힘을 얻고 있는 것입니다. 강력한 끌어당김의 힘을 말이죠.

이 법칙을 제대로 이해하게 될 때, 비로소 당신은 오직 자신의 경험 속으로 끌어당기길 원하는 것들의 방향으로만 생각을 집중해야겠다고 결심을 하게 될 것입니다. 그와 동시에 자신의 삶속으로 끌어당기길 원하지 않는 것들에 대한 생각으로부터는 주의를 거두어들이겠다고 결심을 하게 될 것입니다.

자, 의식적 창조의 법칙은 이런 식으로 표현할 수 있습니다. "내가 생각하고 있는 대상은 나에게 끌려오기 시작한다. 내가 강한 감정을 동반한 상태에서 생각하고 있는 대상은 더 빨리 나에게 끌려온다. 그리고 일단 내가 감정을 불러일으키는 생각을 함으로써 그것을 강력하게 출발시키고 나서, 그것을 갖게 될 것이라고 기대하게 되면, 실제로 나는 그것을 얻게 된다."

의식적 창조는 두 부분에 있어서의 소위 균형 맞추기입니다. 한쪽에는 생각이 있고, 다른 한 쪽에는 기대나 믿음, 또는 허용하기가 있습니다. 따라서 당신이 어떤 것에 대한 생각을 했고, 또한 그것이 일어나게 될 것이라고 기대하고 있거나 믿고 있다면, 당신은 지금 그 생각의 대상을 실제로 받을 수 있는 완벽한 자리에 서 있는 것입니다. 그것이 바로, 자신이 원하는 것이든 원치 않는 것이든 관계없이 당신이 생각하는 것을 삶에서 얻게 되는 이유입니다. 당신이 하는 생각들은 강력한 힘을 지닌 자석들입니다. 그래서 하나의 생각이 다른 생각을 끌어당깁니다. 생각들은 서로서로 끌어당기는데, 당신은 하나의 생각에 주의를 기울임으로써 그것과 비슷한 다른 생각들을 끌어당깁니다.

일반적으로 당신이 타인들의 경험을 관찰하게 되면 이러한 법칙들이 작동하고 있다는 것을 더 쉽게 알 수 있습니다. 당신은 주로 부와 번영에 대해 이야기하는 사람들이 더 부유해지는 것을 보게 될 것입니다. 주로 건강에 대해 이야기하는 사람들이 건강해지고, 주로 질병에 대해 이야기하는 사람들이 병에 걸리며, 주로 가난에 대해 떠들어대는 사람들이 가난해지게 되는 것을 보게 될 것입니다. 그것은 법칙입니다. 다른 길이 있을 수 없습니다.

당신이 느끼는 방식에 의해 당신의 '끌어당김 자력'의 방향이 결정됩니다. 당신 자신을 언제나 자신이 느끼는 방식대로 더욱 더 많이 끌어당기고 있는 일종의 자석이라고 생각할 때, 당신은 '끌어당김의 법칙'을 가장 잘 이해하고 있는 것입니다. 당신이 외롭다고 느낄 때, 당신은 더 많은 외로움을 끌어당깁니다. 당신이 가난하다고 느낄 때, 당신은 더 많은 빈곤을 끌어당깁니다. 당신이 병들었다고 느낄 때, 당신은 더 많은 질병을 끌어당깁니다. 당신이 불행하다고 느낄 때, 당신은 더 많은 불행을 끌어당깁니다. 당신이 스스로를 건강하고, 생기가 넘치고, 활력 있고, 풍요롭다고 느낄 때, 그럴 때 당신은 그와 같은 것들을 더 많이 끌어당기게 됩니다.

진정한 앎은 삶의 체험에서 온다

우리 아브라함은 교사들입니다. 그리고 우리는 이러한 가르침을 전하는 경험들을 해오면서 다음과 같은 가장 중요한 사실을 배웠습니다. 즉, "말은 가르침을 주지 못합니다. 앎을 가져다주는 것은 삶을 통한 경험입니다." 따라서 우리가 당신에게 권하고 싶은 것은, 당신이 이전에 겪었던 경험들을 통해 현재 자신의 삶을 되비추어 보라는 것입니다. 또한 이 시점 이후로는 이 책에서 읽은 말들과 당신이 삶에서 실제로 하는 경험들 간의 완벽한 상관관계를 살펴보기 시작하라고 권합니다. 그래서 당신이 생각해오고 있는 것들을 삶에서 실제로 얻어오고 있다는 사실을 알아차리기 시작하게 될 때, 오직 그때가 돼야 당신은 자신이 하는 생각들에 주의를 기울여야겠다는(실제로는, 의도적으로 통제해야겠다는) 결심을 하게 될 것입니다.

당신이 그렇게 하겠다고 결정을 하게 되면 자신의 생각들을 통제하는 일은 더욱 쉬워질 것입니다. 당신이 바라지 않는 것들에 대해서 생각을 하는 주요한 이유는 그것이 얼마나 자신의 경험에 해로운지 모르기 때문입니다. 자신이 바라지 않는 것들에 대해 생각을 하면 그처럼 바라지 않는 것들만을 더욱 더 끌어당기게 된다는 사실을 인식하게 되면, 당신이 하는 생각들을 통제하는 것은 그리 어렵지 않게 될 것입니다. 그렇게 함으로써 부정적이고 나쁜 경험들은 하지 않고 긍정적이고 좋은 경험들만 하겠다는 소망이 아주 강렬해질 것이기 때문입니다.

생각을 감시하는 대신 감정을 느껴보라

생각을 감시한다는 것은 결코 하기 쉬운 일이 아닙니다. 당신이 생각을 감시하고 있는 동안에는 다른 것들을 생각해볼 시간이 없기 때문입니다. 따라서 생각을 감시하는 대신에 우리는 보다 효과적인 대안을 제시하고자 합니다. 당신이 육체를 가진 존재로서 이곳에서 살아가고 있는 동안에도, 당신의 또 다른 일부가 동시에 존재하고 있습니다. 그 존재는 보다 더 광대하고 지혜로울 뿐만 아니라 확실히 더 오래된 당신의 분신이라고 할 수 있는데, 우리는 그 존재를 당신의 내면존재Inner Being라고 부릅니다. 그 분신은 매순간 당신과 교신을 하고 있는데, 그 사실을 이해하고 있는 사람들은 극히 드뭅니다. 그러한 교신은 아주 다양한 형태로 이루어지고 있습니다. 아주 분명하면서도 생생한 생각의 형태로 올 수도 있고, 때로는 귀에 들리는 말의 형태로도 올 수 있습니다. 그러나 모든 경우에 있어 그 교신은 감정의 형태로 오게 됩니다.

이미 당신은 이곳에 오기 전에 내면존재와 교신을 하겠다고 서로 합의를 했습니다. 그리고 그것은 감정의 형태가 될 것이라는 사실에 대해서도 동의를 했습니다. 왜냐하면 그것이 어떤 생각의 자극이나 말의 형태가 될 경우엔 잘못 이해될 수도 있고 놓치게 될 수도 있지만, 느낌으로 전해지는 감정의 경우에는 그럴 가능성이 없기 때문입니다. 당신이 개인적인 어떤 생각을 하고 있을 때는 그와 동일한 순간에 전해지는 다른 생각을 받지 못할 수도 있으니까요. 당신이 깊은 생각에 잠겨 있을 때는 한 방에 있는 다른 사람이 무슨 말을 해도 알아듣지 못하게 되는 경우와 마찬가지입니다. 따라서 감정을 통한 느낌이라는 방식은 교신을 하는 아주 좋은 방법입니다.

감정들은 두 가지로 나눌 수 있습니다. 하나는 기분 좋게 느껴지는 것들이고 다른 하나는 기분 나쁘게 느껴지는 것들입니다. 그리고 합의되었던 사항은, 당신이 생각이나 말이나 행동을 하고 있을 때 그것이 자신이 바라는 것들과 조화롭게 일치할 경우에는 '내면존재'가 기분 좋은 감정을 제공한다는 것입니다. 반면에 당신이 자신의 의도들과 조화를 이루지 않는 방향에서 생각이나 말이나 행동을 할 경우엔 기분 나쁜 감정을 제공하겠다는 것이었습니다. 따라서 당신은 자신이 하는 생각들을 모니터하거나 감시할 필요가 없습니다. 단순하게 자신이 느끼는 기분이나 감정에 민감해 지십시오. 그래서 언제 어느 때건 기분 나쁜 감정을 느끼고 있을 때는, 그러한 느낌의 순간 속에서 잘못된 방향으로 창조하고 있는 중이라는 사실을 아십시오. 당신이 그처럼 부정적인 감정을 느끼는 순간에는 자신이 바라지 않는 어떤 것에 대해서 생각하고 있는 상태입니다. 그로 인해서 당신은 지금 그것과 본질이 같은 것들을 자신의 삶속으로 끌어당기고 있는 중입니다. 창조라는 것은 '끌어당김'의 과정입니다. 당신이 어떤 생각을 하고 있을 때마다 당신은 그 생각의 대상을 끌어당기게 됩니다.

묵인하기는 허용하기가 아니다

따라서 '허용의 기술'이라는 이 장은 당신에게 다음과 같은 진실을 이해시키기 위해서 마련되었습니다. 그것은 바로, 당신에게 위협이 되거나 위험하게 만드는 그 어떤 존재도 없다는 것입니다. 왜냐하면 당신은 자신이 하는 경험의 통제자이기 때문입니다. '허용의 기술'이 말하는 것은 이런 의미입니다. "나는 나인 그것이며, 나는 다른 모든 사람들이 그들 자신인 그것이 될 수 있도록 기꺼이 허용하겠다."

이 법칙은 당신을 절대적인 자유로 이끌어 줄 것입니다. 당신이 원하지 않는 온갖 체험들로부터 완전히 자유롭고, 또한 당신이 찬성하지 않는 경험들로 인한 온갖 부정적인 반응들로부터도 완전히 자유로워지는 길을 당신에게 안내해줄 것입니다.

당신이 허용하는 존재가 되는 게 좋다고 우리가 말할 때, 많은 사람들이 그 말의 의미를 잘못 이해하고는 합니다. 그들은 우리가 말하는 허용하기allowing를 억지로 참아내며 묵인하는tolerate 것과 같은 것으로 생각하기 때문입니다. '묵인하기'가 뜻하는 것은 다음과 같습니다. 자, 지금 현재 당신은 스스로 적절하다고 생각하는 방식으로 존재하고 있습니다. 그리고 당신은 다른 모든 사람들도 그들이 원하는 방식으로 존재하도록 허락하고 있습니다. 비록 당신이 그걸 좋아하지 않는다 할지라도 말이죠. 하지만 당신은 현재 기분 나쁜 감정을 느끼거나, 또는 그들에 대해서 유감스럽게 느끼거나, 심지어는 걱정이나 두려움이 느껴질지도 모릅니다. 그럼에도 불구하고 당신은 그들을 그냥 내버려둡니다. 하지만 당신은 지금 마지못해 묵인하면서 그 상황을 억지로 참아내고 있는 상태입니다.

당신이 억지로 묵인하고 있을 때는 허용하고 있는 상태가 아닙니다. 그것들은 서로 아주 다릅니다. 마지못해 묵인을 하고 있을 때는 기분 나쁜 감정을 느낍니다. 하지만 기꺼이 허용을 하고 있을 때는 기분 나쁜 감정을 느끼지 않습니다. 그것은 엄청나게 다른 것인데, 부정적인 감정이 없는 상태가 바로 자유를 뜻하기 때문입니다. 당신이 부정적인 감정을 느끼고 있을 때는 자유를 체험할 수가 없습니다.

어쩌면 '묵인하기'는 타인들을 이롭게 해주는 일처럼 보일 수도 있습니다. 그들이 하고 싶어 하는 것을 당신이 방해하지 않고 있으니까요. 하지만 그것은 당신에게는 전혀 이롭지가 않은데, 당신이 억지로 참아내며 묵인하고 있는 동안에는 부정적인 감정을 느끼기 때문입니다. 그로 인해, 여전히 당신은 부정적인 끌어당김의 과정 속에 있게 됩니다. 일단 당신이 기꺼이 '허용하는 존재allower'가 되면, 더 이상 자신이 원하지 않는 것들을 체험 속으로 끌어당기지 않게 됩니다. 그리고 절대적인 자유와 온전한 기쁨을 체험하게 될 것입니다.

해결책을 주시하기 vs 문제를 관찰하기

많은 사람들이 이렇게 질문할지도 모릅니다. "아브라함, 지금 당신이 하는 말은 내가 모래 속에다 머리를 파묻어야만 한다는 뜻입니까? 지금 현재 문제나 어려움을 겪고 있는 사람을 쳐다보지 말아야 한다는 건가요? 내가 그들에게 도움이 될 수 있는 기회조차 찾아보지 말라는 말인가요?" 그러면 우리는, 만일 당신이 그들에게 도움을 주고 싶다면, 문제를 보지 말고 **해결책을 보라**고 말합니다. 그것들은 크게 다릅니다. 당신이 해결책을 찾아보고 있을 때는 기분 좋은 감정을 느낄 것입니다. 하지만 문제점을 바라보고 있을 때는 기분 나쁜 감정을 느낄 것입니다.

당신은 그들이 되고 싶어 하는 모습을 바라본다든가, 또는 그들이 갖고 싶어 하는 것에 대해 말을 통해 고무하고 격려함으로써 그들에게 커다란 도움을 줄 수가 있습니다. 하지만 당신이 아주 불운하거나 무척 가난하거나 심하게 아파 보이는 누군가를 보게 돼서, 그 사람이 정말 원치 않는 그러한 것에 대해 동정과 연민 속에서 그 사람과 이야기를 나누게 된다면, 그로 인해서 당신은 부정적인 감정을 느끼게 될 것입니다. 당신은 그런 상황을 더 악화시키고 있는 중이기 때문입니다. 누군가가 정말 원하지 않는 어떤 것을 당신이 알고 있는데 그것에 관해 그 사람과 이야기를 나누고 있다면, 당신은 그 사람이 잘못된 창조를 하도록 거들고 있는 것입니다. 원하지 않는 것을 끌어당기고 있는 그 사람의 진동을 당신이 증폭시키게 되기 때문입니다.

만일 당신이 병중에 있는 친구나 동료를 보게 되었다면, 그들이 건강하게 완쾌된 모습을 상상하고자 노력하십시오. 그의 병에 초점을 맞출 땐 기분이 나빠지지만 그가 회복된 모습에 초점을 맞추면 기분이 좋아진다는 사실을 알아차리십시오. 그들의 건강한 상태에 초점을 맞추면 당신은 자신의 내면존재와 연결되도록 스스로를 허용하게 됩니다. 물론 당신의 내면존재 또한 그들의 건강한 모습을 바라보고 있습니다. 그럴 때 당신은 친구나 동료의 건강이 회복될 수 있도록 영향을 끼칠 수가 있습니다. 내면존재와 연결된 상태에서 당신이 갖는 영향력은 엄청나게 큽니다. 물론 여전히 당신의 친구나 동료는 건강한 상태보다는 병에 더 초점을 맞추는 선택을 할 수도 있고, 그로 인해 계속 병을 앓게 될지도 모릅니다. 병중에 있는 친구에 대한 생각으로 인해 부정적인 감정을 느낌으로써 당신이 부정적으로 영향을 받고 있는 상태를 방치하게 된다면, 이제 당신은 원하는 것들을 창조하는 자신의 영향력보다도 원치 않는 것들을 창조하도록 만드는 그들로부터의 영향력을 더욱 강하게 받는 상태에 놓이게 됩니다.

타인을 고양시키는 웰빙의 본보기가 되십시오

당신은 슬픔에 찬 말들을 통해서는 타인을 고양시킬 수 없습니다. 다른 이들이 현재 원하는 것을 가지고 있지 않다는 사실에 대한 당신의 인식을 통해서는 그들을 고양시킬 수가 없습니다. 당신은 자신이 뭔가 크게 달라진 모습을 보여주는 것을 통해서 그들을 고양시킬 수 있습니다. 당신은 힘이 있고 명쾌한 존재의 본보기가 됨으로써 그들을 고양시킬 수 있습니다. 당신이 건강한 상태로 살아갈 때, 건강에 대한 그들의 바람과 소망을 자극시킬 수 있습니다. 당신이 번영하고 성공적으로 살아갈 때, 번영과 성공을 바라는 그들의 소망을 자극시킬 수가 있습니다. 당신 스스로 모범적인 본보기가 됨으로써 타인들을 고양시키는 존재가 되십시오. 지금 당신의 가슴 속에 있는 것이 그들을 고양시키게 하는 존재가 되십시오. 자신의 생각이 스스로 기분 좋게 느껴질 때에만 당신은 다른 이들을 고양시킬 것입니다. 반면에 자신을 기분 나쁘게 만드는 생각을 하고 있을 경우, 당신은 다른 사람들의 사기를 저하시키거나 혹은 그들의 부정적인 창조를 거들게 될 것입니다. 그게 바로 당신이 현재 타인들을 고양시키고 있는 상태인지 그렇지 않은 상태인지를 알 수 있는 방법입니다.

다른 사람들이 그들 자신을 허용하고 있지 않는 상태임에도 불구하고 당신이 그들을 기꺼이 허용하고 있을 때, 당신은 자신이 허용의 상태를 성취했다는 사실을 알게 될 것입니다. 비록 다른 사람들이 지금 당신의 모습을 있는 그대로 인정해주지 않는다 할지라도, 여전히 당신이 자기 자신으로 존재할 수 있을 때, 그럴 때 당신은 자신이 '허용'의 상태를 달성했음을 알게 될 것입니다. 타인들이 인정하지 않더라도 당신은 여전히 자기 자신으로 존재하면서 자신에 대해 그들이 어떻게 생각하든 기분 나쁜 감정을 느끼지 않을 때, 당신은 허용의 상태를 성취한 것입니다. 당신이 이 세상을 두루 바라보면서 언제나 항상 기쁨을 느낄 수 있다면, 실로 당신은 허용하는 존재Allower입니다. 어떤 체험들이 자신에게 기쁨을 주고 또 어떤 체험들이 기쁨을 주지 않는지 스스로 알 수 있게 되고, 그래서 오로지 자신에게 기쁨을 주는 체험들에만 참여할 수 있는 훈련이 되어 있을 때, 비로소 당신은 허용하기Allowing를 달성해내게 될 것입니다.

'바람'과 '필요' 사이의 미묘한 차이

긍정적인 감정과 부정적인 감정 간의 차이가 이따금 아주 미묘할 수가 있듯이, 바람wanting과 필요needing를 구별하는 것 역시 아주 미묘할 수가 있습니다.

당신이 바라는 것에 주의를 집중하고 있을 경우에 내면존재는 기분 좋은 감정을 제공해줍니다. 반면에 당신이 필요로 하는 것에 주의를 집중하고 있을 때는 내면존재가 기분 나쁜 감정을 제공해주는데, 그것은 당신이 바라는 것에 초점을 맞추지 않고 있기 때문입니다. 당신의 초점은 자신이 바라는 것의 결핍에 맞춰져 있으며, 내면존재는 지금 당신이 생각하고 있는 바로 그것을 당신이 현재 끌어당기고 있다는 사실을 압니다. 당신이 정말로 원하는 것은 소망하는 바람의 대상이지 그것의 결핍이 아니라는 사실을 내면존재는 잘 알고 있기에, 그 차이를 당신이 알아차릴 수 있도록 감정을 통해서 안내해주고 있는 중입니다.

당신이 '해결책'에 초점을 맞추면 기분 좋은 감정을 느끼게 되고, '문제'에 초점을 맞추면 기분 나쁜 감정을 느끼게 됩니다. 그리고 그 차이가 아주 미미할지라도 그것을 구별하는 일은 대단히 중요합니다. 왜냐하면 당신이 기분 좋은 감정을 느끼고 있을 때, 자신이 원하는 것들을 삶속으로 끌어당기고 있기 때문입니다. 당신이 기분 나쁜 감정을 느끼고 있을 때, 당신은 자신의 삶속으로 원하지 않는 것들을 끌어당기고 있습니다.

의식적이고 의도적인 유쾌한 창조자 되기

따라서 허용하는 존재Allower라 함은, '의식적 창조'의 법칙을 배우고 익혔기에 잘못된 방향으로 창조하고 있지 않은 상태에 도달한 사람이라고 말할 수 있습니다. 그런 사람은 의식적이고 의도적으로 기쁘고 즐겁게 창조를 합니다. 당신도 알듯이 만족감은 오직 한 곳으로부터 옵니다. 만족감은 자신이 뭔가를 바라고, 그것을 허용함으로써, 실제로 그것을 받게 될 때만 느끼게 되는 것입니다. 따라서 당신이 이 육체적 삶을 경험해 나갈 때, 자신이 하는 생각을 자신이 바라는 것들에 대해서만 견지하면서, 강력한 끌어당김의 법칙이 자신을 위해 일하도록 위임을 하게 되면, 이 법칙에 따라 자신과 가장 조화를 이루는 환경들과 사건들 그리고 자신과 잘 어울리는 사람들이 점점 더 많이 당신의 삶속으로 들어오는 것을 체험하게 될 것입니다. 그때 당신은 자신의 삶이 끊임없이 기쁨과 자유를 향해서 상승해가는 것을 발견하게 될 것입니다.

나는 허용의 기술을 실천하고 있다

제리 | 정말 궁금한 질문이 있습니다. 저에게는 이 '허용의 기술'이 그 모든 것들 중에서도 가장 흥분되는 주제입니다. 왜 그럴까요?

아브라함 | 당신은 '허용하기'를 가르치기 위해 이 삶에 오게 된 것입니다. 하지만 당신이 가르칠 수 있기에 앞서서 반드시 알아야할 것이 있습니다. 보통 허용하기라는 이 주제는 다음과 같은 의문의 연장선상에서 나오게 됩니다. "지금 어떤 사람이 내가 좋아하지 않는 일을 하고 있는데, 내가 어떻게 하면 그들이 좋아하는 일을 하는 대신 내가 좋아하는 일을 하도록 만들 수 있을까?" 그때 당신이 알아야만 하는 건 이런 것입니다. "모든 사람이 똑같은 것을 하도록 세상에 강요하려 애쓰거나, 혹은 내가 좋아하는 것들을 하도록 세상에 강요하려 애쓰는 것보다 훨씬 더 멋진 계획이 있다. 그것은 바로 모든 사람들 각자에게는 자신이 원하는 건 무엇이건 가질 수 있고, 할 수 있고, 될 수 있는 권리가 있다는 사실을 기꺼이 받아들이는 것이다. 그리고 나는 내가 가진 생각의 힘을 통해서 오직 나 자신과 조화를 이루는 것들만을 끌어당기기로 결정하는 것이다."

옳고 그른 것을 구별하는 방법

제리 | 저는 당신들을 만나기 전까지는 '허용의 법칙'에 대해 알지 못했습니다.

그래서 제가 옳고 그름을 판단했던 방법은 이렇습니다. 제가 어떤 특정한 행동을 취해야겠다는 생각이 들었을 경우, 만일 모든 사람들이 그렇게 행동한다면 세상이 더 좋아질 것인지에 대해서 상상해보고는 했습니다. 그래서 그렇게 했을 때 이 세상이 정말 기쁨에 넘치는 평온한 장소가 될 것 같다는 생각이 들면 그 행동을 실행했습니다. 하지만 만일 모든 사람들이 그렇게 했을 때 이 세상이 나조차도 살고 싶지 않은 장소가 될 것 같은 생각이 들면 그 행동을 실행에 옮기는 걸 단념했습니다.

한 가지 예를 들어 보겠습니다. 저는 송어 낚시를 좋아했었는데, 처음엔 저도 다른 사람들이 하고 있는 것과 마찬가지 방식으로 낚시를 했습니다. 말하자면, 제가 잡을 수 있는 한은 최대한 많이 고기를 잡았었지요. 그러다가 문득 제 행동의 옳고 그름에 대해서 약간 불편한 느낌을 갖게 되었습니다. 그래서 한 번 상상을 해봤습니다. "만약에 온 세상 사람들이 전부 이렇게 한다면 과연 어떻게 될까?" 그렇게 추측해본 결과 제가 깨닫게 된 것은, 만일 모두가 나처럼 고기를 잡는다면 강물에 사는 물고기는 씨가 마를 것이고, 이제껏 내가 송어 낚시를 하면서 누렸던 즐거움을 다른 이들이 누리지 못하게 되리라는 것이었습니다. 그래서 저는 앞으로 물고기를 한 마리도 죽이지 않겠다는 새로운 결정을 내렸습니다. 그날 이후로는 민낚시만을 즐기면서 잡았던 고기들도 다시 놓아주고는 했습니다. 가끔 누군가가 요청했을 경우에 한해서만 잡은 고기를 가지고 갔습니다.

아브라함 | 멋지군요. 자, 우리가 누군가에게 줄 수 있는 가장 가치 있는 일은 자기 자신이 하나의 본보기가 되는 것입니다. 우리의 말들은 그 사례에 덧붙여질 수 있습니다. 우리의 생각들과 행동들 역시 그러한 본보기로 제공될 수가 있는 것이지요. 하지만 이 세상을 좀 더 나은 곳으로 만들고 싶다는 우리의 바람을 이루는데 있어서 우

리에게 열쇠가 되는 것은, 어느 시점에서든 우리가 되고자 하는 것을 좀 더 명확하게 결정을 하는 일입니다. 그러면 그대로 됩니다.

당신이 예로 들었던 그와 같은 행동들은 지금 우리가 가르치고 있는 내용들과 조화를 이룹니다. 그때 당신은 스스로 원하는 것에 대해 명확히 결정을 내렸고, 그래서 내면존재는 당신이 하고자 하는 것이 당신의 의도에 맞는 적절한 행동인지에 대해서 감정을 통해 도움을 주었습니다. 다시 말해서, 일단 당신이 이 세상을 더 나은 곳으로 만들고 싶다는 결정을 내렸고 이에 어울리지 않는 행위를 원치 않았기에, 그러한 의도와 조화를 이루지 않는 행동들은 어떤 것이 됐든 당신에게 불편하게 느껴졌던 것입니다.

당신은 이 세상 모든 사람들이 당신이 하려고 생각한 행동을 실제로 하고 있다는 상상을 함으로 해서, 이 세상을 더 나은 곳으로 만들고자 하는 당신의 소망을 증폭시켰습니다. 그래서 당신의 내면으로부터 증폭된 안내 신호를 끌어냈던 것이지요. 그것은 일이 일어나게 하는 하나의 좋은 방법입니다. 무엇보다 당신은 그들 모두가 실제로 그렇게 하도록 만들고자 애쓰지 않았으며, 단지 그렇게 하고 있다고 추측해보는 아이디어를 사용함으로써, 그 행동을 실행에 옮기는 것이 자신에게 좋은 것인지 아닌지에 관해서 스스로 명확해지게 만들었던 것입니다. 그리고 그것은 멋진 방안이었습니다.

다른 사람들의 옳지 못한 행동을 볼 경우

제리 | 그것은 제게 효과가 있었고, 그래서 낚시를 즐기던 날들은 아주 큰 기쁨으로 다가오는 나날들이었습니다. 하지만 다른 사람들이 단지 재미라든가 혹은 다른 이유로 물고기들을 마구 죽이거나 포획하는 것을 보게 될 때마다, 여전히 저는 심기가 불편해지고는 했습니다.

아브라함 | 좋은 걸 말씀하셨습니다. 자, 이제 우리는 대단히 중요한 부분을 다루게 되었습니다. 당신의 행동이 당신의 의도와 조화를 이루었을 때 당신은 기쁨을 느꼈습니다. 하지만 타인들의 행동이 당신의 의도와 조화를 이루지 못하였을 때는 기쁨을 느끼지 못했습니다. 따라서 필요한 것은 당신이 타인들과 관련해서 새로운 의도들을 설정하는 작업에 착수하는 일입니다. 타인들과 관련해서 설정하기에 아주 좋은 의도는 이런 것입니다. "지금 현재 모습 그대로가 그들 자신이다. 그들은 자신만의 고유한 삶을 창조하고 있으며, 그들이 하는 모든 체험들을 스스로 끌어당기고 있다. 그와 마찬가지로 나는 나만의 고유한 삶을 창조하고 있으며, 내가 하는 모든 체험들을 내게 끌어당기고 있다. 그것이 바로 '허용의 기술'이다." 그래서 이러한 진술을 자신에게 되풀이해서 들려주게 되면, 얼마 안가서 당신은 그들이 실제로 이 세상에 문제를 야기하고 있는 게 아니라는 사실을 깨닫게 될 것입니다. 단지 그들은 그들 자신의 세상을 창조하고 있는 중입니다. 그리고 그들에게는 이 세상이 걱정스러운 곳이 아닐 것입니다.

당신이 세상을 풍요롭지 않은 곳으로 바라보고 있을 때는 그렇게 하기가 어려울 것입니다. 말하자면, 과연 얼마나 많은 물고기들이 있을 것인지, 또는 얼마나 많은 부와 풍요가 실재하고 있는 것인지와 같은 관점에서 생각하기 시작할 때가 그렇습니다. 그때부터 당신은, 만일 다른 누군가가 그것들을 전부 사용해버림으로써 당신이나 나머지 사람들이 필요로 하는 만큼 충분히 남겨지지 않을까봐 걱정되기 시작할 것입니다.

이 우주는, 그리고 현재 당신들이 참여해 체험해가고 있는 이 물질세계에는 진실로 풍요가 넘쳐난다는 사실을 당신이 이해하게 될 때, 그리고 그런 풍요는 다함이 없다는 사실을 당신이 이해하게 될 때, 그때 당신은 더 이상 걱정이나 염려를 하지 않게 될 것입니다. 당신은 자신이 삶에서 원하는 것들을 창조하고 끌어당기는 동시에, 그들 또한 그들이 원하는 것들을 창조하고 끌어당기도록 기꺼이 허락하게 될 것입니다.

원치 않는 걸 무시하면 원하는 걸 허용하게 됩니까?

제리 | 음, 제가 그런 딜레마를 본질적으로 해결한 것은 1970년부터 시작해서 그 이후의 9년간 입니다. 그 기간 동안 저는 외부 세계로부터 주입되는 정보들을 원천적으로 차단시켰습니다. 텔레비전과 라디오를 꺼버렸으며 신문도 더 이상 읽지 않았습니다. 그리고 제가 듣고 싶지 않은 것들에 대한 이야기를 하는 많은 사람들과도 연락을 단절했습니다. 또 다시 그런 결정은 저에게 효력이 있었습니다. 그 9

년의 기간 동안 그것은 제 삶의 여러 부문에서 아주 효과를 발휘했습니다. 저는 여러 새로운 사람들과의 만남을 통해 의미 있는 대인관계를 만들었고, 완벽하게 건강한 몸을 회복하고 유지하게 되었으며, 재정적인 면에 있어도 중대한 발전을 이루었습니다. 그것은 이전의 제 삶속에서 실현됐던 일들이 마치 아무것도 아닌 것처럼 보일 정도로 만족스러운 일이었습니다. 하지만 그런 식으로 제가 외부의 부정적인 정보들을 전부 차단해버리고 오로지 제가 의도하는 것들에만 계속해서 주의를 집중했던 방식은 당신들이 말하는 '허용하기'라고 보기 보다는 오히려 '모래 속에다 머리를 파묻는 것'에 더 흡사해 보입니다.

아브라함 │ 자신에게 중요한 것들에만 주의를 집중하는 것은 대단히 가치가 있는 일입니다. 당신이 소위 '머리를 모래 속에 파묻음'으로써 외부 세상으로부터의 온갖 영향력을 차단시키게 됐을 때, 당신은 오직 자신에게 중요한 것들에만 주의를 집중할 수가 있었습니다. 당신이 어떤 것에 대해서건 생각을 하게 되면, 당신은 힘과 명확성을 끌어오게 되고 그에 따르는 결과를 얻게 됩니다. 그랬을 때 당신은 만족감을 느끼게 됩니다. 오직 자신이 바라고, 허용하고, 성취하는데서 오는 만족감 말이죠.

무시해버리거나 머리를 모래 속에 파묻는 존재가 되어 외부에서 주입되는 것에 주의나 관심을 두지 않게 되는 것은 허용하기와 다른 것처럼 보이지만, 당신의 생각과는 달리 이 둘은 잘 맞아떨어집니다. 당신이 '자신'에게 중요한 것에만 주의를 집중하는 것은 곧 타인들이 그들 자신이 바라는 식으로 존재하도록 당신이 타인들을 허용하는 과정이 됩니다. 다른 사람들이 그들 자신에게 주의를 기울이도록 허용하는 동시에, 당신이 오로지 자기 자신에게만 주의를 기울이는 것은 '허용하는 존재'가 되는데 있어 대단히 중요한 과정입니다.

제리 | 다시 말해서, '끌어당김의 법칙'과 '의식적 창조과학'이 효과가 있을 것이라고 기대했었기 때문에(비록 당시에는 제가 그런 단어들을 들어본 적이 없었음에도 불구하고) 자동적으로 '허용하기'의 단계로 들어서게 된 것인가요?

아브라함 | 그렇습니다. 당신은 자신에게 중요한 것들에만 주의를 집중하고 있었고, 그럼으로써 그러한 것들을 더 많이 끌어당기게 되었습니다. 그 결과 당신은 텔레비전을 보는 일에 흥미가 없어졌고 신문을 읽는 일도 중요하지 않은 일이 된 것입니다. 당신은 자신이 바라는 어떤 것들을 자신에게서 박탈했던 것이 아니라, '끌어당김의 법칙'에 의해서 당신이 '가장 많이' 바라는 것들을 더 많이 끌어당기게 된 것입니다. 당신이 텔레비전이나 신문에서 보았던 것들은 자신이 바라는 것들이 아니었기 때문에 기분 나쁜 감정을 느끼게 만들었습니다. 그래서 자신이 가장 바라는 것들을 허용하는데 방해가 되었던 것이지요.

모든 사람들은 진정 기쁨을 바라는가?

제리 | 우리 인간들은 대다수가 '허용의 법칙'에 대한 앎을 추구하고 있습니까? 아니면 그것에 대해 알기 원한다고 말하는 그런 사람들에게만 이러한 지식이 전해

지게 되는 것입니까?

아브라함 | 이 지구상에 육체를 갖고 존재하는 모든 사람들은 이미 이러한 물질세계로 들어오기에 앞서, 예외 없이 전부 이 법칙을 이해하고 또 허용하는 존재가 되겠다는 의도를 품었습니다. 하지만 대다수는 육체적 삶을 경험해나가는 과정에서, 내면 깊은 곳의 바람으로부터 점점 멀어지게 되었습니다. 오히려 대부분의 사람들은 각자 서로를 허용하기 보다는 서로를 통제하기 위해 애써왔습니다. 자신이 하는 생각들의 방향을 통제하는 법을 배우고 익히는 일은 결코 어렵지 않습니다. 하지만 서로가 서로를 통제하는 것은 완전히 불가능한 일입니다.

부정적인 경험을 하고 있는 타인을 볼 경우

제리 | 그렇다면, 여전히 자신의 주위에서 부정적인 것들(또는 자신의 관점에서 부정적으로 인식하는 것들)을 보고 또 알아차리는 상태에서도, 여전히 기쁨의 상태를 유지하고자 추구하고 있는 사람은 '허용하기'의 상태에 있는 것인가요? 혹은 '허용하기'의 상태에서는 부정적인 것들을 전혀 볼 수가 없게 될까요? 아니면, '허용하기'의 상태에서는 그것들을 부정적인 것으로 보지 않게 될까요?

아브라함 | 그것들 전부가 허용하기의 상태입니다. 당신이 자신에게 중요한 것들에 주의를 집중하고 있었을 때, 당신은 텔레비전을

보지도 않았고 신문을 읽지도 않았습니다. 그 때 당신은 자신이 하고 있는 일들을 즐기고 있는 중이었기 때문입니다. 당신은 자신에게 중요한 것들에만 주의를 기울이고 있는 상태였으며, '끌어당김의 법칙'은 그러한 것들에 더욱 더 많은 힘과 더욱 더 많은 명확성을 가져다주었습니다. 그래서 다른 것들은 단순히 당신의 경험 속으로 끌려오지 않게 되었습니다. 그런 것들은 성장하고 성취하기를 바라는 당신의 의도와 맞지가 않았기 때문입니다.

자신이 바라는 것들에 대해 명확하게 알고 있을 때, 당신은 자신을 '강제로' 밀어붙이지 않아야 합니다. '끌어당김의 법칙'에 의해서 저절로 그렇게 되기 때문입니다. 따라서 '허용하는 존재'가 되는 것은 어려운 일이 아닙니다. 그것은 간단히 쉽게 이루어집니다. 왜냐하면 당신은 자신이 진정 바라고 소망하는 일들과는 관계가 없는 그 모든 것들에 대해 흥미를 느끼지 않게 될 것이기 때문입니다.

텔레비전은 가치있는 정보를 많이 제공하기도 하지만, 당신이 삶에서 정말 체험하길 바라는 것들과 관련이 거의 없는 정보들을 너무나도 많이 제공합니다. 수많은 사람들은 단순히 그것이 거기에 있기 때문에 무심코 앉아서 텔레비전을 봅니다. 다른 어떤 결정을 의도적으로 하지 않았기 때문입니다. 그렇게 텔레비전을 보는 행위는 대개 의식적인 행동이라기보다는 무의식적인 행동입니다. 그리고 아무런 의도도 없고 아무런 결정도 없는 그와 같은 상태에서, 당신은 자신에게 던져지는 것들이 무엇이건 간에 그것의 영향력에 자신을 내맡기고 맙니다.

그래서 지금 당신은 세계 곳곳에서 일어나는 원치 않는 사건들에 대한 생각의 자극들로부터 무차별 폭격을 당하고 있습니다. 게다가 자신이 의도적으로 생각해보길 정말 원하는 것들에 대해서 어떤 결정도 하지 않은 상태입니다. 그 결과 당신은 자신이 결코 선택하지 않았을법한 수많은 것들을 생각을 통해서 삶속으로 받아들이고 있는 상태에 놓여있게 됩니다.

이런 것이 바로 무의식적이고 무자각적인 창조입니다. 즉, 그것에 대해서 신중하고 의도적이 되지 않은 채로 어떤 것을 생각하고 있는 상태. 그리고 그것에 대해 생각하고 있기에, 자신이 원하는 것이건 원하지 않는 것이건 무작위로 그것을 끌어당기고 있는 상태인 것입니다.

나는 오직 내가 원하는 것들만 찾아보겠다!

제리 | 아브라함, 제 주변의 많은 사람들이 (그들의 관점에서는)여전히 고통스럽거나 부정적인 경험을 하고 있는 것을 알고 있는 상태에서, 제가 원하는 이러한 허용의 상태를 달성하고 유지할 수 있으려면 어떻게 해야 하는지 말해주시겠습니까?

아브라함 | 우리는 당신에게 이런 결정을 내리라고 제안할 것입니다. "오늘 내가 무엇을 하고 있든 관계없이, 오늘 내가 누구와 교류를 하고 있든 관계없이, 오늘 내가 어디에 있든 관계없이, 오늘 나의 가장 주요한 의도는 오직 내가 보길 원하는 것들만 찾아보는 것이다!" 그래서 그것을 자신의 지배적인 의도로 삼게 될 경우, '끌어당

김의 법칙'에 의해서 당신은 오로지 자신이 원하는 것들만 끌어당기게 될 것입니다. 또한 당신은 오로지 자신이 보길 원하는 것들만 보게 될 것입니다.

선별적으로 선택해서 원하는 것만 끌어오기

오로지 자신이 바라는 것들만 끌어당기는 것을 주요한 의도로 삼게 되면, 당신은 좀 더 선별해서 선택하는 존재가 될 것입니다. 당신은 좀 더 신중하게 선택적으로 끌어당기는 존재가 될 것입니다. 당신은 좀 더 까다롭게 선별해서 주의를 기울이는 존재가 되어갈 것입니다. 물론 처음에는 어느 정도 자신이 좋아하지 않는 것들도 여전히 끌어당기고 있다는 사실을 알아차리게 될 것입니다. 왜냐하면 이전에 가지고 있던 당신의 생각들과 믿음들로 인해서 생긴 관성의 힘이 어느 정도 존재하기 때문입니다. 하지만 일단 당신이 30일에서 60일 정도 날마다 하루를 시작하면서 웰빙을 자신의 주된 의도로 설정하게 되면, 머지않아 당신은 자신의 삶속에 좋아하지 않는 것들이 아주 적어졌음을 보기 시작할 것입니다. 당신이 일으킨 새로운 생각과 그로 인해 변화된 관성이 현재 자신의 눈앞에서 벌어지고 있는 당면 현실 너머로 당신을 데리고 갈 것이기 때문입니다.

당신 자신이나 다른 이들에게 해가 될 것 같은 행위를 하는 누군가가 지척에 있을 경우에, 당신이 허용하는 존재가 되는 것은 어려운 일입니다. 그럴 때 당신은 이렇게 말하게 됩니다. "아브라함, 내가 생각을 통해서 그것을 처리할 수가 있고, 또한 아무런 행동도 취할 필요가 없다는 당신들의 말을 이해할 수가 없습니다." 그러면 우리는 이렇게 대답할 것입니다. "그 상황은 생각을 통해서 당신이 초대한 것입니다. 하지만 당신이 오늘 경험하고 있는 일들은 과거에 당신이 했던 생각들의 결과입니다. 오늘 당신이 하고 있는 생각들이 당신이 하게 될 미래 체험에 반영되고 있는 것과 마찬가지로 말이죠."

오늘 당신이 하고 있는 생각들이 당신의 미래 속에 길을 내고 있습니다. 그래서 당신이 미래의 어느 순간 그 지점에 이르게 될 때, 당신이 지금 하고 있는 생각들의 결과를 그 미래의 삶에서 체험하게 될 것입니다. 당신이 과거에 했었던 생각들의 결과를 오늘 당신이 삶에서 체험하고 있는 것과 마찬가지입니다.

과거와 현재와 미래는 하나

당신은 항상 쉬지 않고 생각을 하고 있습니다. 당신은 자신의 과거와 현재 그리고 미래를 분리시킬 수 없습니다. 그것들 모두는 하나이기 때문입니다. 과거와 현재와 미래는 생각의 연속성에 의해 하나로 묶여있습니다.

자, 당신이 거리를 걷다가 우연히 싸움을 목격하게 됐다고 해봅시다. 덩치가 아주 큰 불량배 한 명이 덩치가 아주 작은 한 남자를 때리고 있는 상황입니다. 그리고 당신이 그 현장에 더욱 가까이 다가

갈수록 부정적인 감정이 내면에서 일어나게 됩니다. 당신은 속으로 생각합니다. "난 쳐다보지 않을 거야. 난 이곳을 벗어나서 아무 일도 벌어지지 않았다고 생각할거야." 하지만 당신은 곧 부정적인 감정을 심하게 느끼는데, 당신은 이 작은 남자가 다치는 것을 원치 않기 때문입니다. 그래서 당신은 다시 생각합니다. "음, 내가 가서 말려야겠다." 하지만 당신은 또 다시 부정적인 감정을 느끼는데, 왜냐하면 당신 자신이 다치게 되거나 목숨을 잃게 되는 것을 원치 않기 때문입니다. 그러면 당신은 이렇게 말할 것입니다. "아브라함, 이럴 땐 내가 뭘 해야 하죠?" 우리도 당신의 고민에 공감을 하는데, 이러한 상황에서는 완벽한 선택이라고 느껴질 만한 것이 없습니다. 왜냐하면 당신이 미래 체험을 위한 길내기 작업을 과거에 미리 해놓지 않았기 때문에, 당신이 지금 이 순간에 힘든 결정을 해야만 하기 때문입니다.

우리는 절대적으로 당신에게 약속할 수 있습니다. 만일 당신이 과거에 매일 아침마다 안전과 평화, 그리고 자신의 의도와 조화를 이루는 사람들과의 교류에 대한 의도를 세우면서 하루를 시작했었더라면, 지금 현재 당신이 겪고 있는 것처럼 불편한 느낌을 주는 체험은 결코 하게 되지 않았을 것입니다. 따라서 지금 당장은 당신이 선택하는 어떤 방식으로든 그 상황을 처리하라고 말씀드립니다. 하지만 오늘부터라도 당신이 미래에 체험하길 원하는 것들에 대한 생각들을 의도적으로 일으키기 시작한다면, 앞으로 당신이 오늘처럼 만족스러운 선택 사항이 전혀 없는 상황에 또 다시 놓이게 되는 일은 절대로 없을 것입니다.

내가 목격한 부당한 일도 허용해야 합니까?

자신이 삶에서 얻고 있는 것을 어떻게 해서 얻게 되는지 이해하게 될 때까지, 당신이 '허용하기'라는 개념을 받아들이기는 대단히 어려울 것입니다. 이 세상에서는 당신이 좋아하지 않는 것들을 보게 되는 일이 너무나 많기 때문입니다. 당신은 말합니다. "어떻게 이런 부당한 일을 허용할 수 있습니까?" 그러면 우리의 답변은, 그것이 당신의 체험이 아니라는 사실을 인식함으로써 당신은 그것을 허용할 수 있게 된다는 것입니다. 그리고 대부분의 경우에 그러한 일들은 진실로 당신과 관계가 없는 일입니다. 그것은 당신의 일이 아닙니다. 그것은 타인들의 창조이고, 타인들의 끌어당김이고, 타인들의 경험입니다.

다른 모든 사람들의 경험들을 통제하려 하지 말고(당신이 아무리 열심히 노력해도 그것은 불가능합니다), 대신에 그런 경험들에 자신이 참여할지 말지를 통제하고자 하십시오. 그리고 자신이 경험하길 소망하는 삶에 대한 명확한 이미지를 마음속에 그려보게 되면, 당신은 그러한 삶으로 가는 즐겁고도 순조로운 여정을 미리 준비시키게 될 것입니다.

원치 않는 것에 주목하면 그것이 더 많이 끌려온다

당신은 자신의 생각을 통해서 끌어당깁니다. 그것을 원하건 원치 않건, 언제나 당신은 자신이 생각하는 대상을 얻게 됩니다. 따라서 당신이 불친절한 운전사에게 주의를 기울이면, 당신은 삶에서 그런 사람들을 더 많이 경험하게 됩니다. 당신이 서비스가 좋지 않은 사람들에게 신경을 쓰거나 관심을 가지면, 당신은 그런 종류의 경험을 더 많이 끌어당기기 시작합니다. 당신이 주의를 기울이는 대상들은, 특히 감정을 느끼면서 주시하거나 관심을 기울이는 대상들은 당신의 경험 속으로 끌려오게 됩니다.

허용의 기술이 건강에 영향을 줍니까?

제리 | 아브라함, 매일 경험하는 실제 삶에 대한 이야기를 하고 싶습니다. '허용의 기술'이 특정한 조건에서도 적용이 되는지요? 먼저 건강에 대한 이야기인데요, 어렸을 때 저는 여러 해 동안 아주 심하게 아팠습니다. 그러다가 저는 그런 상태에서 벗어나야 되겠다는 바람을 갖게 되었고, 그때 이후로 지금까지 아주 좋은 건강 상태를 유지하고 있습니다. **허용의 기술**이 그런 두 가지 상황에(아주 심하게 아픈 상태에서 아주 건강한 상태까지) 어떻게 작용한 것입니까?

아브라함 | 당신이 바라는 게 무엇인지에 대해 어떤 결정을 하게 됐을 때, 당신은 의식적 창조에 관한 공식의 두 가지 부분 중 한 쪽 부분을 완료하게 되었습니다. 당신은 자신이 원하는 것에 대해서 감정이 동반된 생각을 일으켰는데, 그것이 '바라기'라는 것입니다. 창조공식의 다른 한 쪽 부분은 '허용하기' 또는 '기대하기'입니다. 그것

이 일어나도록 허락해 받아들이는 것입니다. 따라서 당신이 "나는 원한다. 그리고 허용한다. 따라서 그것은 존재한다."라고 말하게 되면, 당신이 바라는 것이 무엇이 됐건 그것은 아주 빠르게 창조될 것입니다. 당신이 반대되는 생각을 통해 그것을 밀어내거나 거부하지 않음으로써, 말 그대로 당신은 자신이 그것을 갖도록 허용하게 됩니다.

앞에서 우리는 당신에게 "당신이 허용의 상태에 있을 때는 부정적인 감정을 느끼지 않게 된다."라고 이야기했습니다. 허용의 상태는 부정성으로부터 자유로운 존재 상태입니다. 그러므로 의식적으로 당신이 어떤 것을 갖겠다는 의도를 세우고 나서 그것에 대해 오로지 긍정적인 감정만을 느끼고 있는 상태라면, 그때 당신은 그것이 현실이 되도록 허용하는 상태에 있는 것입니다. 그러면 당신은 그것을 갖게 될 것입니다.

질병 대신에 건강을 체험하길 원한다면 당신은 반드시 건강에 대해서만 생각해야 합니다. 하지만 병을 앓고 있을 때는 병에 주의가 가기 쉽습니다. 따라서 그럴 때 당신에게는 '건강에 대한 소망', '건강에 초점 맞추기', 그리고 지금 현재 벌어지고 있는 상황 너머를 기꺼이 바라보는 일이 필요합니다. 앞으로 갖게 될 건강한 몸을 상상해보고 있거나, 자신이 건강했었던 과거의 모습을 회상해보고 있을 때, 그 순간에 당신의 생각은 자신이 바라는 소망과 일치를 이룹니다. 그럴 때 당신은 자신의 건강이 회복되도록 허용하고 있는 중입니다. 당신이 더욱 기분 좋게 느껴지는 생각들을 향해서 손을 뻗어 나가는 일이 열쇠입니다.

극심한 가난에서 재정적인 풍요 허용하기

제리 | 다음에 다루고 싶은 주제는 부와 성공에 대한 것입니다. 소년시절에 저는 아주 가난하게 살았습니다. 거의 닭장과도 같은 집이나 텐트 또는 동굴에서 생활을 했지요. 그 후 1965년도에 나폴레온 힐이 쓴 성공의 황금률Think of Grow Rich이라는 책을 발견했습니다. 그 책은 사물을 다른 각도에서 바라보는 법을 가르쳐 주었지요. 그 이후 저의 재정 상태는 계속 상승 곡선을 그려왔습니다. 저는 버스에서 생활하다 그 후 일 년 수입이 몇 십만불 단위로 늘었고 다시 몇 백만불 단위로 늘어나게 되었습니다.

아브라함 | 그 책을 읽고 자신의 관점이 그렇게 바뀌는 과정에서 무슨 일이 일어났다고 생각하십니까?

제리 | 네, 그 책과 관련해서 가장 중요하게 기억하는 것은, 성인이 된 이후 처음으로 거의 완전히 제가 바라는 것에만 초점을 맞추기 시작했다는 점입니다. 다소 과장되게 표현된 점도 있지만, 그런 현상에 대한 당신들의 견해를 듣고 싶습니다.

아브라함 | 당신은 바라는 것을 자신이 가질 수 있다는 사실을 드디어 이해하게 되었습니다. 당신의 그 소망은 삶을 살아오면서 이미 내면에 자리를 잡고 있었던 상태였고, 당신이 그 책을 읽게 되면서 그게 가능한 일이라는 것을 비로소 믿게 되었던 것입니다. 그 책으로 인해서 당신은 자신의 소망이 실현되는 것을 허용하기 시작했던 것입니다.

허용하기와 인간관계, 그리고 이기주의 기술

제리 | 이야기를 나누고 싶은 또 다른 중요한 주제는 인간관계의 영역입니다. 저는 친구들이 제 관점에서는 타당하지 않다고 여기는 그런 생각이나 믿음을 갖는 것과 부적절한 행동을 하는 것을 허용하기 힘들었던 때가 있었습니다.

아브라함 | 당신이 여기서 사용하는 '허용'이라는 단어는 어떤 뜻입니까?

제리 | 저는 친구들이 제가 바라는 식으로 생각하고 행동해야 한다고 느꼈습니다. 그리고 그들이 그렇게 하지 않을 때는 매우 불편한 느낌이 들었고, 또한 종종 화가 나기도 했습니다.

아브라함 | 그들의 행동이나 그들의 말을 접했을 때 당신은 부정적인 감정을 느꼈다는 것이지요. 그것은 당신이 허용의 상태에 있지 않다는 내면의 신호인 것입니다.

이기주의는 비도덕적인 게 아닙니까?

제리 | 그리고 저는 그 당시 제 자신이 매우 이타적이고 잘 베푸는 사람이라고 생각했습니다. 다시 말해서 저는 이기적이지 않다는 평가를 받고 있었고, 그래서 저는 제 친구들도 덜 이기적이되고 더 잘 베푸는 사람들이 되길 기대했습니다. 그리

고 그들이 그렇지 않은 것에 대해 심기가 대단히 불편해졌습니다. 그 후 저는 '데이비드 시버리'가 쓴 '이기주의의 기술'(국내 책명은 **자존심**_옮긴이)'이라는 책을 발견하게 되었지요. 그 책을 통해 '이기주의'를 다른 관점으로 보게 되었습니다. 그래서 저는 그처럼 새로운 관점 덕분에 제가 과거에 가졌던 부정적인 점들을 많이 이해할 수 있게 되었지요.

아브라함 │ 당신 자신이 원하는 것에 주의를 집중할 수 있도록 스스로를 허용하는 것은 중요한 일입니다. 그것을 이기주의라고 부르는 사람들이 있습니다. 그들이 그렇게 부르는 것에는 어떤 심판적인 부분이나 찬성하지 않는 측면을 담고 있습니다. 그런데 우리는 이렇게 말합니다. 만일 당신이 자신에 대한 건강한 이기적인 관점을 갖지 않는 한, 만일 당신이 어떤 것을 원하고 그것을 받게 될 것이라고 기대함으로써 스스로를 허용하고 있지 않는 한, 당신은 결코 의식적인 창조를 할 수가 없게 될 것입니다. 그리고 만족스러운 결과도 결코 얻지 못할 것입니다.

자기 자신을 허용하지 않는 것이야말로 일반적으로 당신들이 타인을 허용하지 않게 되는 원인입니다. 보통 자신이 가진 어떤 특질을 인정하지 않는 사람은, 타인에게서도 똑같은 특질에 주목을 하게 되며, 그것 역시 마찬가지로 인정하지 않습니다. 따라서 자기 자신을 먼저 받아들이고, 인정하고, 감사하고, 허용하는 일이야말로 당신이 타인을 받아들이고, 인정하고, 감사하고, 허용하게 되는 첫 걸음입니다.

그리고 그것은 당신이 자신의 기준에서 볼 때 완벽해질 때까지, 또는 그들이 그들의 기준에서 볼 때 완벽해질 때까지 기다려야만 한다는 걸 뜻하지 않습니다. 왜냐하면 그와 같은 완벽한 종착 지점은 결코 없을 것이기 때문입니다. 당신들 모두는 언제나 항상 끊임없이 변하고 있고 또 계속해서 성장해가고 있는 존재들이니까 말이죠. 그것이 의미하는 것은 먼저 당신 자신 안에서 당신이 보길 원하는 것만을 보겠다고 의도하고 바라보라는 뜻입니다. 그리고 타인들 안에서도 역시 당신이 보길 원하는 것만을 보겠다고 의도하고 바라보라는 뜻입니다.

우리는 자주 이기주의를 가르친다고 비난받습니다. 우리는 그 말에 동의합니다. 언제나 당신은 자신이 지각하거나 인식하는 모든 것들을 '자기자신'의 관점으로부터 보고 있습니다. 그리고 만일 당신이 더 광대하고 지혜로운 자신의 내면존재와 일치되거나 연결되는 일을 고집할 정도로 충분히 이기적이지 않다면, 그럴 때 당신은 타인들에게 줄 수 있는 게 아무것도 없게 됩니다. 자신이 느끼는 기분이나 감정을 보살필 정도로 충분히 이기적이 될 때, 당신은 자신의 감정안내시스템을 이용해 강력한 근원 에너지와 연결될 수가 있습니다. 그때 당신의 주의와 관심의 대상이 되는 사람은 당신의 주시로 인해서 이득을 보고 혜택을 누리게 됩니다.

누군가가 나를 인정하지 않을 때

누군가가 당신의 어떤 점을 인정하지 않고 있을 때, 거의 언제나 당신은 그 사람의 눈빛을 보고 그가 당신의 어떤 부분을 용인하지 않고 있다는 것을 알게 됩니다. 그러면 당신은 어딘가 잘못되어 가고 있다는 느낌을 갖습니다. 하지만 그것은 당신의 부족이 아니라 그 사람의 부족입니다. 그가 당신으로 인해 기분 나쁜 감정을 느끼는 이유는 허용하는 존재가 되지 못하는 그 자신의 무능력 때문이지, 결코 당신의 불완전함 때문이 아닙니다. 그와 마찬가지로, 당신이 보길 원치 않는 타인의 어떤 모습으로 인해 당신이 기분나쁜 감정을 느낄 경우, 그것은 그의 부족이 아니라 당신의 부족인 것입니다.

따라서 당신이 오직 자신을 기쁘게 만드는 것들만 보겠다는 결심을 하게 되면, 당신은 오직 그런 것들만 보기 시작할 것이고, 당신이 하는 모든 경험들은 긍정적인 감정을 불러일으키게 될 것입니다. 왜냐하면 끌어당김의 법칙에 의해서 당신은 오직 자신이 바라는 것과 조화를 이루는 것들만을 끌어당기게 될 것이기 때문입니다. 당신은 자신의 감정이 지닌 힘에 대한 이해를 통해서만 자신이 하는 생각들을 의도적으로 이끌어갈 수가 있습니다. 그리고 그럴 때 당신은 자신의 기분을 좋게 만들기 위해서 타인들이 다른 식으로 행동해야만 한다고 더 이상 요구할 필요가 없게 될 것입니다.

누군가 다른 사람의 권리를 침해한다면?

제리 | 제가 과거에 아주 불편하게 느꼈던 주제가 있습니다. 사람들의 권리에 관한 것입니다. 즉 재산권, 토지 소유권, 또는 평화롭게 살 권리 같은 것들입니다. 다시 말해서, 어떤 사람의 권리가 다른 사람의 폭력에 의해 침해되었다거나 재산을

강제로 빼앗기게 된 경우 저는 아주 기분이 불쾌했습니다. 또한 국가의 영토에 대해서도 불만이 많았습니다. 왜 누구는 우리나라에 들어올 수 있고 누구는 들어올 수 없다는 것인가요? 왜 어떤 사람은 들어와도 되고 다른 어떤 사람은 안 된다는 것인가요? 하지만 당신들을 만나고 나서, 저는 그들이 일종의 게임을 하고 있고 그들 간에 어떤 암묵적인 합의 같은 것이 이루어져 있다는 관점을 갖게 되었지요. 저는 그들의 고통을 덜 아파하게 됐습니다. 하지만 타인의 권리를 침해하는 사람을 보게 되어도 제가 기분 나쁜 감정을 전혀 느끼지 않게 될 수 있을까요? 그들이 서로에게 하고 있는 일을 그저 밖에서 바라보면서, "당신들은 어쨌든 각자가 선택한 일들을 서로 간에 하고 있을 뿐입니다."라고 생각하게 될 수 있습니까?

아브라함 │ 당신은 그렇게 할 수 있습니다. 그들은 각자 자신들의 생각을 통해 서로를 끌어당기고 있다는 사실을 이해하게 되면, 당신은 그들에 대해서 고통을 느끼는 대신 유쾌해질 것입니다. 왜냐하면 지금 현재 그들은 자신들이 선택하는 생각에 따르는 부정적이거나 긍정적인 감정의 결과물들을 수확하고 있는 중이라는 것을 당신이 이해할 것이기 때문입니다. 물론 그들 대부분은 현재 자신들이 얻고 있는 것을 어떻게 얻고 있는지 이해하지 못합니다. 그래서 그렇게도 많은 사람들이 자기 자신을 희생자라고 믿고 있는 것입니다. 그들은 자신이 삶에서 얻은 것을 어떻게 해서 얻게 됐는지 모르기 때문에 그들 자신을 희생자라고 믿고 있습니다. 그들은 자신이 하는 생각이나 주의력을 통해 그것들을 초대하고 있다는 사실을 이해하지 못하고 있습니다. 어쩌면 그것은 당신으로 하여금 각각의 모든 체험들은 소망이 더 명확해지도록 만든다는 걸 이해하도록 도와줄 것입니다.

아무것도 부족하지 않다

당신은 '토지에 대한 권리'를 이야기했습니다. 우리는 '토지'에 대해서 인간들과는 다른 관점을 가지고 있습니다. 물질세계에 있는 인간들은 끊임없이 제한과 한계를 봅니다. 당신들은 단지 어느 정도의 공간만이 존재한다고 느끼며, 결국 언젠가는 모든 공간이 전부 차버릴 것이기에, 충분하지 않다고 느낍니다.

제한과 한계가 있다는 태도, 풍요롭다는 느낌보다는 부족하다는 느낌, 그리고 공간이나 돈이나 건강 등이 충분하지 않다는 사실에 주목하기 등으로 인해서 당신들은 자신을 지키고 보호할 필요가 있다고 느낍니다. 하지만 우리가 보는 관점에서는 그 어떤 제한도 존재하지가 않으며, 오히려 온갖 것들의 끝없는 풍요의 흐름만이 존재합니다. 당신들 모두를 위해서 모든 것들이 충분하게 있습니다. 따라서 당신이 그런 사실을 이해하게 될 때, 제한과 한계가 있다는 느낌이나 부족하다는 느낌, 또는 보호할 필요가 있다는 느낌이나 토지 소유권을 지켜야 된다는 느낌 등은 더 이상 중요하지 않게 될 것입니다.

끌어당김의 법칙에 의해서 우리는 함께 모이게 됐습니다. 우리 아브라함 가족들은 여기 이 비물질적인 영역에서 하나의 그룹으로 함께하고 있는데, 우리들은 본질적으로 같은 의도를 지니고 있기 때문입니다. 또한 그런 동질성으로 인해 우리들은 서로가 서로를 끌어당기게 된 것입니다. 따라서 이곳에는 출입을 통제하는 문지기라든가 또는 조화롭지 않은 존재들을 못 들어오게 하는 감시꾼도 없습니다. 우리는 그런 존재들에게 주의를 기울이고 있지 않기 때문에 우리에게 끌려오지 않습니다. 그것은 당신들의 물질세계에서도 동일하게 일어나고 있는 일입니다. 당신들이 우리처럼 그 법칙이 작용함을 명확하게 보지 못할지라도, 법칙들은 우리에게 적용되는 것처럼 당신들을 위해서도 완벽하게 작용하고 있습니다. 당신들은 세상사에 대해서 물질적 관점으로 아주 다양하게 설명을 하고 있습니다. 그 설명은 부분적으로는 맞을 수 있지만 전체를 완벽하게 설명해 주지는 못합니다. 다시 말해서 당신이 컵에 물을 채우는 방법을 설명할 때는 수도꼭지를 가리키지만, 우리는 거기에 훨씬 더 많은 뒷이야기가 존재한다고 말합니다. 따라서 당신이 이 지구상에는 침략자들이 있어서 우리가 가진 모든 것들을 빼앗아가려 한다고 설명을 할 때, 그들은 그렇게 할 수 없다고 우리는 말합니다. 당신이 자신의 생각을 통해 그들을 초대하지만 않는다면, 침략자들을 만나게 되는 것은 당신의 체험이 될 수가 없습니다. 그것은 당신들이 사는 물질적인 환경이건 우리들이 사는 비물질적인 환경이건 공통되는 법칙입니다.

생명을 잃는 일에도 어떤 가치가 있습니까?

제리 | 우리들은 이러한 삶의 경험을 통해서 교훈을 배우게 된다고 말한 사람들이 있습니다. 하지만 만일 어떤 사람이 폭력적인 경험을 하는 과정에서 그의 목숨을 잃게 되었다면 그는 대체 어떤 교훈을 배우게 된 것입니까?

아브라함 | 당신들은 배워야 할 교훈들을 제공받고 있는 것이 아님

니다. 우리는 그 단어를 아주 좋아하지 않는데, 그것은 마치 배울 필요가 있고 마땅히 배워야만 하는 것들에 대한 어떤 명세서가 있다는 것처럼 들리기 때문입니다. 그러나 그런 것은 존재하지 않습니다. 단지 당신이 하는 삶의 체험이 당신에게 앎을 가져다줍니다. 당신은 그러한 앎을 통해 더욱 지혜로워지고 더욱 확장되어가고 있습니다.

당신이 이 육체적인 삶에 대한 가치뿐만이 아니라 심지어 육체적인 죽음의 경험조차도 가치가 있다는 것을 올바로 인식할 수 있기 위해서는 먼저 다음 사실을 이해할 필요가 있습니다. 당신은, 이곳에서 물질적 육체를 통해 갖게 된 모든 경험의 총합계라고 자신이 알고 있는 것보다 더 거대하고 더 광대한 경험에 지금 무언가를 보태고 있는 중이라는 사실입니다. 당신이 지금 이곳에서 경험하고 있는 모든 것들은 그런 광대한 앎에 추가됩니다. 그래서 비록 당신이 이 육체로부터 초점을 거둬들이게 될 때조차도(육체적 죽음을 말함_옮긴이) 당신이 이곳에서 경험했던 모든 것들은 당신이 가지고 있는 그런 광대한 앎의 일부분이 됩니다. 따라서 당신이 현재의 몸으로부터 벗어나게 되는 일종의 육체적인 죽음을 경험하는 일조차도 나름의 가치가 있습니다. 그것은 결코 헛된 것이 아닙니다.

이번 생은 내 존재의 최정점

제리 | 내가 생명을 잃는 일 조차도 그 광대한 내면존재의 전체적인 체험에 더해지게 된다는 뜻입니까?

아브라함 | 진실로 그렇습니다. 당신은 자신의 육체적인 삶을 잃게 되었던 경우들을 여러 번 겪었습니다. 당신은 수천 번의 생을 살았습니다. 삶에 대한 당신의 흥미와 열정이 그토록 큰 것은 바로 그 때문입니다. 우리는 당신이 살았던 수많은 생에 관한 여러 세부적인 내용들은 다 말로 설명할 수 없습니다. 당신은 무수한 경험들을 했기에, 그 모든 걸 기억하게 되면 지금 이곳에서의 당신 삶에 방해가 되고 혼란스럽게 될 뿐이기 때문입니다. 그래서 당신은 이곳에 과거 생들에 대한 기억들을 지니지 않은 채 들어왔습니다. 그 대신 당신은 훨씬 더 좋은 것을 가지고 있는데, 그게 바로 당신의 내면존재입니다. 그 존재는 당신이 살았었던 그 모든 삶 체험의 종합적 결과물이자 총화인 것입니다.

당신이 살았었던 그 모든 과거 생들의 결과로 지금의 당신이 된 것처럼, 당신이 3살 때 또는 10살 때 또는 12살 때 했던 일들에 관해 지금 이야기하는 것은 그다지 큰 가치가 없습니다. 물론 당신이 지금의 당신인 것은 그 모든 경험들에 의한 것이기는 합니다. 하지만 자신의 과거를 돌아보면서 모든 경험들을 되씹어보는 것은 지금 현재의 당신에게 크게 보탬이 되지 않습니다.

따라서 당신이 이처럼 고도로 진화해온 장대한 존재라는 사실을 받아들이고, 자신이 느끼는 기분이나 감정에 민감해지게 될 때, 그 때 당신은 '감정안내시스템'의 혜택을 누리게 됩니다. 그래서 자신의 느낌이 어떤지를 바탕으로 당신이 하려는 일들의 적절성을 알게 되는 것입니다.

당신들은 육체적인 존재들입니다. 지금 현재 당신들 대부분은 자신을 이러한 육체로만 알고 있습니다. 자신이 그처럼 광대한 존재라는 사실을 아는 사람들은 거의 없습니다. 육체적으로 존재하는 당신은 대단히 멋지고 중요한 존재입니다. 하지만 당신은 그러한 당신보다 훨씬 더 오래되었고, 더 광대하고 거대하며, 더 현명한 '진정한 당신'인 것이 물질화된 존재입니다. 그리고 그처럼 내면에 존재하는 '큰 당신'은 이러한 몸속에 초점을 맞추기로 결정을 내렸던 것입니다. 왜냐하면 그는 광대한 자신의 앎에다 이번 생애의 체험을 추가하기를 원했기 때문입니다.

전생을 기억하지 못하는 이유는?

당신은 이곳에 오기 전에 과거 생들에 대한 기억들을 지니지 않기로 합의를 했습니다. 그 모든 것을 기억하게 되면 혼란스럽고 혼동되고 방해가 될 뿐이기 때문입니다. 하지만 당신은 내면에서 솟아나오게 될 일종의 안내 장치로써의 어떤 감각을 갖게 될 것이라는 사실에 합의했습니다. 그리고 그 안내는 감정의 형태가 될 것이며, 그 안내는 느낌의 형태로 당신에게 전해질 것이라는 사실에 합의했습니다. 당신의 내면존재는 당신이 어떤 생각을 일으키고 있을 때, 그와 동시에 생각으로 반응을 할 수가 없습니다. 그래서 당신과 내면존재는 어떤 느낌을 제공하는 것으로 합의를 했습니다. 따라서 당신은 자신이 느끼고 있거나 말하고 있거나 행동하고 있는 것이 당신의 보다 광대한 의도들에 비추어 볼 때 적절한 것인지를 알 수 있게 됩니다.

당신이 의식적으로 자신이 원하는 어떤 것에 대한 의도를 갖게되는 각각의 매 순간, 당신의 내면존재는 그것들 모두를 분석하고 고려합니다. 따라서 당신이 좀 더 의도적으로 "내가 바라는 것은 ~이다!", "내가 의도하는 것은 ~이다!", "내가 기대하는 것은 ~이다!"와 같은 형태로 명확하게 의도를 세우게 되면, 내면존재는 그것들 모두를 고려하여 당신에게 더욱 분명하고, 더욱 구체적이고, 더욱 적절한 안내를 제공할 수가 있게 됩니다. 많은 사람들은 여전히 자신이 하고 있는 경험의 창조자가 자기 자신이라는 사실을 알지 못하고 있기 때문에, 의식적인 의도들을 명확히 세우지 않고 있습니다.

그들은 자신에게 오는 모든 것들을 스스로 끌어당기고 있다는 사실을 알지 못하기에, 오는 것들을 그냥 받아들이기만 하고 있습니다. 하지만 그런 상태에서는 자신을 희생자라고 느끼기 때문에 허용하기가 더욱 어렵게 됩니다. 당신들은 자신이 취약한 존재라고 느끼며, 자신에게 오는 것들을 스스로 통제할 수가 없다고 느낍니다. 그래서 당신들은 혹시 일어날지 모르는 나쁜 일들로부터 자신을 보호할 필요가 있다고 느낍니다. 자신에게 오고 있는 것들을 초대하는 존재가 자기 자신이라는 사실을 이해하지 못하고 있습니다. 그래서 우리가 이렇게 말했던 것입니다. "현재 당신이 삶에서 얻고 있는 것들을 어떻게 해서 얻고 있는지를 먼저 알아야만, 비로소 당신은 자기 자신이나 타인을 기꺼이 허용할 수 있게 됩니다."

성과 관련된 폭력을 경험할 때

제리 | 제가 불편하게 느끼는 다른 주제는 성적인 행위와 관련된 도덕적인 관념입니다. 이제 저는 사람들이 자신의 선택에 따르는 성적인 관계를 맺는 것에 대해 허용할 수 있는 단계에 이르렀습니다. 하지만 아직도 불편하게 느껴지는 것은 한 사람이 타인에게 강제로 성폭행을 하게 되는 경우입니다. 그러한 경우에도 제가 그들의 행동에 의해서 영향을 받지 않는 경지에 도달할 수 있을까요?

아브라함 | 주제가 무엇이든 관계없이, 결코 어떤 희생자도 없다는 사실을 이해하는 것이 중요합니다. 오직 '공동창조자들'이 있을 뿐입니다. 당신들 모두는 일종의 자석처럼 자신이 하는 생각의 주제나 대상을 자신에게 끌어당기고 있습니다. 따라서 만일 어떤 사람이 '성폭행'에 대해 매우 자주 생각하거나 말하게 될 경우, 그 사람은 그러한 체험의 희생자가 될 가능성이 아주 농후합니다. 왜냐하면 법칙에 의해서 당신은 자신이 하고 있는 생각의 에센스(본질)를 끌어당기기 때문입니다.

당신이 감정이 동반된 생각을 일으키면 창조를 가동시키게 됩니다. 그런 다음 그것을 기대하게 되면 현실에서 그것을 경험하게 됩니다. 따라서 많은 사람들이 자신의 창조를 가동시켰지만 삶속에서 실제로 그것을 경험하고 있지는 않습니다. 그들은 창조공식의 단지 절반만 실행했기 때문입니다. 그들은 생각을 일으켰고 거기에 감정도 동반되었지만, 그것을 기대하지 않았기에, 삶속에서 그것을 실제로 경험하지 않게 되었습니다. 이것은 당신이 삶에서 바라지 않는 일들에 대해서만이 아니라 당신이 정말 바라는 일들에 대해서도 그러합니다.

이 주제에 대한 나의 기대 수준은?

앞서 우리는 당신에게 공포영화를 보러 영화관에 가게 되는 예를 들었던 적이 있습니다. 그 영화의 화면과 음향효과를 통해서 당신은 훨씬 더 생생하고 확실한 생각의 자극을 받게 된다고 이야기했었습니다. 보통 당신은 커다란 감정이 동반되는 생각을 일으키게 됨으로써 영화 시나리오와 같은 내용의 창조를 가동시켰지만, 영화관을 떠나면서 "그건 단지 영화일 뿐이야. 그런 일이 내게 일어날 리가 없어."라고 말합니다. 따라서 당신은 창조공식의 '기대' 부분을 완료하지 않았습니다.

명심하십시오. 당신들의 사회에서 그 어떤 주제에 관해 더 많은 정보가 제공될수록, 그것에 대한 대중적인 기대감은 더욱 커지게 됩니다. 같은 방식으로, 개인들의 기대감이 더욱 커져갈수록, 그것을 끌어당기게 될 가능성 또한 더욱 커지게 됩니다.

자신이 바라지 않는 것에 대해서는 생각하지 마십시오. 그러면 그것을 경험하지 않게 됩니다. 바라지 않는 것에 대해서는 말하지 마십시오. 그러면 그것을 경험 속으로 끌어당기지 않게 됩니다. 그래서 당신이 그런 진실을 알게 되면, 어떤 사람이 자신이 원하지 않는 경험을 하고 있는 것을 보게 되더라도 당신은 부정적인 감정을 그다지 많이 느끼지 않게 될 것입니다. 왜냐하면 지금 현재 그 사람은 자신에게 오고 있는 모든 것들이 어떻게 해서 오게 되는지에 대한 앎을 얻어가는 과정에 있다는 사실을 당신이 이제 이해하게 되었기 때문입니다.

진실로 우리들 중 그 어느 누구도 다른 존재가 강도나 성폭행 또는 살해를 당하는 것을 보면서 기쁨을 느끼지 않습니다. 그런 것들은 즐거운 경험이 아닙니다. 하지만 그들이 어떻게 해서 그런 사건들을 자신들의 경험 속으로 끌어당겼는지 당신이 이해하게 된다면, 더 이상 당신은 그런 일들에 대해 생각을 하지 않게 될 것입니다. 그리고 그럴 때 당신은 더 이상 그와 같은 일들을 목격하는 일조차 없게 될 것입니다.

언제나 당신은 자신이 생각하고 있는 바로 그것을 자신의 경험 속으로 끌어당깁니다. 당신이 보는 텔레비전은 혼란을 가져다주는데, 당신은 그저 즐기려는 의도로 텔레비전을 켭니다. 그런데 뉴스 캐스터는 당신이 언급했던 아주 끔찍한 사건들에 관한 뉴스를 전달합니다. 하지만 지금 당신이 오로지 자신이 보길 원하는 것들만 보겠다는 의도를 갖게 될 경우, 당신은 그처럼 끔찍한 뉴스가 시작되기 이전에 텔레비전 곁을 떠나게 될 것입니다.

바로 지금 나는 미래 속에 길을 내고 있다

신문이나 잡지에서 기분 나쁜 감정을 조금이라도 느끼게 만드는 기사를 접하게 되면 읽는 것을 즉시 중단하십시오. 그것을 계속 읽게 되면 끌어당김의 법칙에 의해 그 주제와 같은 것들이 자꾸 추가됨으로써 더욱 기분 나쁜 감정을 느끼게 됩니다. 하지만 만일 당신이 오직 자신이 원하는 것들만 끌어당기겠다는 의도를 품게 된다면, 당신은 사전에 의식적으로 바라는 것들에 대한 의도를 세움으로써 자신의 미래 체험들에 대한 길을 미리 닦아놓게 될 것이기에, 그처럼 달갑지 않은 행동은 그다지 많이 할 필요가 없게 될 것입니다. 당신은 텔레비전에 끌리지 않게 될 것이고, 신문에도 끌리지 않게 될 것입니다. 그 대신에 끌어당김의 법칙에 의해서 당신이 의식적으로 의도했었던 대상들 쪽으로 끌리게 될 것입니다.

그토록 많은 사람들이 자신이 의도하지 않은 대상들에게 끌리게 되는 이유는, 그들이 의식적으로 바라는 것들에 대한 의도를 세우지 않았기 때문입니다. 당신들은 자신이 정말 바라는 것들을 충분히 자주 말하고 있지 않습니다. 그래서 자신이 바라는 것들 중 일부분만을 끌어당기고 있는 상태입니다. 자신이 바라는 것들을 의도적으로 생각하는 시간을 더 많이 갖게 될수록, 당신은 앞으로 체험하게 될 더 많은 미래의 일들을 미리 준비시키게 될 것입니다. 따라서 자신의 경험속으로부터 바라지 않는 것들을 제거하기 위해 필요한 행동들은 더욱 적어지게 될 것입니다. 가령, 당신은 텔레비전으로부터 나쁜 뉴스를 통해 기습을 당하지 않게 됩니다. 또는 사회 속에 존재하는 침략자들로부터도 습격당하지 않게 됩니다. 우주는 당신을 위해서 다른 무언가를 마련해둘 것이기 때문입니다.

순진무구한 어린 아이들은 어떻게 창조하는가?

제리 | 많은 사람들이, 생각을 통해 창조한다는 당신들의 기본 전제에 동의할 것입니다. 하지만 여러 사람들이 당신들의 가르침에 어려워하거나 잘 받아들이지 않는 부분은 순진무구한 어린아이들에 대한 것입니다. 그들은 질문할 것입니다. "어떻게 어린아이가 자신에게 신체적 불구나 건강하지 못한 몸, 또는 어떤 심각한 질병을 초래할 생각들을 할 수가 있습니까?"

아브라함 | 그런 경우는, 그 아이가 그런 생각을 가지고 있는 사람들에게 둘러싸인 채 지내기 때문입니다. 그래서 그 아이는 그 사람들이 하는 생각들의 본질을 받아들이게 됐던 것입니다.

제리 | 텔레파시 비슷한 것인가요?

아브라함 | 맞습니다. 그 아이는 말을 할 수 있게 되기 한참 전부터 이미 생각을 하고 있습니다. 하지만 당신은 그 아이가 현재 얼마나 명확한 생각을 하고 있는지를 알 수가 없는데, 그 아이는 아직 말을 통해서 당신과 의사소통을 할 수가 없기 때문입니다. 그 아이는 아직 자신의 생각을 누군가에게 전달할 수가 없습니다.

제리 | 아기는 언어로 생각을 하는 게 아니군요. 그것은 그 아기가 말을 할 수 있게 되기 한참 전에 생각들을 가지고 있다는 뜻인가요?

아브라함 | 갓난아기들은 생각하고 있는 중이며, 또한 이 세상에 온 첫날부터 주위 사람들로부터 진동적으로 생각들을 받아들이고 있는 중입니다. 그래서 믿음들이 대를 이어 부모로부터 자식에게 그렇게 쉽게 전해지게 되는 것입니다. 당신이 말을 하지 않더라도, 그 아이는 당신이 느끼는 두려움이나 당신의 믿음을 진동적으로 받아들이고 있습니다. 만일 당신이 자신의 아이에게 가장 가치있는 도움을 주고자 한다면, 오직 당신이 바라는 것들에 대해서만 생각을 하십시오. 그러면 그 아이는 오직 당신이 바라는 그러한 생각들만을 전달받게 될 것입니다.

나와 합의했던 걸 타인이 이행하지 않을 때

제리 | 아브라함, '허용하기'와 관련해 마음속에 떠오르는 옛 속담이 하나 있습니다. "사람은 누구나 자신이 원하는 만큼 팔을 휘두를 권리가 있다(그것이 제겐 '허용하기'였습니다). 그들이 팔을 휘두를 내 권리에 간섭하거나, 혹은 그들이 내 코를 때리지만 않는다면." 다시 말해서 제가 살아가면서 다른 사람들이 원하는 게 무엇이건 갖거나 하거나 될 수 있도록 허용하고 있을 때, 그런 '허용'이 사업상 이전에 합의했던 사항에 위배되는 것이라면, 그 합의 당사자에게 합의사항을 지키던지 또는 책임을 지라고 요구하지 않기가 다소 어렵게 느껴집니다.

아브라함 | 다른 사람이 당신의 체험에 방해가 될 수 있다든가 또는 다른 사람이 당신의 얼굴에 팔을 휘두를 수도 있다고 걱정하고 있

는 한, 당신은 아직도 자신이 삶에서 얻는 것을 어떻게 얻고 있는지를 여전히 제대로 이해하지 못한 상태입니다. 당신은 오늘부터 자신이 원하는 것들만 끌어당기기 시작할 수 있습니다. 당신이 그런 질문을 하게 된 것은, 당신이 최근에 또는 과거의 어느 시기에 이러한 사실을 이해하지 못한 채 자신의 생각을 통해서 자신의 얼굴을 향해 팔을 휘두르게 될 사람을 초대하였기 때문입니다. 그래서 당신은 지금 "그럴 때 제가 어떻게 문제를 풀어야 하죠?"라고 묻고 있는 것입니다.

만일 당신의 체험 속에 그렇게 팔을 휘둘러 당신의 심기를 불편하게 만드는 사람들이 있다면, 그들을 더 이상 주시하지 마십시오. 그러면 그들은 사라질 것입니다. 그들이 있던 자리에는 당신과 조화를 이루며 편안한 느낌을 주는 그런 사람들이 오게 될 것입니다. 하지만 대체로 일어나는 일은, 그가 팔을 휘두르고 있을 때, 그가 당신이 바라지 않는 일을 하고 있을 때, 당신은 자신의 주의를 그 일에 집중하고 있는 상태라는 것입니다.

그래서 당신은 그 일에 대해 더욱 화가 난 상태입니다. 당신은 그 일에 대해 더욱 실망스런 상태입니다. 그러면 '끌어당김의 법칙'에 의해서 당신에게 그런 일을 하는 사람이 여러 명으로 늘어나게 될 것입니다. 머지않아 당신이 자신의 체험 속에 있는 다른 어떤 것보다 그걸 더 많이 갖게 될 때까지 말이죠. 두 사람, 세 사람 또는 여러 사람으로 늘어 날 것입니다. 하지만 만족스럽게 느껴지지 않는 그런 것들로부터 당신의 주의를 거두고, 정말 만족스럽게 느껴지는 그런 것들로 주의를 향하게 하십시오. 그러면 당신이 끌어당기고 있는 것들의 방향이 바뀌게 될 것입니다. 당장은 아니겠지만 바뀌기 시작할 것입니다.

앞으로 30일 동안 매일 아침마다, 이런 말과 함께 하루를 시작하십시오. "내가 보길 의도하고, 내가 보길 원하고, 내가 보길 기대하는 것은 이것이다. 오늘 내가 누구와 함께 일하든, 오늘 내가 누구와 이야기를 나누든, 오늘 내가 어떤 자리에서 무엇을 하든, 내 의도는 오직 내가 보길 원하는 것들만을 보는 것이다." 그러면 당신은 삶이 흘러가는 방향을 바꾸게 될 것입니다. 그리고 지금 당신을 불쾌하게 만드는 모든 일들은 당신의 체험으로부터 떠나가게 될 것이고, 오직 기쁘고 즐거운 것들로 대체될 것입니다. 절대적으로 그렇게 됩니다. 그것은 법칙입니다.

당신은 잘못될 수도 없고 완료할 수도 없다

당신이 현재의 육체에 초점을 맞추기 이전의 비물질적인 관점에서 품었던 의도는 '허용하는 존재'가 되겠다는 것과 '허용의 기술'을 이해하겠다는 것이었습니다. 진실로 당신이 알았으면 하고 우리가 바라는 것은 당신은 절대로 완료되지 않는다는 사실입니다. 당신은 먼저 상상을 한 다음, 창조가 완료되는 식탁과 같은 것이 아닙니다. 당신은 끊임없이 '되고있는becoming' 상태에 있습니다. 당신은 영원히 성장해가는 과정에 있습니다. 하지만 당신은 언제나 이 순간의 당신입니다.

당신은 우주의 법칙들을 아주 잘 이해해서 그것에 정통하길 원합니다. 당신은 자신에게 일어나는 일들이 어떻게 그리 되는 것인지 이해함으로써 자신이 희생자라고 느끼지 않게 되기를 원하며, 또한 다른 사람들이 변덕스럽게 휘두르는 팔에 얻어맞을 만큼 취약하다고 느끼지 않게 되기를 원합니다.

당신이 중간 단계에 있을 때 이러한 것들을 이해하기는 쉽지 않을 것입니다. 즉, 현재 여기서 우리가 전해준 지식들을 이해하기 전에 당신이 창조한 세계로부터, 이제 그런 지식을 명확하게 알게 된 후 지금 창조되는 과정에 있는 세계로 옮겨가는 중간 단계에 위치해 있을 때 명확히 알기는 어려운 일입니다.

그래서 현재 당신이 삶에서 체험중인 것들 중 일부는 과거에 당신이 했었던 생각들로 인해서 창조된 것이기에, 지금 현재 당신이 원하는 것들과 아주 잘 들어맞지는 않습니다. 따라서 이런 과도기적인 중간 단계에서 당신이 느끼게 되는 다소간의 불편함을 우리는 이해합니다. 하지만 당신이 자신이 원하는 것들에 대해 더욱 명확하고 더욱 분명하게 알게 될 경우, 그와 같은 불편한 일들은 더욱 더 약해지고 더욱 더 줄어들게 될 것입니다. 과거의 창조력에 의해 생성되었던 여러 가지 방해물들은 지금 당신의 체험으로부터 사라지고 있는 중입니다.

당신이 기분 좋은 감정을 느끼는 상태에서 지금 자신이 하고 있거나 말하고 있거나 생각하고 있는 것만을 오로지 숙고하고 있다면, 당신은 현재 자기 자신을 허용하고 있는 상태입니다. 당신이 기분 좋은 감정만을 느끼는 다른 이들이 경험중인 삶의 모습들을 보고 있다면, 당신은 다른 이들을 허용하고 있는 상태입니다. 그것은 그토록 단순합니다. 따라서 당신은 자기 자신에 대해 기분 나쁜 감정을 느끼면서 자신을 허용하는 상태가 될 수 없습니다.

'허용하는 존재'가 된다는 것은 긍정적이고 기분 좋은 감정만을 느끼는 사람이 된다는 뜻입니다. 그 말은 지금 당신의 주의력이 어떤 것들을 향하게 할지를 스스로 통제해야만 한다는 뜻입니다. 그리고 그것은 당신의 세상 속에 존재하는 모든 사물과 모든 사람들을 틀에 집어넣어 자신이 바라는 모습으로 바꾸어야만 한다는 뜻이 아닙니다. 그것은 당신이 우주로부터, 세상으로부터, 동료들로부터, 오직 자신과 조화를 이루는 것들만을 바라보고 또 그런 것들만을 끌어당긴다는 걸 의미합니다. 그와 동시에 자신과 조화를 이루지 않는 다른 것들에는 주의를 기울이지 않음으로써, 그런 것들을 끌어당기거나 초대하지 않는다는 걸 의미합니다. 그게 바로 허용하기입니다.

그리고 친구들이여! 하나 더 알려드리고 싶은 것은, 허용의 상태야말로 당신들이 지금까지 추구해왔고 앞으로도 영원히 추구하게 될 존재 상태 중에서 도달 가능한 가장 영광스러운 존재 상태라는 것입니다. 일단 당신이 '허용하는 존재'가 되고 나면, 지속적으로 당신은 위쪽으로 위쪽으로 상승해가게 되는데, 당신을 끌어내리거나 균형을 잃게 만드는 부정적인 감정이 더 이상 당신에게 없을 것이기 때문입니다. 뒤쪽으로 역행하는 진동추의 움직임은 전혀 존재하지 않게 됩니다. 당신은 언제까지나 영원히 경이롭고 영광스럽게 앞을 향해 전진해나가고 위쪽을 향해 상승해나가게 될 것입니다.

ABRAHAM-HICKS

제4장

시간마디별 의도하기

연습과 실천

Segment

Intending

엄밀히 말해서, 당신의 모든 창조력은 지금 이 순간에 있습니다.
하지만 당신은 자신의 창조력을 단지 지금 이 순간 속으로
투입하고 있을 뿐만 아니라, 또한 자신을 위해 존재하고 있는
미래 속으로도 투사하고 있는 중입니다. 따라서 당신이
지금 현재의 이 마디 속에서 잠시 멈추어 선 다음,
자신이 바라는 게 무엇인지 규정해가는 일을 더욱 기꺼이 해가게 될수록,
당신이 체험하게 될 미래의 행로는 더욱 훌륭해지고 더욱 명확해지는 동시에
더욱 멋지고 근사한 길이 될 것입니다.
뿐만 아니라 당신이 체험해가는 각각의 모든 순간들 또한
더욱 좋아지고 더욱 더 좋아지게 될 것입니다.
당신은 자신의 인생체험을 완벽하게 의도적으로 통제할 수가 있습니다.

THE LAW OF

ATTRACTION

WELLBEING LOVE JOY SUCCESS HEALTH HAPPINESS WEALTH

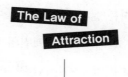

시간 마디별 의도하기의
마법적 효과

제리 ┃ 아브라함, 저는 '끌어당김의 법칙'과 '의식적 창조과학' 그리고 '허용의
기술'이라는 세 가지 요소를 결합시키고 나서, 다음에 소개할 '시간마디별 의도하
기'라는 기법을 거기에 추가하게 되면, 대체로 일들이 일어나게 만들기 위한 종합
적인 창조비법이 완성되는 것처럼 느껴집니다. 이 '시간마디별 의도하기' 기법에 대
해서 말씀해주시겠습니까?

아브라함 ┃ 자신이 하는 인생체험의 창조자가 자기 자신이라는 사
실을 이해하게 되면, 당신은 자신이 바라는 체험을 삶속에 허용하기
위해서 자신이 소망하는 것들을 보다 명확하게 규정하길 원할 것입
니다. 왜냐하면 자신이 참으로 원하는 게 무엇인지 확인하고 규정하
기 위해 잠깐씩 멈추어서기 전까지는, 당신이 의식적 창조를 할 가
능성이 없기 때문입니다.

237

당신은 자신이 체험하는 삶의 모든 마디들이 언제나 똑같은 것이기를 원하지 않습니다. 실제로 매일 매일의 나날들 속에서 당신은 수많은 시간마디들을 갖고 있고 각 시간 마디마다 당신의 의도는 같지 않습니다. 따라서 이 '시간마디별 의도하기'의 핵심 요점은, 당신이 하루를 보내는 동안 자신이 가장 원하는 것이 무엇인지 확인하기 위해 여러 번 멈추어 서는 일이 얼마나 가치있는 일인지를 당신이 알게 되도록 돕는 것입니다. 그랬을 때 당신은 자신이 의도하는 일을 더 명확하게 만들어 그 시간마디에 힘을 더할 수 있게 될 것입니다.

자신이 현재하고 있는 생각의 결과에 따르는 삶만을, 실제로 현재 살아가고 있는 사람들은 극소수에 불과합니다. 하지만 당신이 시간 마디마다 멈추어 서서, 그 마디에서 자신이 가장 바라는 게 무엇인지를 확인하게 될 때, 당신은 자신의 미래 체험에 길을 내는 생각을 일으키고 있는 중이고, 앞으로 자신이 그와 비슷한 시간마디에 들어설 때는 언제나 이미 그렇게 길이 나있게 됩니다.

다시 말해서, 지금 현재 당신이 혼자서 자동차를 운전하고 있다고 가정해봅시다. 그때 다른 누군가와 대화를 바라거나 그 사람의 말을 명확하게 알아듣고 싶다는 바람은, 현재 마디에서 아주 적절한 의도가 아닙니다. 하지만 안전한 운전을 바라고, 원활한 교통의 흐름을 바라고, 그리고 상쾌한 기분으로 제 시간에 도착하는 것을 바라는 것은, 자동차를 운전해 어디론가 이동하고 있는 현재의 시간마디에 아주 잘 들어맞는 적절한 의도들입니다. 당신이 운전을 하기 위한 현재의 시간마디에 들어서면서 자신의 의도를 규정하는 작업은, 단지 현재의 시간마디에만 영향을 주는 것이 아니고, 자신이 미래에 다시 운전을 해야 하는 상황에서도 자신이 좋아할만한 환경이나 사건들만을 접할 수 있도록 길이 나있거나 창조되어 있는 것을 보게 될 것입니다.

이 기법을 삶 속에서 사용하는 초기에는, 매 마디마다 자신이 바라는 것들을 규정하고 있을지라도 과거에 일으켰던 생각들로 인한 다소의 영향력이 여전히 남아있을 것입니다. 하지만 당신이 매 마디마다 자신이 바라는 것들을 계속 확인해나가게 되면, 조만간 당신은 자신이 좋아할 체험들로만 길이 나있는 삶을 살게 될 것입니다. 그렇게 되면 당신은 삶속에서 벌어지는 일들을 자신이 바라는 식이 되도록 만들기 위해 많은 행동을 취할 필요가 없게 될 것입니다.

시간마디별 의도하기로 성공을 의도하기

엄밀히 말해서, 당신의 모든 창조력은 지금 이 순간에 있습니다. 하지만 당신은 자신의 창조력을 단지 현재 속으로 투사하고 있을 뿐만 아니라, 미래 속으로도 투사하고 있는 중입니다. 따라서 당신이 현재의 마디에서 잠시 멈추어 서서, 자신이 바라는 게 무엇인지 규정하는 일을 더욱 열심히 하게 될수록 당신이 체험하게 될 미래는 더 훌륭하고, 더 명확하고, 더 멋진 것이 될 것입니다. 그러면 당신이 체험하게 될 모든 순간들은 더욱 좋아지고 더 더욱 좋아지게 될 것입니다.

'시간마디별 의도하기'라는 이 글의 목적은, 자신의 인생 체험을 완벽하게 그리고 의도적으로 통제할 수 있게 되기를 원하는 사람들에게 근본적인 우주의 법칙들을 즉시 실행에 옮길 수 있도록 실제적인 기법을 제공하는 것입니다. 어떤 사람들에게는 이 말이 지나치게 과장된 것처럼 느껴질 수도 있습니다. 왜냐하면 대다수의 사람들이 자신의 인생 체험들을 스스로 통제할 수 없다고 느끼기 때문입니다. 하지만 당신은 자신의 삶을 자신의 의도대로 통제할 수 있다는 사실을 알았으면 하는 게 우리의 바람입니다.

우리가 지금 당신들 앞에 나타난 이유는, 현재 자신의 육체에 초점을 맞춘 채 살아가고 있는 당신들이 삶속에 끌어당기고 있는 모든 것들을 어떻게 해서 끌어당기게 되는지에 대한 명확한 이해를 갖도록 하기 위해서입니다. 그래서 당신이 생각을 통해 그것들을 초대하지만 않으면 그 어떤 것도 당신에게 오지 않는다는 사실을 이해하도록 돕기 위해서입니다. 당신이 자신의 인생체험들을 살펴보고, 지금까지 자신이 생각하고 말하고 있는 것들과 실제로 자신이 삶에서 얻고 있는 모든 것들이 서로 완벽하게 관련되어 있다는 사실을 인식하게 되면, 비로소 당신은 다음과 같은 사실을 명확히 알게 될 것입니다. 즉, 바로 당신 자신이 이 물질세계에서 경험하는 모든 인생체험의 초대자이며, 창조자이며, 끌어당기는 존재라는 진실입니다.

지금 이 시기는 최상의 시기

현재 당신이 살아가고 있는 이 경이로운 시기는, 기술적으로 대단히 진보되어 온 세상의 모든 것들로부터 오는 온갖 정보들로 인해 끊임없이 생각의 자극을 받을 수 있는 시기입니다. 당신이 그러한 정보들에 접하게 되는 것은 큰 도움이 됩니다. 그것들이 당신에게 성장하고 확장할 수 있는 기회를 제공해주기 때문입니다. 하지만 그것들은 반대로 엄청난 혼란의 원인이 되기도 합니다.

당신이 지니고 있는 더 적은 주제에 초점을 맞출 수 있는 능력은 당신에게 더 큰 명확성을 가져다 주지만, 이와 반대로 한꺼번에 많은 주제들에 대해 동시적으로 초점을 맞출 수 있는 당신의 능력은 자신을 더욱 혼란스럽게 만들기 쉽습니다. 당신은 이해력이 빠르며, 사고과정 또한 대단히 빠릅니다. 그래서 당신이 오직 한 가지 주제에 대해서만 숙고하고 있게 될 경우, '끌어당김 법칙'의 강력한 힘에 의해 당신은 그 주제에 더욱 더 명료성을 부여함으로써 그 주제와 관련된 어떤 일이든 성취할 수 있게 됩니다. 하지만 현재 이 사회에는 생각을 자극하는 것들이 너무도 많기 때문에, 한 가지 주제에 충분히 오래 집중함으로써 아주 멀리까지 발전시켜나가는 사람들은 매우 드뭅니다. 대부분의 사람들은 주의가 너무 분산되어 있기 때문에 하나의 생각을 거대하게 발전시켜나가지 못하고 있습니다.

시간마디별 의도하기의 목적과 효과

따라서 '시간마디별 의도하기'는 지금 이 순간에 자신이 특별히 원하는 게 무엇인지를 의식적으로 확인해나가는 기술입니다. 그것은 자신의 모든 인생경험을 한꺼번에 고려하는 혼란함으로부터, 이 특정한 순간에 자신이 가장 원하는 것이 무엇인지를 의식적으로 알아내겠다는 의도를 갖는 일입니다. 그래서 자신이 의도하는 바가 무엇인지 명확하게 확인하는 시간을 갖게 되면, 그 순간 당신은 우주로부터 어마어마한 힘을 끌어오게 됩니다. 그래서 지금 현재 당신이 서 있는 바로 이 특정한 순간 속으로 모든 힘들이 집중되게 됩니다.

　자신의 생각을 자석이라고 생각하십시오(실제로 이 우주 속의 모든 것들은 자석입니다. 그래서 비슷한 것끼리 서로 끌어당기는 것입니다). 그래서 비록 당신이 하나의 아주 작은 부정적인 생각을 숙고하고 있거나 초점을 맞추고 있게 될지라도, '끌어당김의 법칙'의 힘에 의해서 그 생각은 더욱 크게 자라날 것입니다. 만일 지금 현재 당신이 실망감이나 슬픔의 감정을 느끼고 있는 상태라면, 당신은 자신과 거의 비슷하게 느끼고 있는 다른 사람들이 끌려오는 것을 발견하게 될 것입니다. 당신의 '느낌'이 당신의 '끌어당기는 힘'이기 때문입니다. 따라서 당신이 불행하게 느끼고 있는 상태라면, 자신을 더욱 불행하게 만들 일들을 더 많이 끌어당기게 될 것입니다. 반면 당신이 기분 좋게 느끼고 있는 상태라면, 당신은 자신에게 좋은 것이라고 여길만한 것들을 더 많이 끌어당기게 될 것입니다.

　당신은 자신과 상호작용하게 될 사람들을 자신의 체험 속으로 끌어당기거나 초대하고 있습니다. 운전을 하는 도중에 만나는 사람들, 쇼핑 도중에 만나는 사람들, 산책 중에 만나는 사람들, 그 사람들과 나누는 대화의 주제, 레스토랑에서 당신을 맞이하는 웨이터의 태도, 웨이터가 당신에게 배정하는 자리, 당신이 교제하는 연인, 당신의 건강상태, 당신의 체험 속으로 흘러들어오는 돈 등 이러한 목록에는 당신 삶속의 모든 것들을 다 포함시킬 수가 있습니다. 그렇기 때문에 당신이 보내는 하루의 시간들 속에서 '지금'이라는 순간이 얼마나 강력한 힘을 가지고 있는지 이해하는 것이 아주 중요한 일입니다. '시간마디별 의도하기' 기법의 핵심은, 당신 삶속의 특정한 시간마디 속에서 자신에게 가장 중요한 일이 무엇인지를 확인하여, 자신이 진실로 체험하길 원하는 것들 쪽으로 자신의 생각을 확실하게 이끌어가는 것입니다.

우리가 사람들에게 **"당신은 자신이 하는 경험의 창조자입니다. 당신이 하는 경험들 중에서 스스로 초대하지 않은 것은 하나도 없습니다."**라고 말할 때 간혹 반발을 하는 사람들이 있습니다. 많은 사람들이 자신이 원하지 않는 것들을 삶속에 가지고 있기 때문입니다. 그래서 그들은 이렇게 말을 합니다. "아브라함, 내가 원하지도 않는 이런 것들을 스스로 창조했을리 없습니다." 물론 우리도 당신이 고의적으로 그렇게 하지 않았다는 것에는 동의합니다. 그렇지만 당신이 그것을 창조하지 않았다는 주장에는 동의하지 않습니다. 왜냐하면 지금 당신이 삶에서 얻고 있는 것들은 오로지 당신 자신의 생각에 의해, 그리고 당신 자신의 생각을 통해서만 가능하기 때문입니다. 하지만 당신이 하는 인생체험의 창조자가 자기 자신이라는 사실을 기꺼이 받아들일 준비가 되어있지 않다면, 당신은 지금 우리가 여기서 제공하고 있는 내용들이 크게 가치있다고 느끼지 못할 것입니다.

'끌어당김의 법칙'은 당신이 그것의 힘을 의식적으로 자각하건 자각하지 못하건 관계없이 항상 당신에게 영향력을 발휘하고 있습니다. 그리고 '시간마디별 의도하기'는 당신이 자신의 생각이 가진 강력한 힘을 더 많이 자각하는데 도움이 될 것입니다. 왜냐하면 당신이 이 기법을 좀 더 의식적이고 의도적으로 사용하면 사용할수록, 당신 인생의 세부적인 모습들은 자신이 의도하는 쪽으로 더욱 더 많이 바뀌게 될 것이기 때문입니다.

사회로부터 받는 수많은 생각의 자극들

현재 당신은 수많은 생각의 자극들을 받을 수밖에 없는 사회 속에서 살고 있습니다. 그래서 당신이 무방비 상태로 그러한 것들을 받아들이게 될 경우, 당신은 더 많은 생각들을 아주 쉽게 끌어당기는 상태가 될 수 있습니다. 그렇게 되면 당신은 더욱 더 많은 상황들과 사건들과 사람들을 삶속에 끌어당기게 됨으로써 그런 것들을 처리할 시간이 부족하거나 처리할 엄두조차 나지 않게 될 수 있습니다.

텔레비전이나 라디오와 같은 대중매체를 한 시간 정도만 접해도 당신은 엄청난 생각의 자극을 받게 됩니다. 그래서 당신이 완전히 압도되는 기분에 휩싸이게 된다거나, 또는 완전히 녹초가 되어 일손을 놔버리게 되는 것도 그리 놀라운 일이 아닙니다. 왜냐하면 너무도 많은 자극들이 대단히 빠르게 당신에게 오고 있기 때문입니다.

이 '시간 마디별 의도하기' 기법은 당신에게 해결책을 제공해 줄 것입니다. 이 글을 계속 읽어나가다 보면, 당신이 느끼는 혼란스러움은 확실하고 명쾌한 느낌으로 바뀌게 될 것이고, 통제가 불가능하다는 느낌은 통제하고 있다는 느낌으로 바뀌게 될 것입니다. 또한 많은 사람들이 느끼는 정체된 듯한 기분은 빠르게 전진해나가고 있다는 유쾌하고 신명나는 기분으로 바뀌게 될 것입니다.

'혼란스럽다'는 느낌은 당신이 한꺼번에 너무 많은 것들을 생각하고 있을 때 오게 되는 반면, '명쾌하다'는 느낌은 당신이 좀 더 선별된 소수의 주제에 대해서만 생각하고 있을 때 오게 됩니다. 그리고 그 모든 건 '끌어당김의 법칙'에 의해 일어나는 것입니다. 당신이 어떤 주제에 대한 생각을 일으키면, 끌어당김의 법칙이 즉시 가동되어 그 주제와 관련된 더 많은 생각의 자극을 배달하게 됩니다. 당신이 이 생각에서 다른 생각으로 그리고 또 다른 생각으로 계속해서 옮겨 다니고 있을 때, 끌어당김의 법칙은 그 모든 생각들에 관한 또 다른 생각들을 당신에게 좀 더 많이 제공해주게 됩니다. 그것이 당신이 흔히 압도되는 느낌을 갖게 되는 원인입니다. 끌어당김의 법칙으로 인해서 당신은 이제 아주 다양한 주제들에 관한 정보들을 호출해 낸 상태이기 때문입니다.

많은 경우 그러한 정보는 당신의 과거로부터 오게 될 것이고, 많은 경우 그것들은 당신과 가장 가까이 있는 사람들로부터 오게 될 것입니다. 그렇지만 최종적인 결과는 모두 똑같습니다. 즉, 지금 현재 당신은 너무나도 많은 것들을 동시에 고려하고 있기 때문에 특정한 한 방향으로 나아가지 못하고 있는 상태입니다. 결국 당신이 좌절감이나 혼란스러움을 느끼는 것이 당연한 결과일 것입니다.

혼돈에서 명쾌함으로 그리고 의식적 창조로

당신이 숙고하기 위해 어떤 하나의 주요한 주제를 선택하게 될 때, 끌어당김의 법칙은 그 특정한 생각과 유사한 생각들을 당신에게 배달해줄 것입니다. 하지만 이제는 떠오르는 모든 생각들이(상충되거나 상반되는 쪽의 생각들까지 포함해서) 여러 방향에서 찾아오는 것이 아니라, 그 중요 주제에 대한 생각과 조화를 이루는 생각들만이 찾아오게 될 것입니다. 따라서 당신은 명쾌하다는 느낌을 갖게 될 것입니다. 그리고 명쾌하다는 그 느낌보다도 한층 더 중요한 것은 자신의 창조물을 향해서 지금 당신이 나아가고 있다는 앎을 지니게 될 것이라는 사실입니다.

당신이 한꺼번에 너무 많은 주제들을 숙고하고 있을 경우, 대체로 당신은 그것들 중 어떤 것을 향해서도 힘차게 나아가지 못하는 상태가 됩니다. 당신의 초점이 분산됨으로써 당신의 끌어당기는 힘 또한 분산되기 때문입니다. 그에 반해서 어느 시점에 당신이 가장 중요한 것에 초점을 집중시키고 있는 경우, 당신은 아주 힘차게 그것의 창조를 향해서 나아가게 됩니다.

하루를 마디별 의도에 따라 구분하기

지금 현재 당신이 서있는 이 시점, 지금 현재 당신이 의식적으로 지각하고 있는 이 시점, 그게 바로 하나의 시간마디입니다. 아마 당신의 하루는 여러 개의 마디들로 나눠질 수가 있을 것입니다. 사람마다 서로 완전히 똑같은 시간마디를 갖고 있는 경우는 없을 것이고, 또한 당신이 체험하고 있는 매일 매일의 시간마디들도 날마다 다를 것입니다. 그것은 괜찮은 일입니다. 따라서 자신의 시간마디들을 너무 고지식하게 구분할 필요는 없습니다. 중요한 것은 하나의 마디로부터 다른 마디로 옮겨가게 될 때, 그 사실과 그에 따라 자신의 의도들 또한 바뀌고 있는 중이라는 사실을 인식하는 일입니다.

예를 들어, 아침에 잠에서 깼을 때, 당신은 하나의 새로운 마디에 들어선 것입니다. 잠에서 깨어난 상태에서 침대 밖으로 나오기 전까지가 하나의 시간마디입니다. 당신이 다음에 할 활동을 위해 준비를 하고 있는 그 시간이 또 하나의 마디입니다. 다른 장소로 이동하기 위해 차를 타고 있는 동안이 또 하나의 마디입니다. 그런 식으로 시간마디를 구분해 나가십시오.

만일 당신이 새로운 체험의 마디로 들어서고 있다는 것을 알아차리게 될 때마다, 잠시 멈추어 선 다음 새로운 마디에서 자신이 가장 원하는 게 무엇인지를 생각이나 말을 통해 표현해 보게 되면, 당신은 강력한 끌어당김의 법칙에 의해 자신의 의도와 조화를 이루는 생각들, 상황들, 사건들은 물론 타인들로부터의 대화나 행동들까지도 이끌어내기 시작할 것입니다.

당신이 지금 새로운 마디에 들어서고 있다는 걸 인식하기 위해 시간을 내고, 더 나아가 그 마디에서 자신의 가장 주요한 의도들이 무엇인지를 확인하는 시간을 갖게 된다면, 당신은 타인들의 영향력에 의한 혼란스러움이라든가 자신의 무의식적인 생각 습관에 의한 혼란스러움을 사전에 예방하게 될 것입니다.

나는 여러 수준에서 창조활동을 하고 있다

인생체험의 모든 시간마디들 속에서 당신은 여러 수준의 창조활동을 하고 있습니다. 당신이 그 마디에서 '행하고 있는' 것들이 있습니다(행동은 강력한 창조의 방식입니다). 당신이 그 마디에서 '말하고 있는' 것들이 있습니다(말을 하는 것은 강력한 창조의 방식입니다). 당신이 그 마디에서 '생각하고 있는'것들이 있습니다(생각하는 것은 강력한 창조의 방식입니다). 뿐만 아니라 각각의 마디들 속에서, 당신은 지금 '현재' 벌어지고 있는 일들에 대해 숙고하고 있을 수도 있고, 이미 '과거'에 일어났었던 일들에 대해 숙고하고 있을 수도 있으며, 또는 장차 '미래'에 일어날 수도 있는 일들에 대해 숙고하고 있을 수도 있습니다.

당신이 미래에 체험하길 바라는 일에 대해 생각하고 있을 때, 당신은 그 바라는 일의 본질을 끌어당기기 시작합니다. 하지만 현재에는 그것을 위한 준비가 되어 있지 않기에, 그것은 현재에는 오지 않을 것처럼 보입니다. 하지만 그것은 벌써 움직임을 시작하고 있습니다. 그리고 당신이 미래의 자리를 향해 움직여나가게 될 때, 현재 시점에서 당신이 생각을 일으킨 그러한 사건들과 환경들 또한 그 미래의 자리에 다가오고 있습니다.

지금 내가 하는 생각들이 미래로 길을 내고 있다

우리가 흔히 '길 내기prepaving'라고 표현하는 과정은 이런 것입니다.

당신은 현재 속에서 자신의 미래를 향해 생각을 일으킵니다. 그래서 당신이 그 미래의 시간에 도달하게 됐을 때, 당신의 미래는 이미 길이 나 있거나 미리 준비되어 있게 됩니다. 당신 자신을 위해서 당신 스스로 그렇게 한 것입니다. 따라서 오늘 당신이 경험하고 있는 많은 일들은 이미 어제와 그제, 그리고 작년과 재작년 등 과거에 당신이 일으켰던 오늘에 대한 생각들의 결과인 것입니다. 자신이 미래에 체험하길 원하는 것에 대한 모든 생각들은 당신에게 크게 이로울 것입니다. 하지만 자신이 체험하길 원하지 않는 미래에 대한 모든 생각들은 당신에게 해가 될 것입니다.

당신이 바라는 건강과 활력에 대해 생각하면서 그러한 자신의 미래 모습을 기대하고 있을 때, 지금 당신은 자신을 위해 그것을 준비하고 있는 중이며 미리 길을 내고 있는 중입니다. 하지만 당신이 노화나 질병에 대해 걱정하거나 두려워할 때, 마찬가지로 당신은 지금 자신의 미래를 위해 그걸 준비하고 있고 미리 길을 내고 있는 중입니다.

'시간마디별 의도하기'는 당신이 지금 이 순간에, 자신의 현재에 대해 생각하고 있건 미래에 대해 생각하고 있건 관계없이 언제나 도움이 될 것입니다. 왜냐하면 그 모든 경우에 있어, 당신은 그 순간에 의식적이고 의도적인 창조를 하고 있기 때문입니다. 그것이 바로 '시간마디별 의도하기' 기법의 핵심입니다. 당신이 현재 특별히 어떤 일을 행하고자 하거나, 또는 어떤 말을 하고자 하거나, 또는 미래에 체험하려는 어떤 일에 대해 미리 길을 내고자 하거나, 당신이 그걸 의도적이고 의식적으로 하는 것이야 말로 대단히 중요하고 가치있는 일인 것입니다.

만일 당신이 자동차에 타서 의식적으로 안전에 대한 의도를 세우게 된다면, 그러한 의도와 부합되는 상황들을 끌어당기게 될 것입니다. 물론 당신이 이전의 유사한 시간마디 속에서 안전을 소망하고 기대하면서 동일한 의도를 품었었다고 한다면, 이미 당신의 미래는 그러한 의도들에 의해서 준비되어 있는 상태일 것입니다. 그리고 현재 당신이 행하고 있는 '마디별 의도하기'를 통한 새로운 의도는 그러한 과거의 의도에 보태지게 됨으로써, 안전에 대한 의도를 더욱 강화시키게 됩니다.

미리 길을 낼 것인가 무의식적으로 살 것인가?

만일 당신이 과거에 현재의 시간마디를 위한 길을 내지 않았었고, 지금 현재도 의식적으로 의도를 세우고 있지 않는 상태라면, 당신은 현재 무의식적인 삶을 살고 있을 것입니다. 따라서 타인들의 의도에 휩쓸리거나 혼돈 속에서 살아가고 있을 가능성이 농후합니다. 각기 다른 차를 운전 중이던 두 사람이 같은 지점에서 동시에 만나 충돌사고를 경험하게 되는 것은 두 사람 모두 안전을 의도하지 않았었기 때문입니다. 그들은 삶을 무의식 속에서 살고 있기에, 당신이 보다시

피 자신들의 혼란 속에서 서로를 끌어당기게 된 것입니다.

만일 당신이 바라는 것을 의도하고 그것을 기대하게 되면, 그것은 당신의 현실이 될 것입니다. 하지만 자신이 소망하는 것들에 대한 의도를 세우는 시간을 갖지 않았을 경우, 당신은 다른 사람들의 의도나 자신의 오래된 습관에 의한 영향력 때문에, 자신이 바랄 수도 있고 바라지 않을 수도 있는 온갖 종류의 것들 모두를 끌어당기게 됩니다. 우리는 당신이 원치 않는 것들을 무의식적으로 끌어당기게 되는 것과 마찬가지로, 자신이 좋아하는 것들을 우연히 혹은 무의식적으로 끌어당기게 되는 일도 있다는 사실에 동의합니다. 하지만 무의식적으로 끌어오게 될 경우에는 만족감이 있을 수 없습니다. 삶에서의 진정한 기쁨은 자신이 의도하는 것들을 의식적으로 창조하는 데서 비롯되는 것입니다.

내가 느끼고 있을 때 나는 끌어당기고 있다

자, 당신의 '의식적 창조'를 위한 열쇠는 이것입니다.

당신 자신을 어느 시점에서건 자신이 느끼는 방식대로 모든 걸 끌어당기고 있는 일종의 자석이라고 생각하십시오. 당신이 명확하게 상황을 통제하고 있다고 느낄 때는 명확한 상황을 끌어올 것입니다. 행복하다고 느끼고 있을 때는 행복한 상황을 끌어올 것입니다. 건강하다고 느끼고 있을 때는 건강한 상태를 끌어올 것입니다. 부유하다고 느끼고 있을 때는 부와 번영을 끌어올 것입니다. 사랑받고 있다고 느낄 때에는 사랑스러운 관계나 환경을 끌어올 것입니다. 글자 그대로, 당신의 느낌이 당신의 끌어당기는 힘입니다.

따라서 '시간마디별 의도하기'의 유용성은, 당신이 하루를 보내는 동안 여러 차례 잠깐씩 멈추고 이렇게 말하는 데 있습니다. "내가 이 시간마디에서 바라는 것은 ~이다. 나는 이것을 원하고 또 기대한다." 그리고 당신이 이 강력한 말을 표출해내게 되면, 당신은 우리가 말하는 소위 '선택적으로 걸러내는 존재'가됩니다. 그러면 자신이 원하는 것들을 자신의 체험 속으로 끌어당기게 될 것입니다.

당신들이 살고 있는 물질세계는 온갖 종류의 것들로 가득 차 있습니다. 그 속에는 당신이 아주 싫어하는 것들도 있고 당신이 아주 좋아하는 것들도 있습니다. 하지만 당신의 삶속으로 오게 되는 모든 것들은 오직 당신이 생각을 통해서 초대해야만 올 수 있습니다. 따라서 당신이 하루 중에도 여러 차례 하던 일을 멈추고, 자신이 원하는 것이 무엇인지 확인하여 그것에 대한 기대를 진술하게 된다면, 당신은 자신의 인생체험들에 대한 '끌어당기는 힘을 통한 통제력'을 손에 넣게 될 것입니다. 이제 더 이상 당신은 '희생자'(진실로 그런 것은 없습니다)로 살아가지 않게 될 것입니다. 또한 이제 당신은 더 이상 무의식적으로 끌어당기거나 무분별하게 끌어당기지도 않게 될 것입니다. 일단 당신이 날마다 자신이 진정 원하는 게 무엇인지 확인하기 위해서 하루를 마디별로 구분하기 시작하면, 이제 당신은 의도적으로 끌어당기는 '의식적 창조자'가 된 것입니다. 그리고 이제 당신은 기쁘고 즐거운 삶을 경험해가게 될 것입니다.

지금 내가 가장 바라는 것은 무엇인가?

'시간마디별 의도하기'가 그토록 효과적인 이유는, 당신이 고려해볼 수 있는 아주 많은 주제들이 있긴 하지만 그 모든 것들을 동시에 숙고하고자 할 경우엔 혼란스럽고 압도되는 느낌을 받기 때문입니다. 각각의 마디마다 의도를 확인하는 것이 가치가 있는 것은, 당신이 그 순간 더욱 적은 요소들에 더욱 정확히 주의를 집중하게 됨에 따라 '끌어당김의 법칙'이 더욱 강력하게 반응하게 되기 때문입니다. 뿐만 아니라, 의심이나 걱정 또는 '결핍을 의식하기'처럼, 상반된 생각을 일으켜서 그 주제에 대한 혼동을 가져오는 일을 줄일 수 있게 되기 때문입니다.

예를 들어 전화가 왔다고 해봅시다. 당신은 수화기를 집어 들고 "안녕하세요."라고 인사를 합니다. 그리고 상대방을 확인한 후 당신은 "잠깐만 끊지 말고 기다려 주세요."라고 말한 다음, 마음속으로 다음과 같은 의도를 세웁니다. "내가 이 사람과의 대화에서 가장 얻고자하는 게 무엇이지? 나는 상대편을 고양시키길 원해. 나는 그의 말을 잘 알아듣고, 그 사람도 내 말을 잘 알아듣길 원해. 나는 그가 나의 바람과 소망들로부터 긍정적인 영향을 받길 원해. 그리고 내가 하는 말들로 인해 기운을 얻고 고무되길 원해. 나는 정말 이 대화가 성공적이기를 원해." 그러고 나서 통화를 시작하게 되면 당신은 미리 '길을 낸' 것입니다. 이제 그 사람은 당신이 그렇게 하지 않았을 때보다 훨씬 더 당신의 바람에 부합하는 방향으로 반응하게 될 것입니다.

다른 사람들이 당신에게 전화를 했을 경우, 그들은 자신이 원하는 게 무엇인지 이미 알고 있습니다. 그래서 당신도 자신이 원하는 게 무엇인지 확인하기 위해 잠시 시간을 가져야만 합니다. 만약 당신이 그렇게 하지 않는다면, 그들의 의도에 영향을 받음으로써 그들은 원하는 것을 얻게 될 수 있지만 당신은 그렇지 못할 수가 있습니다.

만일 당신이 한꺼번에 수많은 것들을 전부 원한다면 혼란이 가중됩니다. 하지만 당신이 어느 특정한 순간에, 자신이 원하는 것들 가운데 가장 중요하다고 여기는 특정한 것들에만 초점을 집중시키게 되면, 명쾌함과 힘과 속도를 얻게 됩니다. 그것이 바로 '시간마디별 의도하기' 기법의 핵심입니다. 즉, 새로운 시간마디에 들어섰을 때, 그 순간 자신이 가장 원하는 것이 무엇인지 확인하기 위해서 잠시 멈춘 후, 자신의 주의력을 자신이 원하는 것으로 향하게 함으로써 그것을 향해 힘을 끌어오게 만드는 것입니다.

어떤 사람들은 하루 중에 몇 개의 시간마디들에는 원하는 것들에 집중하기도 합니다. 하지만 하루를 보내는 동안 아주 많은 시간마디들 속에서 자신의 초점을 유지하는 사람들은 극소수에 불과합니다. 따라서 당신이 날마다 각각의 마디들을 확인하고 그 마디들 속에서 가장 중요한 게 무엇인지 확인하겠다는 결심을 하게 된다면, 당신은 하루를 보내는 동안 각각의 마디들 속에서 자력을 통해 의도적으로 끌어당기는 존재 또는 의식적으로 창조하는 존재가 될 것입니다. 그렇게 되면 이제 당신은 자신이 더욱 생산적이 되었다는 사실 뿐만 아니라 더욱 행복해졌다는 사실을 발견하게 될 것입니다. 왜냐하면 당신은 지금 현재 의식적으로 자신의 의도를 확인해나가면서 그것을 허용하고 있고 또한 실제로 얻고 있는 중이기에, 당신이 느끼게 될 만족감은 대단히 클 것이기 때문입니다.

당신은 지속적으로 성장을 추구하는 존재이기에, 자신이 성장을 향해 나아가고 있을 때 가장 큰 행복을 느끼게 됩니다. 하지만 당신이 정체되어 있다고 느끼고 있을 때는 그다지 행복하게 느끼지 않게 됩니다.

하루에 대한 '시간마디별 의도하기'의 예

자, 다음은 하루를 보내는 동안 자신이 들어서고 있는 각각의 새로운 시간마디를 인식하고, 각각의 마디를 위한 의도들을 세워가는 하나의 실례입니다.

당신이 하루 일과를 끝낸 후 잠을 자기 직전에 이 과정을 시작한다고 가정합시다. 잠을 자는 상태에 들어가는 것은 인생체험의 새로운 시간마디임을 인식합니다. 그래서 베개에 머리를 얹고 누워서 잠들 준비를 하고 있을 때 이런 의도를 세웁니다. "나는 내 몸이 완전히 이완되기를 원한다. 나는 잠을 자는 동안 편안하게 휴식을 취하고 새롭게 원기를 회복한 다음, 내일 아침 새로운 하루에 대한 열정을 지닌 채 잠에서 깨어나고자 한다."

다음날 아침에 눈을 뜨게 되면, 자신이 지금 새로운 체험의 마디에 들어섰다는 것과, 일어나기 전까지 침대에 누워있는 그 시간이 하나의 마디라는 것을 인식합니다. 그리고 이런 의도를 세웁니다. "침대에 누워있는 동안, 오늘 하루에 대한 명확한 그림을 그려보고

자 한다. 나는 오늘 하루를 보내는 동안 활기 넘치고 열의에 차있기를 의도한다." 그런 다음 침대에 누워있는 상태에서 자신이 맞이할 오늘 하루에 대한 충만한 느낌과 힘찬 열의가 내면에 솟아오르는 것을 느껴보십시오.

　당신이 침대 밖으로 나오게 되면 새로운 시간마디에 들어서게 됩니다. 이 마디는 아마 하루일과를 위해 준비하는 시간일 것이며, 그래서 양치질을 하고 세면을 하는 이 마디로 들어가면서 이렇게 의도를 세웁니다. "지금 내 의도는 놀랍고 훌륭한 내 몸이 얼마나 기능을 잘 발휘하고 있는지에 대해 고마움을 느껴보는 것이다. 그리고 내 몸을 아름답게 치장해서 가능한 한 멋지고 매력적으로 보이도록 만들겠다."

　아침식사를 준비하는 마디에서는 이런 의도를 세웁니다. "맛있고 영양가 있는 음식을 잘 골라서 효과적으로 준비해야지. 그것을 천천히 음미하면서 맛있게 먹자. 그래서 이 놀라운 몸이 음식물을 잘 받아들이고 완전히 소화시키게 하자. 나는 지금 이 시점에서 내 몸에 가장 필요한 음식들을 선택할거야. 이 음식들을 섭취하게 되면 새롭게 기운이 회복되고 심신이 상쾌해질 것이다." 당신이 이런 의도를 세운 후 식사를 하게 되면, 기운이 회복되고 더욱 활력 있게 느껴지며 더 젊어지는 기분이 드는 것을 알아차리게 될 것입니다. 그리고 당신은 아무런 의도가 없었을 때보다 그 음식들을 훨씬 더 즐기게 될 것입니다.

　출근을 하기 위해서 차에 타게 되면 안전하게 운전을 하겠다는 의도를 세웁니다. 또한 운전 중에는 상쾌하고 행복한 기분을 느끼고,

다른 운전자들의 의도를 파악하여 안전하고 유연하게 교통의 흐름을 따라가겠다는 의도를 세웁니다.

회사에 도착해서 차에서 내리게 되면, 새로운 체험의 마디로 들어서게 됩니다. 그 순간 잠깐 멈추어서, 거기서부터 사무실까지 걷고 있는 자신의 모습을 상상해봅니다. 기분 좋은 상태에서 효과적이고 안전하게 목적지로 걸어가고 있는 자신의 모습을 그려봅니다. 깊은 호흡을 하면서 자신의 몸에서 활력과 생기를 느끼겠다는 의도를 세우십시오. 그리고 자신이 가진 사고력이 얼마나 명쾌한지를 느껴보겠다고 의도합니다.

그 후 사무실에 도착하면, 이제 들어서게 될 다음 시간마디를 위해서 의도를 세웁니다. 직원들이나 사장과 반갑게 인사를 나누는 자신의 모습을 그려봅니다. 언제나 다정한 미소로 사람들을 대하면서 그들의 기분도 고양시키고 있는 자신의 모습을 그려봅니다.

당신이 만나게 될 사람들이 자신들의 의도에 대해 모두 다 의식적이지는 않다는 사실을 인식하십시오. 하지만 당신은 '마디별 의도하기'를 통해서 자신의 인생체험들을 통제하게 될 것이며, 또한 그들의 혼란이나 의도 또는 그들의 영향력에 의해 휩쓸리지 않게 될 것입니다.

당신이 '시간마디별 의도하기'를 실행하면서 하루를 보내게 되면, 자신이 세운 의도에 따르는 힘과 추진력을 느끼게 될 것입니다. 그러면 당신은 자신이 아무것도 두려울 것이 없는, 영광스러운 힘을 가진 존재라는 기분을 느끼게 될 것입니다. 그리고 자신이 해나가는 인생체험들을 창조적으로 통제해가고 있는 자신을 반복적으로 보게 될 때, 당신은 그야말로 자신이 될 수 없고 할 수 없고 가질 수 없는 것은 아무것도 없다는 사실을 인식하게 될 것입니다.

'시간마디별 의도하기'를 위한 노트 활용

물론 당신의 시간마디들은 우리가 예로 들었던 것과 똑같지는 않을 것입니다. 게다가 매일 매일의 마디들이 똑같지도 않을 것입니다. 하지만 당신이 며칠 동안만 직접 실행을 해보게 되면, 각각의 새로운 마디들을 확인하고 또한 그 마디에서 자신이 가장 바라는 것을 확인하는 일이 전혀 어렵지 않다는 사실을 발견하게 될 것입니다. 그러면 얼마 안가서 당신은 하루의 모든 마디들마다 멋진 결과들을 분명하게 기대하게 될 것입니다.

작은 노트를 가지고 다니면서, 새로운 시간마디를 확인하기 위해 잠시 멈추게 되는 동안에 자신의 의도를 그 노트에 기록하는 것이 더욱 효과적일 수 있습니다. 종이에 무언가를 글로 적고 있을 때 당신의 초점이 가장 강력하게 집중되기 때문에, 이 '시간마디별 의도하기'를 실행하는 초기에는 그런 노트를 사용하는 것이 아주 많이 도움이 될 것입니다.

'시간마디별 의도하기'와 관련해 또 다른 질문이 있습니까?

꼭 달성 해야만 하는 목표가 있습니까?

제리 | 아브라함, '시간마디별 의도하기'는 '끌어당김의 법칙', '의식적 창조과학', '허용의 기술'이라는 우주법칙들을 즉시 삶에서 적용하고 결과를 얻을 수가 있는 이상적이고 실용적인 도구처럼 느껴집니다. 다시 말해서, 당신들이 설명해준 우주의 법칙들을 매순간 의식적으로 자각하는 가운데 '시간마디별 의도하기'라는 기법을 실행하게 될 경우, 우리들 각자가 하는 생각들이 자신의 현실로 구현되는 것들에 어떻게 영향을 미칠 수 있는지를 즉시 깨닫게 될 듯합니다.

저는 거의 즉시 의식적으로 물질화를 경험할 수 있는 여러 개의 목표들을 의도하여, 그것들을 '마디별 의도하기'에 대입시켜 보았습니다. 그랬더니 그것은 제게 "이번 생에서 우리가 기본적으로 완료해야만 하는 총체적인 의도나 목표가 있지 않을까?"라는 의문이 들게 했습니다.

아브라함 | 네, 있습니다. 그리고 '시간마디별 의도하기'라는 것이 현재 당신이 삶을 체험하고 있는 이 순간에서 가장 가까운 의도이듯이, 소위 그 의도와 가장 먼 대척점에 위치한 의도는 당신이 현재의 물질세계로 들어올 당시에 품었던 의도라고 할 수 있습니다. 다시 말해서, 당신은 '지금 이 순간'에 자신이 가장 바라는 것을 의도하면서 지금 여기 존재하고 있습니다. 그럼에도 불구하고 '지금 이 순간'은 당신이 이 순간에 대해서 일으켰었던 생각들(심지어 당신이 현재의 육체로 태어나기 전에 했었던 생각까지 포함해서)에 의해 영향을 받고 있는 중입니다. 당신이 비물질적인 내면존재의 광대한 관점으로부터 현재의 육체로 들어올 당시, 실제로 당신은 어떤 의도들을 가지고

있었습니다. 하지만 이제는 현재의 물질적이고 의식적인 관점으로부터 나온 의도들이 주도적인 위치에 있습니다.

당신은 이전에 의도했었던 것들에 따라 행동해야하는 꼭두각시가 아닙니다. 당신은 매 순간 마다, 영원히 진화해가고 있는 자신의 관점에서 가장 적절한 것을 선택할 수 있는 결정권을 가지고 있습니다. 왜냐하면 당신은 현재의 육체 속으로 들어올 그 당시의 자신보다 더 크게 성장했기 때문입니다. 즉, 이번 생애서의 당신 체험이 이전의 당신의 관점에 이미 더해진 상태인 것입니다.

행복해지겠다는 목표만으로 충분합니까?

제리 | 그러니까 제 말은, 그처럼 개인적이며 총체적인 특정한 목표들이 무엇인지를 제가 의식적으로 알지 못하기 때문에, 단지 행복해지겠다는 목표보다 더 중요한 목표가 있느냐는 것입니다.

아브라함 | 당신은 자신이 이곳에 들어올 당시 내면존재의 관점에서 품었던 의도가 무엇인지 알 수 있는 방법을 방금 생각해냈습니다. 즉, 당신은 방금 "나는 그처럼 개인적이며 총체적인 특정한 목표들이 무엇인지를 의식적으로 알지 못하기 때문에"라고 말했습니다. 당신이 그처럼 개인적이고 총체적인 특정한 목표들이 무엇인지 의식적으로 알지 못하는 이유는, 애초에 특정한 목표들 자체가 없기 때문입니다.

당신은 현재의 육체로 태어나기 이전에 대략적인 의도들만을 가지고 있었습니다. 즉, '행복해지겠다,' '타인들을 고양시키는 존재가 되겠다,' '지속적으로 성장해가겠다' 등등 입니다. 하지만 구체적으로 어떤 과정을 통해서 또는 어떤 것들을 매개로 해서 그런 목적을 달성할 것인가 하는 것은, 지금 현재 이곳에 존재하고 있는 당신의 결정에 달려있는 것입니다. 이 순간 창조의 주체는 바로 당신입니다.

우리가 성장하고 있는 중인지 알려면?

제리 │ 당신들이 언급한 '성장'이라는 의도를 다뤄보죠. 우리는 자신이 성장하고 있다는 것을 어떻게 알 수가 있습니까?

아브라함 │ 당신은 성장을 추구하고 있는 존재이기 때문에, 언제든 자신이 성장하고 있다고 인식하게 될 때마다 기분 좋은 감정을 느끼게 될 것입니다. 반면에 자신이 정체되고 있다고 인식하게 될 때마다 기분 나쁜 감정을 느끼게 될 것입니다. 알다시피, 당신은 '내면존재'의 생각이나 의도를 반드시 의식적으로 알 필요가 없습니다. 하지만 당신은 언제나 '내면존재'와 끊임없이 의사소통을 하고 있습니다. 이 물질세계에 있는 모든 육체적 존재들은 항상 자신의 내면존재와 감정의 형태로 의사소통을 하고 있습니다. 그래서 언제든 당신이 긍정적인 감정을 느끼고 있을 때마다, 현재 자신이 내면의 의도와 일치를 이룬 상태라는 것을 알 수가 있게 됩니다.

성공을 재는 유효한 잣대는?

제리 | 그렇다면 당신들의 비물질적 관점에서, 현재 우리가 이곳에서 하고 있는 일들을 성공적으로 해나가고 있다는 것을 측정할 수 있는 확실하고 유효한 잣대는 무엇입니까?

아브라함 | 당신들은 자신의 성공을 재는 여러 가지 방법들을 가지고 있습니다. 당신들 사회에서는 자신이 소유한 돈이 성공에 대한 하나의 잣대이며, 또한 승리의 트로피가 성공의 또 다른 잣대이기도 합니다. 하지만 우리의 관점에서 성공을 재는 최상의 잣대는, 당신이 얼마나 긍정적이고 기분 좋은 감정을 느끼며 살아가고 있는가 하는 것입니다.

시간마디별 의도하기와 물리적 구현 속도

제리 | 그렇다면, 이 '시간마디별 의도하기'를 실행하게 될 경우, 우리가 원하는 게 무엇이건 빠르게 가질 수 있을뿐더러 우리가 더 많은 즐거움을 누릴 수가 있다는 것입니까? 또 우리가 인생체험들을 더욱 의식적으로 통제할 수가 있고, 그럼으로써 더욱 성공적인 삶을 살아갈 수 있다는 말입니까?

아브라함 | 당신이 자신의 의도들을 의식적으로 세워 나가게 되면, 그것은 확실히 당신이 인생체험을 '더욱 의식적으로 통제하고' 있다

는 걸 뜻합니다. 하지만 당신은 또 다른 선택을 할 수도 있는데, 그것은 자신이 원하는 것들에 관해서 결정을 내리지 않는 것입니다. 그 결과 당신은 혼돈 속에서 모든 것들을 조금씩 다 끌어당기게 되고, 결과적으로 자신이 좋아하는 어떤 것들과 좋아하지 않는 어떤 것들이 삶속에 함께 존재하게 됩니다. '시간마디별 의도하기' 기법의 목적은, 언제나 자신이 원하는 것들만을 의도적으로 끌어당기고 있는 상태로 존재하게 되는 것입니다. 당신은 더 이상 무의식적으로 삶을 창조하고 있지 않게 되고, 또한 자신이 체험하길 원치 않는 것들을 더 이상 끌어당기지 않게 되는 것입니다.

이 '시간마디별 의도하기'를 통해서 원하는 것을 창조하는 속도를 높일 수 있느냐고 한 당신의 말은 맞는 이야기입니다. 창조의 속도라는 것은 곧 당신이 원하는 것을 명확하게 알고 있다는 의미이기 때문입니다. 물론 당신이 한 장소에서 다른 장소로 흙더미를 옮겨 쌓고 있을 경우에도(또는 하고 있는 일이 그 어떤 일이든) 당신은 물질적으로 창조를 하고 있는 상태입니다. 하지만 당신이 하는 생각들이 감정을 불러일으키지 않는 한 당신은 우주의 힘에 연결된 상태가 아닙니다. 긍정적인 감정이든 부정적인 감정이든 당신이 내면에서 감정을 느끼고 있을 경우, 지금 당신은 우주의 힘에 연결된 상태입니다.

당신이 어떤 것을 절실하고 간절하게 원할 때, 그것은 당신을 향해서 아주 빠르게 달려옵니다. 당신이 어떤 것을 절실하고 간절하게 원하지 않을 때, 그것 또한 당신을 향해서 아주 빠르게 달려옵니다. 이 '마디별 의도하기'의 요점은, 지금 이 순간 당신이 바라는 것에 대해 아주 명확하게 생각을 집중시킴으로써, 내면에서 감정을 불러오도록 만드는 것입니다. 그와 같은 명확함이 구현되는 속도를 높이게 됩니다.

명상, 워크숍, 그리고 시간마디별 의도하기

제리 | 당신들과 몇 가지 용어들을 정리하고 싶습니다. 세 가지의 서로 다른 기법들이 있습니다. 하나는 '시간마디별 의도하기'이고, 또 하나는 '창조워크숍'이며, 그리고 또 다른 하나는 사람들이 보통 '명상'이라고 부르는 것입니다. 이 세 가지 기법들의 목적과 차이점에 대해 분명하게 설명을 좀 해주시겠습니까?

아브라함 | 각각의 기법들은 서로 다른 의도를 갖고 있습니다. 그래서 당신의 질문은 현재 우리가 설명중인 '마디별 의도하기'라는 주제와 완벽하게 들어맞는데, 왜냐하면 당신이 이러한 세 가지 기법들 중의 하나에 이제 막 들어가려 할 경우, 당신이 지금 그것을 실행하는 마디 속으로 왜 들어가려 하는지 그 이유와, 자신이 그것을 통해 실제로 얻고자 기대하는 것이 무엇인지를 아는 것이 중요하기 때문입니다.

당신들 용어로 '명상'을 하는 시간은 당신이 자신의 내면세계를 느껴보기 위해서 자신의 의식적인 '사고의 메커니즘을 침묵시키고자 의도하고 있는 하나의 시간마디입니다. 그것은 물질세계의 것들로부터 육체적인 감각을 떼어내거나 분리시킴으로써, 당신이 물질세계 너머에 있는 것들을 감지하기 위한 시간입니다. 이처럼 물질세계와의 분리를 위한 다양한 이유들이 존재합니다만, 당신에게 중요한 것은 이 마디로 들어서고 있을 때 지금 자신의 목적이 무엇인지를 명확히 규정하는 일입니다.

이 '명상'의 마디 속에서 당신의 목적은 단순히 걱정스럽거나 혼란스러운 세상사를 잠시 잊는 것이 될 수도 있습니다. 원기를 회복할 얼마간의 시간을 원하는 것이죠. 우리가 '명상'을 하라고 권유하는 의도는 당신의 통로가 열려 내면세계와 연결되도록 허용하게 하기 위함입니다. 그럼으로써 현재 이곳에서 육체적인 몸을 지닌 채 존재하고 있는 의식적인 당신과 내면차원에 존재하고 있는 당신의 내면 존재가 서로 섞여 융합할 수 있도록 하기 위함입니다. '명상'은 물질세계로부터 의식의 초점을 거두어들이고, 자신의 초점이 '내면세계'에 맞춰지도록 허용하는 것입니다.

그리고 다음은 '창조워크숍' 기법입니다. 이 과정은 당신이 원하는 것들에 대한 세부적인 모습들을 구체적이고 분명하게 생각해봄으로써 '끌어당김의 법칙'에 의해 명확함을 얻고자 의도하고 있는 하나의 시간마디입니다. 즉, 우주의 힘을 불러와 빠른 속도로 자신의 창조를 실현시킬 수 있도록 자신의 소망이 아주 명확해질 때까지 숙고하는 마디인 것입니다. '창조워크숍'은 당신이 이제껏 삶을 살아오는 동안 알아내고 확인한 자신의 소망들과 지금 자신이 하는 생각들을 조율해나감으로써, 구체적으로 소망하는 것들의 방향으로 자신의 생각들을 이끌어가는 시간입니다. 이 물질세계에서 어떤 것을 물질적 현실로 경험하기 위해서는 반드시 생각을 통한 창조가 먼저 이루어져야만 합니다. 따라서 '창조워크숍'을 하는 시간은 당신이 의도적으로 생각을 일으켜서, 자신이 원하는 것들을 의도적으로 끌어당기기 시작하는 시간마디입니다.

끝으로 '시간마디별 의도하기'기법은, 이전의 시간마디와 의도가 다른 새로운 시간마디에 자신이 들어섰다는 것을 단순히 인식하고 나서, 잠시 멈추어 이 새로운 마디에서 자신이 원하는 게 무엇인지를 확인하는 것입니다. '시간마디별 의도하기'는 당신의 '의식적 창조'에 가장 방해가 되는 요소인, 자신과 다른 의도를 가진 타인들에 의한 영향력이나 자신의 오래된 습관으로 인한 영향력을 미리 제거해내는 과정입니다.

의식적으로 행복한 상태가 되는 방법

제리 | 우리가 바라는 어떤 걸 의도하는 일을 시작하기에 앞서서 먼저 행복한 상태가 되라고 당신들은 말했습니다. 우리가 의식적으로 기쁨을 느끼는 상태가 되거나, 또는 내면에 긍정적인 감정을 불러일으킬 수가 있는 다른 어떤 방법들이 있을까요?

아브라함 | 그걸 말씀드리기에 앞서서, 우리는 당신이 행복한 상태가 되는 일이 얼마나 중요한지에 대해서 먼저 말하고 싶습니다. 당신은 자석과 같으며, 또한 당신이 느끼는 방식이 당신의 '끌어당김 자력'의 방향입니다. 따라서 현재 당신이 불행하게 느끼고 있다면, 현재 당신이 원하지 않는 것을 생각하고 있는 중이라면(그것은 불행

하다는 느낌을 불러일으키게 될 것인데), 당신은 지금 자신이 원하지 않는 것들을 더 많이 끌어당기고 있는 상태입니다. 당신이 행복한 상태가 되는 것은 대단히 중요한 일입니다. 왜냐하면 오직 당신이 행복한 상태에 있을 때만 자신이 원하는 것들을 끌어당길 수 있기 때문입니다. 게다가 그것은 당신 본연의 가장 자연스러운 존재 상태이기도 합니다. 만일 현재 당신이 행복하게 존재하도록 스스로를 허용하지 않고 있다면, 당신은 지금 '진정한 자신'으로부터 분리되어 있는 상태입니다.

삶속에서 지금 이 순간 자신이 행복한 상태라는 것을 인식하게 될 때마다, 현재 삶의 어떤 요소들이 당신의 행복에 영향을 미치고 있는지 확인하는 시간을 가지십시오. 많은 사람들에게 그것은 자신과 조화를 이루는 음악을 듣고 있기 때문일 수 있습니다. 어떤 이들에게는 고양이를 쓰다듬거나 산책을 하거나 사랑을 나누는 일이 그러한 행복한 느낌을 가져다주는 요인일 수 있습니다. 어쩌면 아이들과 함께 장난치며 놀고 있는 동안에 행복을 느끼게 될 수도 있습니다. 어떤 이들은 책속에서 감동적인 문장을 읽고 있을 때, 또는 기운을 북돋아주는 친구와 통화를 하고 있을 때 그러한 느낌을 받게 될 수도 있습니다. 그처럼 행복한 상태로 존재하게 되는 수많은 경우들이 있습니다.

자신의 기분을 고양시키는데 사용할 수 있는 시금석들을 많이 찾아내는 것은 가치있는 일입니다. 그렇게 되면 당신은 그때그때 알맞은 방법을 사용해서 그처럼 행복한 느낌을 불러낼 수 있게 될 것입니다. 자신의 기분을 고양시켜주는 기쁨의 요소들을 알아낸 다음 그것을 기억해두십시오. 그래서 특별히 고양된 기분을 느끼고자 할 때마다, 그것들을 일종의 시금석으로 사용해서 당신의 행복한 존재 상태를 향해 나아가십시오.

주위 사람이 행복하지 않을 경우

제리 │ 당신들은 우리가 거의 어떤 상황에서도 행복해질 수가 있다고 말했습니다. 하지만 극도로 부정적인 상황을 경험하고 있는 누군가를 주변에서 목격하고 있는 상태에서, 우리가 행복한 상태로 존재하려면 어떻게 해야 합니까?

아브라함 │ 당신은 자신이 원하는 것에 대한 생각을 하고 있는 상태에서만 오직 행복해질 수 있습니다. 따라서 '오직' 자신이 원하는 것들에만 주의를 기울이겠다는 당신의 바람이 충분히 강하고 명확하다면, 당신은 어떠한 조건이나 상황에서도 행복해질 수가 있습니다.

제리 │ 하지만 때로는 매우 불편하게 느껴지는 일을 하거나 불편한 말을 하는 사람과 함께 있을 수밖에 없는 상황도 있습니다. 그럼에도 불구하고, 그들이 원하는 대로 하지 않으면 죄책감이 들기 때문에 여전히 그들의 마음에 들고자 할 경우엔 어떻게 하나요? 그와 같은 상황에서 우리가 행복한 상태가 되려면 당신들은 어떤 조언을 해주시겠습니까?

아브라함 │ 그것은 사실입니다. 행복하지 않은 사람들에게 둘러싸여 있을 때라든가 혹은 당신이 그들에게 주고자 하는 것과 그들이 당신으로부터 바라는 것이 같지 않은 경우에는 당신이 행복한 상태를 유지하는 일이 더욱 어렵기 마련입니다. 하지만 이제껏 우리가 당신들과 교류해오면서 발견한 사실은, 사람들이 5분이나 10분 정도 불쾌하거나 불편하게 느껴지는 일을 경험하게 될 때, 그들이 느끼는 부정적이고 기분 나쁜 감정의 대부분은, 단지 그 몇 분 동안의 경험 속에서가 아니라 나중에 그것에 대해서 곰곰이 생각해보거나 곱씹어보는 여러 시간들 속에서 발생하게 된다는 것입니다. 일반적으로 대부분의 사람들은 실제 현실 속에서 '일어나고 있는' 부정적인 경험을 하면서 보내는 시간보다는, 자신이 과거에 '경험했었던' 부정적인 일을 생각하면서 소비하는 시간이 훨씬 더 많습니다.

만일 자신만의 시간을 갖게 될 때마다 주로 자신이 바라는 것들에 대한 생각을 하면서 시간을 보내게 된다면, 당신이 느끼는 부정적인 감정들의 대부분은 줄어들거나 제거될 수가 있습니다. 그러면 삶에서 맞닥뜨리게 되는 부정적인 순간들은 더욱 짧아질 것이고 다른 이들에게 시달리는 부정적인 경험들도 줄어들게 될 것입니다. 게다가 자신을 괴롭히거나 애먹이는 것들을 더 이상 주시하지 않는 능력도 더욱 강해지게 될 것입니다. 그리고 마침내 그와 같은 생각들은 당신의 진동속에서 더 이상 활성화되지 않는 상태일 것이기에, 이제 끌어당김의 법칙은 그러한 체험들을 더 이상 당신에게 가져다주지 않을 것입니다.

예기치 않은 방해물과 마디별 의도하기

제리 | 어떤 사람이 일들이 질서정연하게 진행되기를 진실로 원하는 상태라고 해봅시다. 그런데 소위 '예기치 않은 훼방꾼들'에 의해서 그런 의도가 자주 방해를 받는 상황에 놓이게 될 경우, 어떤 종류의 '마디별 의도하기'를 실행하는 것이 좋습니까?

아브라함 | 당신이 마디별로 의도하는 일에 더욱 능숙해지고 자신의 의도를 더욱 명확히 해가게 되면 방해받는 일은 자동적으로 더 줄어들게 될 것입니다. 당신은 과거에 '마디별 의도하기'를 충분히 실행해오지 않았기 때문에 그와 같은 훼방꾼들을 조장해왔던 것입니다.

당신의 인생경험이 자유롭고 자연스럽게 흘러가는 모습을 상상해보면서 하루를 시작하게 되면, 이미 당신은 그러한 훼방꾼들을 어느 정도 제거한 상태에 있게 됩니다. 그리고 그런 훼방꾼들이 느닷없이 나타났을 경우에도, 당신은 그런 것들이 등장하기 시작한 매 마디마다 단순히 이렇게 말함으로써 다루어 낼 수 있습니다. "이것은 단지 잠시뿐이다. 나는 내가 하던 생각의 맥이 끊어지지 않게 하겠다. 나는 내가 확립해온 의도들의 추세를 잃지 않겠다. 나는 이것을 신속하게 효율적으로 처리한 다음, 내가 하고 있던 일로 돌아갈 것이다."

마디별 의도하기로 가용시간 늘리기

제리 │ 저는 입버릇처럼 이런 말을 해왔습니다. "내 몸이 여러 개라면 얼마나 좋을까. 그러면 내가 경험하고 싶은 온갖 수많은 것들을 전부 다 경험해 볼 수가 있을 텐데." 우리가 삶에서 원하는 더욱 많은 것들을 경험해 볼 수 있도록 이 '시간마디별 의도하기'를 활용하는 방법이 있을까요? 그래서 자신이 하고 싶은 것들을 더 많이 할 수 있는 길이 있습니까?

아브라함 │ 당신이 '시간마디별 의도하기'를 실행하는 일에 더욱 능숙해지게 되면, 당신은 하루를 보내면서 자신이 하고 싶어 하는 것들을 더 많이 할 수 있는 시간이 있다는 사실을 발견할 것입니다.

당신이 소망하는 것들 중 많은 것들이 아직까지 당신에게 모습을 드러내지 않고 있습니다. 그 이유는 당신이 그러한 것들에 대한 생각을 분명하고 명확하게 만들고 있지 않기 때문에 끌어당기지 못하고 있는 것입니다. 따라서 당신이 '마디별 의도하기'를 꾸준히 해나가게 되면 당신의 질문에 대한 답을 스스로 얻게 될 것입니다.

자신이 바라고 소망하는 것들에 대해 명확해지고, 그것들과 상충되는 반대 생각들을 더 이상 하지 않게 되면, 당신은 '우주의 법칙들'이 자신을 위해 일을 할 수 있도록 허락하게 됩니다. 그러면 자신의 부적절한 생각에 의한 결과들을 만회하기 위해서 그토록 많은 행동을 해야 할 필요가 없다고 느끼게 될 것입니다. 의도하는 것들에 대한 생각을 의식적으로 일으키게 될 때, 당신은 우주의 힘을 자유자재로 끌어다 쓸 수 있게 됩니다. 그럴 때 당신은 훨씬 더 적은 시간에 지금보다 훨씬 더 많은 것들을 성취할 수 있게 될 것입니다.

의식적 창조자가 많지 않은 이유

제리 │ 우리 모두는 각자 자신이 정말 원하는 것들을 의식적이고 의도적으로 창조하면서 살거나, 또는 무의식적으로 창조를 하여 원하는 것들과 원치 않는 것들을 전부 다 가진 채 살아가는, 선택권이 있다고 했습니다. 그런데 왜 대부분의 사람들은 무의식적으로 창조하는 삶을 선택하는 것처럼 보일까요?

아브라함 │ 대부분의 사람들이 무의식적으로 자신들의 인생경험을 창조하고 있는 이유는 그들이 법칙들을 이해하지 못하고 있기 때문입니다. 그들은 자신에게 그러한 선택권이 있다는 사실조차 알지 못하고 있습니다. 그래서 그들은 운이라든가 운명이라는 걸 믿게 되었습니다. 흔히 그들은 말합니다. "이게 현실이야. 이건 원래 이런 거야." 그들은 생각을 통해서 자신이 하는 경험들을 통제할 수 있다는 사실을 알지 못합니다. 그건 마치 규칙도 모르면서 게임을 하고 있는 것과도 같습니다. 그래서 그들은 금방 싫증을 내게 되는데, 왜냐하면 자신이 그 게임을 전혀 통제할 수가 없다고 믿고 있기 때문입니다.

자신이 특히 원하는 것들에 의식적으로 주의를 기울이는 일은 당신에게 대단히 가치가 있습니다. 그렇게 하지 않을 경우 당신은 주위에 있는 것들의 영향력에 휩쓸릴 수 있기 때문입니다. 당신은 생각을 자극하는 수많은 것들로부터 무차별 폭격을 받게 됩니다. 따라서 자신에게 중요한 것들에 대한 생각을 의도적으로 일으키지 않고 있는 상태라면, 당신은 자신에게 중요할 수도 있고 그렇지 않을 수도 있는 타인들의 생각에 휩쓸리게 될 수 있습니다.

만약에 자신이 원하는 게 무엇인지 모르고 있을 경우에는 "나는 내가 무엇을 원하는지 알고 싶어."라는 의도를 세우는 것이 도움이 될 것입니다. 자신의 생각이나 말을 통해 그러한 소망을 내보내게 되면, 당신은 이제 관련 자료들을 끌어당기기 시작할 것이고, 기회들을 끌어당기기 시작할 것이고, 선택할 만한 수많은 것들을 끌어당기기 시작할 것입니다. 그래서 자신을 향해 한결같이 흘러드는 수많은 아이디어들 속에서, 자신이 특별히 바라고 소망하는 것들에 대한 더욱 멋진 발상을 얻게 될 것입니다.

'끌어당김의 법칙'이 항상 작용하고 있기 때문에, 이미 현실로 드러나 있는 것들을 그저 관찰하는 일이 다른 어떤 생각을 의식적으로 선택하는 일보다 더 쉬울 것입니다. 그래서 사람들이 이미 눈앞에 드러나 있는 그대로 현실을 관찰하게 될 경우, '끌어당김의 법칙'은 그것과 똑같은 것들을 더 많이 가져다주게 될 것이기에, 얼마 안 가서 사람들은 자신에게 통제력이 없다고 믿게 됩니다.

대부분의 사람들은 자신에게 선택권이 없으며, 또한 자신이 선택권을 가질만한 가치가 없다고 교육받아왔습니다. 게다가 무엇이 자신에게 적절한 선택인지를 스스로 알 수 있는 능력이 없다고 배워왔습니다. 하지만 조만간 당신은 연습을 통해서, 자신이 느끼는 감정을 통해 자신이 하는 선택의 적절성 여부를 알 수 있다는 사실을 이해하게 될 것입니다. 왜냐하면 더욱 광대한 자신의 내적 관점과 일치하는 방향의 생각을 선택하게 될 때마다, 당신은 내면에서 느껴지는 기쁨의 감정을 통해 자신이 하는 생각의 적절성 여부를 확인할 수 있게 될 것이기 때문입니다.

우리의 체험에서 '바람'의 중요성

제리 | 그런데 만일 어떤 사람이 "나는 내가 원하는 게 뭔지 알고 싶어."라고 말하는 것조차도 거부하고, "나는 아무것도 원하는 게 없어." 또는 "나는 소망을 갖는 건 잘못된 것이라고 배웠어."라고 말하면서, 모든 일에 무심한 태도로 아무런 소망이 없는 상태라면, 당신들은 이 사람에게 뭐라고 말해주시겠습니까?

아브라함 | 무언가 더 대단하고 가치가 있는 어떤 상태를 성취하기 위해서 어떤 소망도 갖지 않겠다는 그러한 바람 역시 하나의 소망이 아닌가요? '바람'은 모든 의식적 창조의 시작 지점입니다. 따라서 만일 당신이 바라거나 소망할 수 있도록 자신에게 허용하는 것을 거부할 경우, 사실상 당신은 자신의 인생체험을 의도적이고 의식적으로 통제하기를 거부하고 있는 것입니다.

당신이 물질적인 존재인 것은 사실입니다. 하지만 진실로 당신은 '내면 차원'으로부터 자신을 향해 흘러드는 '생명력,' '생명 에너지,' '신의 힘,' '창조 에너지'를 가지고 있습니다. 의사들은 그 에너지와 힘을 자주 관찰하고 있지만 그것에 대해 잘 알고 있지 않습니다. 그들이 아는 것은 누가 그것을 갖고 있고 누가 그것을 갖고 있지 않은지 정도입니다. 그들은 말할 것입니다. "이 사람은 죽었습니다. 그는 생명력이 전혀 없습니다." 당신에게 흘러들고 있는 '창조적 생명력'은 당신의 주의력이 향하는 대상을 향해서 뻗어나감으로써 확장되고자합니다. 다시 말해서, 그것은 당신이 지금 생각하고 있는 소망이 무엇이건 간에 바로 그것을 당신에게 가져다주게 되는 과정이며, 그 과정은 바로 당신의 생각에 의해서 진행되는 것입니다.

당신이 소망하는 것에 관해서 더 많이 생각을 하게 될수록, 끌어당김의 법칙은 그러한 것들이 더 많이 움직여 오게 만듭니다. 그러면 당신은 자신이 하는 생각에서 나오는 추진력을 느낄 수가 있습니다. 하지만 당신이 소망하는 것에 대해 생각하고 있지 않거나, 또는 바라는 것을 생각했다가 곧바로 그것이 없다는 사실에 대해 생각하게 되면, 당신은 소망하는 생각에서 비롯되는 자연스런 추진력을 스스로 방해하게 됩니다.

당신이 표현했던 그 사람처럼 '무심한 태도로 아무런 소망이 없는 상태'는, 자신의 소망과 반대되거나 모순된 진술들로 인해서 생각에 의한 자연스런 추진력이 지속적으로 약화됨에 따라 초래된 것입니다.

대부분의 사람들이 작은 '바람'에 안주하는 이유

제리 | 아브라함, 현재 우리는 거의 모든 사람들이 날마다 먹을 수 있고 거주할 수 있고 입을 수 있는 나라에 살고 있습니다. 적어도 거의 모든 사람들이 어떻게 해

서든 필요한 것을 구하게 됩니다. 저는 이렇게 말하는 사람들을 만나곤 합니다. "저는 그럭저럭 먹고 살만은 합니다. 하지만 내가 삶에서 특별히 중요한 어떤 것들을 더 많이 가져올 만큼 내 소망들을 충분히 강하게 만들 수가 없습니다." 그런 상태에 있는 사람들에게 당신들은 뭐라고 말하시겠습니까?

아브라함 | 그것은 당신이 더 많이 소망하지 않아서가 아니라, 자신이 더 많이 가질 수 없다고 어떤 식으로든 확신하고 있기 때문입니다. 그래서 당신은 무언가를 소망했다가 그것을 얻지 못했을 때 느끼게 될 실망감을 피하고자 하는 것입니다. 당신이 바라는 것들을 실제로 지금 삶에서 얻고 있지 못한 이유는, 당신이 그걸 원하지 않아서가 아니라 그것이 없다는 결핍 쪽에 초점을 맞추고 있기 때문입니다. 그래서 '끌어당김의 법칙'에 의해서 현재 당신은 자신이 하는 생각의 대상(그것의 결핍)을 끌어당기고 있는 중입니다.

당신이 무언가를 원하고 나서, "하지만 나는 그것을 원했지만 실제로 그것을 얻지 못했어."라고 말할 때마다, 당신의 주의력은 자신이 원하는 것의 결핍 쪽에 놓여있으며, 그래서 법칙에 의해 당신은 지금 결핍된 상태를 끌어당기고 있는 중입니다. 당신이 원하는 것에 대해 생각하고 있는 상태일 경우, 그 순간에 당신은 유쾌한 기분이나 흥분된 느낌 같은 기분 좋은 감정을 느끼게 됩니다. 하지만 당신이 원하는 것의 결핍에 대해 생각하고 있는 상태일 경우, 그 순간에 당신은 실망감 같은 기분 나쁜 감정을 느끼게 됩니다. 따라서 현재 당신이 느끼고 있는 실망감은 당신의 '감정안내시스템'이 이렇게 말하고 있는 것입니다. "지금 당신이 하고 있는 생각은 당신이 원하는 것에 대한 게 아닙니다." 그래서 우리는 말씀드립니다. "조금이라도 바라고 소망하도록 자신을 허용하세요. 주로 당신이 바라는 것들에 대해서만 생각하세요. 바라는 것을 생각할 때 내면에서 흘러나오는 기분 좋은 감정을 느껴보세요. 그러면 당신의 실망감은 사라지게 될 것입니다." 그래서 당신이 원하는 것들에 대해서만 생각하고 있을 때, 그것들은 당신의 삶속으로 끌려오게 될 것입니다.

의도들의 우선순위 정하기

제리 | 당신들은 저와 에스더에게 아주 멋진 성과를 거둘 수 있는 기법을 전해준 적이 있습니다. 그것은 당신들이 '의도들의 우선순위 매기기'라고 언급했던 기법입니다. 그것에 대해 자세히 설명해주시겠습니까?

아브라함 | 당신이 자신의 모든 의도들을 어느 한 시점에 한꺼번에 갖고 있지는 않을지라도, 보통 당신은 이 순간과 관련된 너무 많은 의도들을 가지고 있을 때가 있습니다. 가령, 당신이 친구와 대화를 나누고 있다고 해봅시다. 이 마디에서 당신은 명확한 의사소통에 대한 바람, 자신의 기분이 고양되겠다는 바람, 친구의 기분도 고양시키겠다는 바람, 친구도 나와 같은 바람을 가졌으면 좋겠다는 바람 등등 그와 같은 '조화'를 원합니다.

중요한 것은 당신이 그 마디에서 가장 이루고 싶은 최우선 의도를 확인하는 일입니다. 당신이 의도들의 우선순위를 정하게 되면, 당신의 주의력은 가장 중요한 것에 집중되기 때문입니다. 그렇게 당신의 주의가 한 곳에 모아지게 되면, 자신에게 가장 중요한 그 의도에 힘을 끌어오게 됩니다.

자, 당신이 어떤 날 하루일과를 시작했다고 가정해봅시다. 당신은 평소처럼, 하루의 마디들을 명확하게 규정하지 않은 흐릿한 상태입니다. 당신은 이 일을 하다가 저 일을 하면서, 다른 사람들의 바람과 영향력 혹은 자신의 낡은 습관들에 의해서 이리저리 흔들리고 있습니다. 전화벨이 울려대고 있고, 아이들이 이것저것 요구해대고 있고, 배우자는 질문을 퍼부어대고 있습니다. 그 순간 당신은 어떤 것에 대해서도 명쾌하지가 않은 자신을 발견하게 됩니다. 하지만 지금 현재 당신들 대부분은 그런 식으로 하루를 보내는 것이 정상적인 것처럼 인식하며 살고 있습니다.

이제, 당신은 누군가와 어떤 대화를 나누게 됩니다. 하지만 그 마디에서 자신이 원하는 것이 무엇인지 아직 규정하지 않은 상태입니다. 그리고 당신은 대화를 나누는 상대편과 의견이 서로 일치하지 않는다는 것을 발견합니다. 대화 상대가 누구인지는 중요하지 않습니다(대화 상대가 아이들일 수도 있고, 남편이나 친구가 될 수도 있습니다). 당신은 '내면존재'로부터 전달되는 '경고의 종소리'를 느낍니다. 몇 가지 이유로 인해 내면에서 기분 나쁜 감정이 솟아오릅니다. 당신은 사전에 미리 명확한 의도를 세우지 않았기 때문에 이처럼 혼란스러운 상태에 빠지게 된 자신에 대해 화마저 치밀어 오릅니다. 하지만 그보다 더한 일은 현재 상대방이 의도하는 것, 말하는 것, 바라는 것들에 동의하지 않기 때문에 당혹스럽기까지 하다는 사실입니다.

만일 당신이 그러한 마디 속에 있는 자신을 알아차리고 "바로 지금 이 상황 속에서 내가 가장 원하는 건 뭐지?"라고 말하게 된다면, 당신은 아마도 자신의 아이들이나 배우자 혹은 그 누가됐든 그들과 사이좋게 지내면서 '조화로움을 느끼는 것'이 자신의 가장 주된 의도라는 것을 인식하게 될 수 있습니다. 사소한 의견 상의 불일치보다는 사람들과 조화로운 관계를 갖는 것이 당신에게는 훨씬 더 중요한 일입니다. 그래서 당신이 그러한 조화가 자신이 가장 원하는 것임을 인식하게 되는 순간 당신은 명쾌해지는 것을 느낍니다. 이제 당신의 부정적인 감정은 사라지게 되고, 다음과 같은 말을 하게 됩니다. "잠깐 이야기 좀 하자. 나는 논쟁하는 걸 원치 않아. 왜냐하면, 당신은 내게 가장 소중한 친구니까. 우리가 사이좋게 지내길 원해. 나는 우리가 함께 행복하길 원해." 그리고 당신이 그와 같은 말을 진술하게 될 때, 당신은 상대편을 무장해제 시키게 될 것입니다. 뿐만 아니라 당신은 바로 그것이 자신은 물론 상대편의 최우선 의도이기도 하다는 사실을 그/그녀에게 일깨우게 될 것입니다. 그리고 이제 당신은 '조화'라고 하는 새롭게 초점이 맞춰진 자신의 최우선 순위의 의도로부터, 그 목적이 덜 중요한 이전의 주제를 새로운 시각으로 보게 될 것입니다.

여기서 우리는 당신에게 하나의 진술문을 알려드릴 것인데, 만일 당신이 체험하는 삶속의 모든 마디들의 시작 지점에서 그 진술을 하게 된다면 아주 많은 보탬이 될 것입니다. "이제 나는 인생체험의 이 마디로 들어가게 되는데, 이 시간마디 속에서 나의 주요한 의도는 내가 보기를 원하는 것을 보게 되는 것이다." 그러면 당신이 타인들과 교류하게 되었을 때 많은 도움을 받게 될 것입니다. 즉, 자신이 조화를 원한다는 것, 자신이 그들을 고양시키길 원한다는 것, 자신의 생각을 효과적으로 전달하길 원한다는 것, 그리고 자신의 소망과 조화를 이루는 소망을 그들이 갖게 되도록 자극하길 원한다는 것 등을 당신이 알아차리도록 도와주게 될 것입니다. 그 진술은 당신에게 아주 많은 보탬이 될 것입니다.

창조의 의도들은 얼마나 상세해야 하는가?

제리 | 우리가 발전하기를 바랄 경우, 그 수단들이나 방법들에 대해서 얼마나 상세하게 의도해야 합니까? 그리고 우리가 바라거나 의도하는 것들의 물리적 구현물에 대해 얼마나 구체적인데 까지 생각해야 합니까?

아브라함 | 자신이 바라는 것을 생각할 때 긍정적인 감정이 느껴질 만큼만 상세하게 생각해보길 바랍니다. 하지만 부정적인 감정이 느껴질 정도까지 상세하게 생각하지는 마십시오. 당신이 어떤 것에 대해 막연한 의도를 품을 경우, 당신의 생각은 충분히 구체적이지 않을 것이기에 우주의 힘을 불러올 수 있을 만큼 충분히 강력하지 않을 것입니다. 그러나 다른 한편으로, 당신은 자신의 믿음을 뒷받침할 만큼 충분한 자료들이 모이기도 전에 너무 구체적이 될 수도 있습니다. 다시 말해서, 너무 구체적으로 생각을 한 결과 지금 당신이 바라는 것과 관련된 자신의 믿음과 충돌이 됨으로써 부정적인 감정을 느

낄 수도 있다는 것입니다. 따라서 자신의 의도들과 관련해 긍정적이고 기분 좋은 감정을 불러오는 만큼만 충분히 구체적으로 생각하십시오. 하지만 부정적이고 기분 나쁜 감정을 불러일으킬 정도로 너무 구체적으로 생각하지는 마십시오.

마디별 의도들을 반복해야만 합니까?

제리 | 아브라함, '마디별 의도하기'에 관해 좀 더 이야기를 했으면 합니다. 매 순간들 속에서 작고 세부적인 온갖 것들에 주의를 기울이는 것은 대단히 지루할 수가 있습니다. 따라서 우리가 아침에 최우선적으로 '안전'을 의도해도 되지 않을까요?

아브라함 | 어떤 시점에 자신에게 가장 중요한 것이 무엇인지에 대해 반복해서 말하는 것이 가치가 있기는 하지만, 굳이 반복하고 또 반복하고 또 반복해서 의도할 필요는 없습니다. 일단 당신이 안전에 대한 자신의 의도를 설정했고 또한 현재 안전하다고 느끼기 시작했다면, 이제 당신은 항상 안전을 끌어당기는 상태에 놓여 있게 됩니다. 그러다가 언제 어느 때건 자신이 안전하지 않다고 느껴진다면, 바로 그때가 당신이 안전에 대한 의도를 되풀이해서 강화시킬 때입니다.

자동 반사 능력과 마디별 의도하기 기법

제리 | '시간마디별 의도하기'가 우리의 자동적인 반사 능력 또는 어떤 상황에 대한 순간적인 반응 능력을 방해할 수도 있습니까?

아브라함 | '시간마디별 의도하기'는 당신이 무의식적으로 반응하는 능력은 방해를 하겠지만, 의식적이고 의도적으로 반응하는 당신의 능력은 강화시켜줄 것입니다. '자동적'이라는 것은, 당신이 원하는 것을 자동적으로 끌어당기고 있는 한 훌륭한 것입니다. 반면 자신이 원하지 않는 것을 자동적으로 끌어당기고 있다면, 그것은 그리 훌륭한 것이 못됩니다. 우리는 무슨 일이 있어도, '의식적이고 의도적인 창조능력'을 '무의식적이고 자동적인 창조능력'과 바꾸지 않을 것입니다.

'바람'과 '믿음' 사이의 섬세한 균형

제리 | 아브라함. 당신이 '바라기'와 '믿기' 사이의 섬세한 균형 잡기라고 불렀던 것에 대해서 이야기를 해주시겠습니까?

아브라함 | 창조에 있어서 균형을 이루는 두 측면은 그것을 '원하는 것'과 그것을 '허용하는 것'입니다. 그것을 '원하는 것'과 그것을 '기대하는 것'이라고 말할 수도 있습니다. 또한 그것에 대해 '생각하

기'와 그것을 '기대하기'라고도 말할 수가 있습니다.

창조에 관한 최상의 시나리오는, 당신이 어떤 걸 소망하고, 자신이 그것을 성취할 수 있다는 '믿음' 또는 '기대감'을 품는 것입니다. 그게 창조에 있어서 최상의 상태입니다. 만일 당신이 어떤 것에 대해 약간이나마 소망을 가지고 있고, 또한 자신이 그것을 성취할 수 있다고 믿게 된다면, 창조에 있어서 균형이 이루어졌기에 그것은 당신의 것이 됩니다. 만일 당신이 어떤 것에 대해 강한 소망을 가지고 있지만 자신이 그것을 성취할 수 있다는 능력을 스스로 의심하게 되면, 그것은 올 수가 없게 됩니다. 적어도 지금 당장은 말이죠. 왜냐하면 소망에 대한 당신의 생각과 믿음에 대한 당신의 생각이 서로 일치되어야만 하기 때문입니다.

당신은 어쩌면 자신이 바라지 않는 어떤 일에 대해서 생각하게 만드는 자극을 받았을 수도 있습니다. 하지만 그것은 당신이 이런 일이 다른 사람들에게 일어나는 것에 관한 소문을 자주 접하게 됨으로써 그 가능성을 당신이 믿기 때문에 받게 된 자극입니다. 그래서 자신이 원하지 않는 그러한 일에 대한 가벼운 생각과 그것이 일어날 가능성에 대한 당신의 믿음으로 인해, 당신은 그러한 일을 현실에서 경험하게 될 한 명의 후보자가 된 것입니다.

자신이 원하는 것에 대해 더 많이 생각할수록, '끌어당김의 법칙'은 그것의 증거를 당신에게 더 많이 가져다줄 것입니다. 결국엔 당신이 그것을 믿게 될 때까지 말이죠. 당신이 '끌어당김의 법칙'을 이해하게 되고(그것은 언제나 일관적이기 때문에 그것을 이해하기는 쉽습니다), 또한 자신의 생각들을 의도하는 방향으로 의식적으로 이끌어가기 시작하게 되면, 당신은 자신이 원하는 그 어떤 것이든 될 수가 있고 할 수가 있고 가질 수가 있다는, 자신의 능력에 대한 믿음이 제대로 자리를 잡게 될 것입니다.

'마디별 의도하기'와 행동의 관계

제리 | 우리들은 육체적인 존재입니다. 우리들은 금전적 보상을 받기 위해서는 열심히 일해야만 한다고 믿도록 배웠습니다. 하지만 당신들은 육체적인 행동에 대해서는 별로 언급을 하지 않았습니다. '열심히 일하는 것'이나 '육체적인 행동'은 창조에서 어떤 역할을 합니까?

아브라함 | 당신이 생각을 통해서 어떤 아이디어에 더 많은 주의를 기울이게 될수록, 끌어당김의 법칙이 더 많이 반응하게 됨으로써 더욱 강력한 생각이 됩니다. 당신이 '마디별 의도하기'로 미리 길을 내는 작업을 하고, 또한 '창조워크숍' 속에서 상상을 하게 될 때, 당신은 적절한 행동에 대한 영감을 느끼기 시작할 것입니다. '영감'에서 비롯된 행동은 멋진 결과를 낳습니다. 그 이유는 영감에서 나온 행동을 할 때의 당신은 '우주의 법칙들'이 자신을 이끌어가도록 허용하고 있는 중이기 때문입니다. 만일 당신이 의도적으로 미리 길을 내지도 않은 상태에서 행동을 취한다면, 종종 당신이 하는 행동은 마치 힘든 노동처럼 느껴질 것입니다. 왜냐하면 그 순간 당신은, 자신의 행동만 가지고 성취할 수 있는 것보다 더 많은 일들이 일어나게

하려는 시도를 하고 있기 때문입니다.

만일 당신의 창조물이 이미 존재하고 있다고 믿으면서 영감에 의한 행동을 하게 될 경우, 당신은 자신이 도착하기만을 기다리면서 준비되어 있던 자신의 미래를 만나게 될 것입니다. 그리고 그때 당신은 행동을 가지고 창조하려는 부적절한 시도를 그만두게 되고, 자신의 진정한 창조력에 의한 열매와 결실을 즐기기 위해서 행동을 할 수 있게 될 것입니다.

어떤 행동이 가장 좋은 행동입니까?

제리 | 그렇다면, 구체적인 목표를 성취하기 위해 우리가 취할 수 있는 행동이 여러 가지일 경우, 어떤 행동이 가장 효과적인지를 어떻게 알 수 있습니까?

아브라함 | 여러 가지 가능한 잠재적인 행동 중 하나를 실행하고 있는 자신의 모습을 상상해보십시오. 그래서 당신이 그런 상상을 하고 있을 때 어떤 기분이나 감정이 느껴지는가에 주의를 기울이십시오. 만일 두 가지 행동 중에서 선택을 할 경우, 한 가지 행동을 취하고 있는 자신의 모습을 마음속으로 그려보면서 어떻게 느껴지는지 확인을 하십시오. 그런 다음, 또 다른 한 가지 행동을 취하고 있는 자신의 모습을 그려보면서 어떻게 느껴지는지를 알아차리십시오. 하지만 먼저 자신의 여러 의도들을 확인해서 우선순위를 정해놓지 않았다면, 자신의 잠재적인 행동들에 대한 느낌이 명확하지가 않을 것

입니다. 반면에 당신이 이미 그렇게 해놓은 상태라면, 자신에게 가장 적절한 행동이 무엇인지 결정을 내리는 일은 아주 간단한 과정이 될 것입니다. 그럴 때 당신은 자신의 '감정안내시스템'을 사용하고 있는 것입니다.

물리적 구현에 걸리는 시간

제리 | 어떤 것이 지금 당장 현실로 구현되기를 기다리는 사람이 있는데, 아직까지 오고 있지 않아서 다소 실망하고 있는 상태라고 해봅시다. 그런 경우, 눈에 보이는 명백한 증거를 보게 되기까지 얼마나 오래 기다려야만 합니까? 그리고 그것이 이루어지고 있다는 징후가 무엇입니까?

아브라함 | 당신이 어떤 것을 갖게 되기를 의도했고, 그것을 믿거나 기대하고 있는 상태라면, 그것은 지금 당신을 향해 오고 있는 중입니다. 그러면 당신은 그에 대한 여러 가지 징후를 보기 시작할 것입니다. 이를테면, 당신은 그것과 비슷한 것을 이미 얻은 누군가를 보게 될 것이고, 그것이 당신의 바람에 긍정적인 자극을 줄 것입니다. 또한 당신은 여러 방면으로부터 그것과 관련된 다양한 모습들을 더 많이 보게 될 것입니다. 그리고 당신이 그것에 대해 생각하게 될 때마다 자주 흥분되는 감정이 느껴지는 것을 인식하게 될 것입니다. 뿐만 아니라 당신이 바라는 그것에 대해서 아주 기분 좋게 느끼는 상태가 될 것입니다. 그러한 것들이 바로 당신이 원하는 어떤 것이 삶

속으로 오고 있는 중이라는 일련의 신호들입니다.

당신이 창조를 위해서 전력을 기울여야 하는 일은, 자신이 원하는 것을 명확하게 정의하는 것과, 그런 다음 자신이 하는 생각들을 그러한 소망과 일치되는 방향으로 이끌어가는 것입니다. 당신이 그 사실을 이해하게 되면, 창조과정의 대부분은 진동적 차원에서 이루어지게 된다는 사실을 깨닫게 될 것입니다. 따라서 창조는 당신이 실제적인 물질적 증거를 보기 이전에, 이미 99퍼센트 이상이 완료되어 있는 것입니다.

자신의 창조물에 대해 기대를 하면서 느끼는 긍정적인 감정은 창조가 일어나고 있는 중이라는 또 다른 증거라는 사실을 기억하게 된다면, 당신은 자신이 바라는 결과를 얻는 길로 꾸준히 그리고 빠르게 나아갈 수 있게 될 것입니다.

공동창조와 시간마디별 의도하기

제리 | 다른 사람과 서로 합의한 공동의 목표를 달성하려면 '시간마디별 의도하기'를 어떻게 사용해야 합니까?

아브라함 | 당신 자신의 '마디별 의도하기' 속에서 당신이 더욱 작업을 잘하게 될수록, 당신의 바람에 대한 생각들은 더욱 강력해질 것입니다. 그러면 당신의 영향력도 더욱 강해지게 될 것입니다. 그런 상태에서 당신이 다른 이들과 교류를 할 때, 그들은 당신이 제시

하는 아이디어들을 더 쉽게 받아들이게 될 것입니다.

또한 당신이 다른 이들로부터 최상의 것들을 이끌어내기 위해 '마디별 의도하기' 기법을 사용하는 것도 아주 많은 도움이 될 것입니다. 만일 그들이 전혀 도움이 되지 않는다거나 또는 자신과 초점이 맞지 않는다고 당신이 부정적으로 기대하거나 예상을 하게 되면, 당신은 그들로부터 그와 같은 것들을 이끌어내게 될 것입니다. 반면에 당신이 그들에 대해서 아주 영민하고 도움이 된다고 긍정적으로 기대하게 되면, 당신은 그들로부터 그와 같은 것들을 이끌어내게 될 것입니다. 만일 당신이 회의나 미팅을 갖기에 앞서 미리 자신의 생각들을 강력한 상태로 만들어놓게 되면, 당신 자신은 물론 다른 이들을 위해서도 훨씬 더 만족스러운 공동창조를 하게 될 것입니다.

대화 마디에서의 정확한 의사전달

제리 ┃ 지난 수년간 저는 매우 중요한 미팅 자리에 자주 참석했었는데, 거기서 누군가와 이런 저런 대화를 나누고 나서 그 자리를 떠난 후 이런 생각을 자주 했었습니다. "에이, 이렇게 말할 수가 있었는데. 저렇게 말했어야만 했는데. 나는 그 말을 하고 싶었는데 결국 하지를 못했구나." 그래서 저는 그런 만남을 마치고 나면 충족감을 느끼는 대신 실망감을 자주 느끼고는 했습니다. 어떻게 하면 그런 일을 방지할 수가 있을까요?

아브라함 ┃ 그런 대화를 시작하기 전에 자신이 바라는 결과를 미리 생각해두게 되면, 자신의 의사를 좀 더 명확하게 전달하는 데 도움이 될 수 있는 추진력을 얻게 됩니다. 그리고 그렇게 생각들, 아이디어들, 경험들을 함께 결합시키게 됨으로써 당신 혼자서 이룩할 수 있는 것보다 훨씬 더 훌륭한 것을 창조할 수 있게 된다는 사실을 인식하는 것도 도움이 됩니다. 그래서 그들이 기여하는 부분이 많이 있을 것이라는 긍정적인 기대와 예상을 하게 되면, 당신은 그들로부터 명쾌함과 힘과 도움 같은 것을 이끌어낼 수가 있습니다. 이처럼 기분 좋게 느껴지는 일치됨을 통해서 당신의 사고력은 더욱 명쾌해질 것이고, 그들로부터도 명쾌함을 이끌어내게 될 것입니다. 그러면 당신들은 서로 함께 멋지고 근사한 공동창조를 경험하게 될 것입니다.

제리 | 만일 그런 미팅 자리에서 논쟁이 될 만한 주제가 있는데, 다른 사람들의 기분을 상하게 하거나, 당혹스럽게 하거나, 화나게 하고 싶지 않을 경우엔 어떻게 하나요? 다시 말해서, 만일 자신의 바람과 다소 상충되는 바람을 가지고 있는 사람들을 만나고 있는데, 그런 마찰되는 부분을 피할 수만 있다면 상호간에 이득이 되는 목표를 달성할 수 있다는 것을 압니다. 그런 상황에서 그 자리에 참석한 모든 사람들이 만족스러운 결과를 얻으려면 어떻게 해야 할까요?

아브라함 | 그 시간마다에 들어서게 될 때 다음과 같은 의도들을 세우는 것에 의해 가능합니다. "나는 서로 공통되는 부분에 초점을 맞추겠다. 서로 조화로운 점들에 초점을 맞추겠다. 서로 일치하지 않는 것들에는 가능한 한 주의를 기울이지 않고, 서로 간에 정말 일치하는 것들에만 주의를 집중하겠다." 그것이 바로 모든 관계들 속

에서 문제를 해결하는 방법입니다. 인간관계에 있어서 대부분의 문제가 생기는 이유는 자신이 좋아하지 않는 사소한 것 하나를 끄집어내서는 주로 그것에만 대부분의 주의를 집중하기 때문입니다. 그러면 당신은 '끌어당김의 법칙'에 의해서 자신이 원하지 않는 것들을 더 많이 이끌어내게 되는 것입니다.

일을 하지 않고도 부자가 될 수 있습니까?

제리 | 당신들은 여러 차례에 걸쳐서 우리가 그 모든 걸 가질 수 있다고 말했습니다. 그렇다면 만일 어떤 사람이 경제적 풍요를 원하는 어떤 상황에 놓여있음에도 불구하고, 일을 하러 가거나 일자리를 구하고 싶어 하지 않는다고 가정했을 때, 어떻게 하면 그 사람은 그런 모순된 상황을 해결할 수가 있을까요?

아브라함 | 그의 의도들을 각기 분리해서 생각하면 해결할 수 있습니다. 현재 그 사람이 경제적인 풍요를 원하지만 그러한 풍요는 오직 일을 해야지만 자신에게 올 수가 있다는 믿음을 가지고 있다면, 그 사람은 결코 풍요를 누릴 수 없을 것입니다. 왜냐하면 그 사람은 자신에게 풍요를 가져다 줄 것이라고 믿고 있는 그 유일한 일을 하는 걸 원하지 않기 때문입니다. 하지만 만약에 그 사람이 경제적 풍요에 관해서만 별도로 숙고해봄으로써, 현재 자신이 거부하고 있는 일과 바라고 있는 풍요를 결부시키지 않을 수 있게 된다면, 그 사람은 풍요를 끌어당기는 것이 가능해질 것입니다.

자, 지금 당신은 아주 중요한 주제를 언급했습니다. 그것은 우리가 '상충되는 의도들' 또는 '상충되는 믿음들'이라고 부르는 것입니다. 그럴 경우에 해결책은 단순히 당신의 시선을 상충되는 것에서 떼어낸 다음, 자신이 원하는 것의 본질로 향하게 하는 것입니다.

만일 당신이 풍요를 바라고 있고, 또한 풍요를 누리기 위해서는 열심히 일해야만 한다는 믿음을 가지고 있다고 해봅시다. 그래서 당신이 기꺼이 열심히 일을 하고 있을 경우, 거기에는 전혀 상충되는 것이 없기 때문에 당신은 일정한 수준의 경제적 풍요를 누리게 될 것입니다. 한편, 당신이 경제적 풍요를 바라고 있고, 또한 풍요를 얻기 위해서는 열심히 일을 해야 한다고 믿고 있지만 열심히 일하는 걸 싫어하거나 거부할 경우, 현재 당신이 하고 있는 생각들 속에는 상충되는 부분이 있습니다. 그럴 경우 당신은 행동을 통해 일을 하면서도 아주 힘들게 느낄뿐더러 당신이 어떤 일을 할지라도 전혀 생산적이지 않게 될 것입니다.

만약에 당신이 현재 풍요를 원하고 있고, 자신이 그것을 받을 자격이 있다고 믿으면서, 단지 자신이 풍요를 원하기에 그것이 당연히 올 것이라고 기대하고 있을 경우, 현재 당신의 생각들 속에는 전혀 모순이 존재하지 않기 때문에 경제적 풍요가 당신에게 흘러들어올 것입니다.

자, 당신이 어떤 생각을 일으키고 있을 때, 그것이 어떻게 느껴지는지에 주의를 기울이십시오. 그러면 상충되는 생각을 골라낼 수가 있습니다. 그래서 당신이 바라는 어떤 소망과 관련해 그러한 상충됨을 제거할 수 있게 된다면, 그것은 반드시 당신에게 올 것입니다. 끌어당김의 법칙은 반드시 그것을 가져다줍니다.

하나가 오게 되면 무더기로 오게 되는 이유는?

제리 | 가령, 어떤 사람이 몇 달 동안 열심히 일자리를 찾았지만 전혀 찾을 수 없었다고 해봅시다. 그러다가 자신이 원하는 일자리를 하나 얻게 되었는데, 그와 동시에 여러 군데에서 괜찮은 일자리 제의가 한꺼번에 쏟아져 들어오게 되었습니다. 어떻게 그런 일이 일어나게 됐을까요?

아브라함 | 그 사람이 일자리를 얻기까지 그토록 오래 걸렸던 이유는, 그가 원했던 것 즉, 자신이 소망하는 직업에 초점을 맞추고 있었던 게 아니라 현재 직업을 갖고 있지 않다는 소망의 '결핍'쪽에 초점을 맞추고 있었기 때문입니다. 그래서 그 사람은 스스로 그것을 밀어내고 있었습니다. 그러다가 어찌어찌해서 일자리를 얻게 되자, 이제 그 사람은 더 이상 직업이 없다는 것에 초점을 맞추지 않게 되었습니다. 그래서 자신이 원했던 직업으로 초점이 옮겨짐으로 인해서, 이제 그 사람은 자신이 미리 길을 내 놓았던 것들을 더 많이 얻기 시작했던 것입니다.

이러한 경우에서, 그는 비록 믿음이 약했을지라도 소망의 강도는 점점 더 강해지게 되었고, 그래서 시간이 지나면서 끌어당김의 법칙은 그가 가장 강하게 느끼고 있었던 것들을 가져다준 것입니다. 어쨌건 그는 자신의 생각을 명확하게 만드는 시간을 갖지 않음으로써 불필요하게 자신을 괴롭혔던 것입니다.

아이를 입양하고 나면 임신이 되는 이유

제리 | 어떤 부부가 여러 해 동안 아이가 없어서 입양아를 받아들였는데 그 후 갑자기 임신이 되었다는 것과 같군요?

아브라함 | 정말로 같은 이야기입니다.

경쟁이 의도와 관계가 있습니까?

제리 | 다른 질문입니다. '경쟁'은 어떤 의미가 있습니까?

아브라함 | 우리의 관점으로는, 현재 우리 모두가 창조에 참여하고 있는 이 광대한 우주에는 진실로 어떤 경쟁도 존재하지 않습니다. 왜냐하면 여기에는 우리 모두를 충족시킬 수 있을 정도로 온갖 종류의 풍요로움이 넘치게 존재하기 때문입니다. 당신이 오직 하나의 트로피만 존재한다고 말하게 될 때마다 스스로를 그런 경쟁의 자리에 위치시키게 됩니다. 그러면 다소 불편한 느낌을 초래하게 될 것인데, 당신은 승리하기를 원하고 패배하는 걸 원하지 않기 때문입니다. 하지만 종종 당신은 승리보다는 패배에 더 초점을 맞추고 있습

니다.

　경쟁하는 상황에 놓이게 될 경우, 우승은 언제나 자신의 바람에 대해 가장 명확하면서 승리를 가장 확신하고 기대하는 사람의 차지가 됩니다. 그것이 법칙입니다. 만일 경쟁에 어떤 가치가 있다고 한다면, 그것이 소망을 자극한다는 것뿐입니다.

의지력을 강화하면 도움이 될까요?

　제리 | 사람들이 자신의 의지력을 강화시켜서 바라는 것들을 더 많이 얻고, 바라지 않는 것들은 더 적게 얻을 수 있는 방법이 있습니까?

　아브라함 | '시간마디별 의도하기' 기법을 활용함으로써 확실히 그렇게 할 수가 있습니다. 하지만 그것은 '의지력을 강화시키기'와는 약간 거리가 있습니다. 그것은 생각을 일으킴으로써 '끌어당김의 법칙'이 그 생각에 힘을 더해주는 일입니다. 의지력은 결단력을 뜻한다고 볼 수도 있습니다. 그리고 결단력은 '의식적으로 생각하기'를 뜻한다고도 볼 수 있습니다. 하지만 그 모든 것들은 실제로 요구되는 것보다 더 힘들게 노력한다는 말처럼 들립니다. 사실상 힘든 노력은 필요치 않습니다. 단순히 당신의 생각을 하루 종일 자신이 더 선호하고 바라는 것들 쪽으로 향하게 하십시오. 그러면 '끌어당김의 법칙'이 나머지 모든 일들을 처리해 줄 것입니다.

거의 모든 사람들이 성장하기를 멈추는 이유

제리 | 제가 느끼기에는 대부분의 사람들이 25살에서 35살 정도가 되면 발전하고 성장하는 일의 정점에 도달하는 것 같습니다. 그 나이가 되면 그들은 바라던 집을 갖게 되고, 바라던 방식의 인생설계 및 바라던 직업을 갖게 됩니다. 신념, 정치관, 종교관 등을 확립하게 되고 개인적인 다양한 경험들마저도 그 나이에 끝냅니다. 왜 그렇게 되는지 알고 싶습니다.

아브라함 | 그것은 그들이 갖고자 하는 경험들을 모두 다 갖게 되었기 때문이 아닙니다. 그들이 더 이상 새로운 경험을 끌어당기지 않게 되었기 때문입니다. 새로운 경험 속에는 유쾌한 흥분과 더 많은 소망이 존재함에도 불구하고, 그들 대부분은 더 이상 의도적으로 소망이나 바람을 일으키지 않습니다. 그들은 거의가 당면현실에 안주해버리고 맙니다.

드러나 있는 당면현실에 주의를 기울이게 되면 오직 그와 같은 것들을 더 많이 끌어당기게 됩니다. 반면에 자신이 바라는 것들에 주의를 기울이게 되면 변화를 불러오게 됩니다. 따라서 그와 같이 현실에 안주하는 '자기만족'이 존재하게 되는 이유는, 단순히 그들이 '우주의 법칙들'을 이해하지 못했기 때문입니다.

대다수의 사람들이 의식적으로 성장을 추구하는 일을 멈추는 이유는, 우주의 법칙들을 알지 못하고 있기에 자신이 원하는 것과 반대되는 생각들을 무심코 일으킴으로써 스스로 원하는 것들을 얻지 못하게 만들고 있기 때문입니다. 자신이 성취할 수 있는 것들에 대한

'믿음'이 자신이 성취하고 싶어 하는 것들에 대한 '소망'과 상충이 될 때는, 열심히 노력을 하더라도 좋은 결과를 얻을 수 없습니다. 그래서 같은 일이 반복되면 당신은 결국 지치고 맙니다.

우주의 법칙들을 의식적으로 이해한 상태에서 자신의 생각을 자신이 바라는 것들의 방향으로 유연하게 이끌어가게 되면, 즉시 좋은 결과가 나오게 되는 것을 보게 될 것입니다.

제리 | 그러면, 만일 어떤 사람이 소위 '하강 악순환' 또는 '부정적인 악순환'이라고 부르는 상태에 놓이게 됐다고 해봅시다. 그럴 경우 그가 다시 '상향 선순환'의 상태로 움직여가기 위해서 '시간마디별 의도하기'를 사용하려면 어떻게 해야 합니까?

아브라함 | 당신이 가진 '지금'이라는 순간은 아주 강력합니다. 사실상 당신의 모든 힘은 바로 '지금 여기'에 있습니다. 따라서 당신이 '지금 여기'에 초점을 맞추고, 오로지 현재 시간마디에서 자신이 가장 바라는 것에 관해 생각하기 위해서 멈추어 서게 되면, 당신은 명쾌함을 발견하게 될 것입니다. 당신은 자신이 바라는 모든 주제에 관한 바람들 전부를 '바로 지금' 처리할 수는 없겠지만, 이 마디에서 자신이 가장 선호하는 것이 무엇인지는 '바로 지금' 정의할 수 있습니다. 그리고 각각의 시간마디들 마다 계속 그렇게 하게 될 경우, 당신은 눈에 띄게 명료해진 자신을 발견하게 될 것입니다. 그러면 '하강 악순환'의 추세는 상승추세로 바뀌게 됩니다.

낡은 믿음이나 습관들의 영향력에서 벗어나려면

제리 | 아브라함, 대부분의 사람들은 오래된 관념들이나 신념들 그리고 습관들을 버리는 것을 특히나 어렵게 느낍니다. 우리가 과거의 경험들과 신념들로부터 영향 받지 않도록 도와주는 어떤 '긍정적인 확언'이 있을까요?

아브라함 | "나는 '지금' 속에서 가장 강력하다!" 우리는 오래된 관념들과 생각들을 처리하는 일을 권장하지 않습니다. 왜냐하면 당신이 그것들을 제거하고자 애쓰는 와중에, 실제로는 그것들에 대해 더 많이 생각하고 있게 되기 때문입니다. 게다가 당신이 가진 오래된 생각들의 일부는 여전히 가치를 지니고 있습니다. 단지 현재 당신이 자신의 생각들을 어떤 방향으로 이끌어가고 있는지에 좀 더 유념하십시오. 그리고 자신이 기분 좋아지기를 원한다는 결정을 내리십시오.

"오늘, 어디를 가게 되건, 무슨 일을 하게 되건, 나의 주요한 의도는 오직 내가 보기를 원하는 것들만 보는 것이다. 내가 기분 좋은 것보다 더 중요한 일은 없다!"

제리 | 만약 각종 미디어들을 통해 제공되는 부정적인 것들을 목격하게 되거나, 또는 친구들로부터 제공될 수도 있는 어떤 문제들에 대한 이야기를 듣게 되었을 경우, 어떻게 하면 그런 부정성으로부터 영향을 받지 않게 될까요?

아브라함 | 인생체험의 가능한 매 시간마디들 속에서, 오직 자신이 보길 원하는 그러한 것들을 보겠다는 의도를 세움으로써 가능합니

다. 그럴 경우, 심지어 가장 부정적인 것들을 접하게 된다 할지라도 당신은 자신이 진정 원하는 어떤 것을 볼 수가 있게 될 것입니다.

원치 않는 것들에 대해 말해도 괜찮습니까?

제리 | 우리가 바라지 않는 것에 대한 이야기를 하는 것은 괜찮은 일입니까?

아브라함 | 자신이 바라지 않는 것을 진술하는 일은 때때로 자신이 정말 바라는 것에 대해서 보다 명확한 그림을 가져다줄 수 있습니다. 하지만 자신이 바라지 않는 것에 대한 주제에서 신속하게 벗어나서, 자신이 정말 바라는 것에 대한 주제로 옮겨가는 것이 좋습니다.

부정적인 생각들을 밝혀내야만 합니까?

제리 | 아브라함, 부정적인 감정을 불러온 특정한 생각들을 확인하고자 하는 것이 가치있는 일입니까?

아브라함 | 다음과 같은 이유로 가치있는 일이 될 수 있습니다. 즉, 당신이 부정적인 생각을 하고 있음을 인식했을 때 가장 중요한 것은, 당신이 할 수 있는 어떤 방법을 써서라도 부정적인 그 생각을 중단하는 일입니다. 그런데 만일 당신 내면에 아주 강력한 어떤 믿음

이 존재하고 있을 경우, 아마 당신은 현재의 부정적인 생각이 계속해서 반복적으로 떠오르는 것을 발견하게 될 수가 있습니다. 그래서 당신은 부정적인 그 생각으로부터 다른 어떤 것에 대한 생각으로 끊임없이 생각 방향을 돌려야만 할 것입니다. 그럴 경우, 당신이 어떤 새로운 관점으로 그것을 바라봄으로써 성가시게 하는 그 생각을 새롭게 인식하고 조정하는 작업은 가치가 있는 일이 될 것입니다. 다시 말해서, 당신 안에 있는 상충되는 믿음을 다듬는 작업을 하십시오. 그러면 그 생각이 계속해서 떠오르거나 당신을 괴롭히지 않게 될 것입니다.

내 소망이 비현실적이라는 말을 듣게 될 때

제리 | 만약에 우리가 성취하길 원하는 목표(일반적인 것보다 훨씬 더 높은)를 알고 있는 어떤 사람이 우리의 소망이 비현실적이라고 말할 경우, 어떻게 하면 그 영향으로부터 벗어날 수 있을까요?

아브라함 | 당신이 그들과 교류하기 이전에 자신에게 가장 중요한 것들에 대한 생각을 해 두게 되면 다른 사람들의 영향력을 피할 수 있습니다. 여기에서 다루는 '시간마디별 의도하기'가 큰 도움이 될 것입니다. 다른 이들이 당신에게 '현실'을 보라고 주장할 때, 그들은 당신이 일종의 나무와도 같이 현재 지점에 뿌리박히도록 하는 영향을 미치고 있습니다. 당신이 오직 '현재 상황'만을 보고 있는 한, 당

신은 그것을 넘어서 성장할 수가 없습니다. 만일 언젠가 자신이 보기를 원하는 것을 끌어당기고자 한다면, 당신은 자신이 보기를 원하는 것을 보도록 스스로를 허용해야만 합니다. '현재 상황'에 대한 당신의 주시는 오로지 더 많은 '현재 상황'을 창조할 뿐입니다.

60일 안에 바라는 모든 걸 얻는 방법

제리 | 당신은 이런 의미가 담긴 말을 한 적이 있습니다. 즉, '우리는 60일 안에 우리가 삶속에서 갖기를 바라는 모든 걸 가질 수 있다'고 말이죠. 어떻게 하면 우리가 그렇게 할 수 있는지 알려 주시겠습니까?

아브라함 | 먼저, 지금 현재 당신이 삶에서 체험하고 있는 모든 것들은 자신이 과거에 일으켰던 생각들의 결과라는 사실을 반드시 깨달아야 합니다. 그러한 생각들로 인해 현재 당신이 살아가고 있는 삶의 환경이나 상황들이 마련된 것이며, 글자 그대로 초대된 것입니다. 따라서 당신이 오늘, 자신이 바라는 미래에 대한 생각을 품기 시작하고, 소망하는 식으로 살고 있는 자신의 모습을 그려보기 시작한다면, 당신은 자신을 만족시킬 수 있는 그러한 미래의 사건들과 환경들을 끌어당기기 시작할 것입니다.

60일 뒤의 미래이건 5년 뒤나 10년 뒤의 미래이건, 당신이 자신의 미래 모습에 대해 생각하게 될 때, 그야말로 당신은 자신의 미래로 향하는 길을 내기 시작합니다. 그 후 당신이 미리 길을 낸 그러한 순간들에 들어서게 되고, 그 미래가 자신의 현재가 되었을 때 이렇게 말함으로써 당신은 그것을 미세하게 조정하게 됩니다. "이게 지금 내가 원하는 거야." 그러면 당신이 자신의 미래를 위해 일으켰었던 모든 생각들은, 자신이 어떤 행동을 취하길 원하는지를 고려하고 있는 바로 그 순간에, 당신이 원하는 것을 당신에게 정확하게 가져다주기 위해 적재적소에서 작용하게 될 것입니다.

따라서 그것은 당신이 매일 매일의 수많은 시간마디들을 인식해나가는 단순한 과정입니다. 그래서 당신이 새로운 하나의 시간마디에 들어설 때마다, 잠깐씩 멈추어서 자신에게 가장 중요한 게 무엇인지를 확인하는 작업이 필요한 것입니다. 그래야만 당신은 '끌어당김의 법칙'에 의해서 자신이 숙고한 것을 끌어당기게 됩니다. 당신이 어떤 것에 대해 더 많이 생각할수록, 당신은 더 명확해집니다. 당신이 더 명확해질수록, 당신은 긍정적인 감정을 더 많이 느끼게 되고 끌어당기는 힘도 더욱 강해집니다. 따라서 '마디별 의도하기'라는 이 작업은 빠르고 신속하게 '의식적 창조'를 하게 하는 열쇠입니다.

지금까지 우리는 아주 중요한 이 주제를 놓고 당신들과 이야기할 수 있어서 대단히 즐거웠습니다. 여기 당신들을 위한 큰 사랑을 드립니다.

당신은 이제 모든 걸 압니다!

이제 당신은 '게임의 규칙'을 알게 되었습니다. 당신이 참여해 즐기고 있는 '영원한 삶'이라는 이 놀라운 게임의 규칙을 말이죠. 지금

부터 당신은 경이롭고도 멋진 경험들을 해나가게 될 텐데, 이제 당신은 개인적인 인생 체험을 창조적으로 통제할 수가 있기 때문입니다.

이제 당신은 강력한 '끌어당김의 법칙'을 이해하게 되었기에, 자신이나 타인들에게 벌어지고 있는 일들이 어떻게 해서 일어나고 있는지에 대해 더 이상 잘못 이해하지 않을 것입니다. 그리고 '의식적 창조'의 과정에 대한 이해를 바탕으로, 연습을 통해 자신이 바라는 것들 쪽으로 생각을 이끌어가는 일에 능숙해짐으로써, 당신이 결정한 그 어느 곳이라도 갈 수가 있을 것입니다.

이제 당신은 매 시간 마디들 마다, 자신이 체험해나갈 인생 항로들을 미리 준비하고 길을 내게 될 것입니다. 당신이 **기쁨 속에서 즐겁게 도착하게 될 미래를 만들기 위해**, 미리 강력한 힘을 지닌 생각들을 미래를 향해 쏘아 보냄으로써 말이죠. 또한 당신은 자신이 느끼는 기분과 감정에 주의를 기울임으로써, 진정한 자신인 '내면존재'의 관점과 일치하는 방향으로 자신의 생각들을 이끌어가는 일에 능숙해지게 될 것입니다. 그 결과 당신은 태어나면서 의도했었던 대로 '허용하는 존재'가 됨으로써, 끝없이 펼쳐지는 기쁨 속에서 완전히 충족된 삶을 만끽하게 될 것입니다.

지금까지 당신과 함께 한 이 만남이 너무나 즐거웠습니다.

아브라함Abraham

ABRAHAM-HICKS

제5장

아브라함을 만나다

OUR PATH
TO THE ABRAHAM
EXPERIENCE

당신이 세 가지의 강력한 이 우주 법칙들을 이해하고, 그것들을 자신의 삶에
의도적으로 적용해나가게 될 때, 비로소 당신은 체험하길 바라는
그 어떠한 방식의 삶이든 바라는 그대로 정확히 창조할 수가 있다는 앎에서
오는 벅찬 기쁨과 자유를 만끽하게 될 것입니다.
당신이 체험하는 모든 사람들과 환경들과 사건들은
자신에 의해, 자신의 생각들로 인해 오게된다는 사실을 이해하게 되면,
이곳에 들어오기로 결정했을 당시 의도했었던 대로 삶을 살아가기 시작할 것입니다.
그래서 강력한 끌어당김의 법칙에 대한 이해를 바탕으로,
자신이 의도하는 방식의 삶을 의식적으로 창조하겠다는 결정을 하게 될 때,
마침내 당신은 허용의 기술을 완벽히 이해하고 적용해나갈 때 얻을 수 있는
비할 데 없는 절대적 자유를 향해 힘차게 나아가게 될 것입니다.

THE LAW OF

ATTRACTION

WELLBEING LOVE JOY SUCCESS HEALTH HAPPINESS WEALTH

The Law of
Attraction

종교 단체들을 지속적으로 방문하다

제리 힉스

나의 부모님들은 종교적인 분들이 아니었습니다. 그래서 왜 내가 어렸을 때 교회에 나가서 교리를 알아야 되겠다는 강한 충동을 갖게 됐는지 확실치가 않습니다. 하지만 그런 충동은 내가 성장하면서 더욱 강해졌지요. 아마도 그것은 그 당시 내가 내면 깊숙이 느끼고 있었던 강한 허무감을 메워보려는 시도였거나, 아니면 주위의 많은 사람들이 종교적인 열정이나 진리를 발견했다는 확신을 내게 보여주었기 때문이겠지요.

내가 태어나서 14살이 되는 동안 우리 집은 6개주에 걸쳐서 18번이나 이사를 다녀야 했습니다. 그래서 나는 아주 다양한 원리들을 서로 비교해볼 수 있는 기회를 갖게 되었습니다. 언제나 나는 이 교회 저 교회를 순차적으로 방문했으며, 그때마다 내가 애타게 찾고 있던 것을 발견하게 되기를 염원했지요. 하지만 종교적이거나 철학적인 단체들을 여기저기 방문하게 되는 과정에서, 그들이 모두 하나같이 자신들만이 옳고 다른 단체들은 전부 틀렸다고 주장하는 것을 접하면서 실망감이 점차 커지게 되었습니다. 그리고 그런 상황 하에서 나의 열정은 점점 식어가게 되었지요. 나는 찾아 헤매던 답을 찾지 못했음을 알았습니다(그처럼 자기만이 옳다고 주장하는 명백한 원리적인 모순에 대해서 이해할 수 있게 됨으로써 더 이상 그것에 부정적인 감정을 갖지 않게 된 것은 내가 아브라함의 가르침을 알게 된 뒤의 일입니다). 그래서 나는 답을 찾는 일을 계속해가게 되었습니다.

'위자보드'가 글자를 쓰다

나는 그때까지 위자보드Ouija Board : 알파벳과 기호가 적혀있는 심령술에서 쓰는 문자판으로써 죽은 사람으로 부터 메시지를 받는데 사용된다고 함 – 옮긴이를 경험해본 적이 없었지만, 그와 관계없이 그것에 대해 상당한 거부감을 가지고 있었습니다. 기껏해야 그건 하나의 놀이에 불과하고 나쁘게는 속임수일거라고 믿고 있었습니다. 그래서 1959년에 친구들이 내게 '위자보드'가 어떻게 작동하는지 보여주겠다고 했을 때 나는 즉시 어리석은 짓 그만두라고 말했지요. 그러나 친구들은 고집을 부렸고 결국 나는 처음으로 '위자보드'를 체험하게 되었습니다. 그리고 나는 그것이 실제적인 현상임을 목격하게 되었습니다.

그때 나는 살아오면서 갖게 된 의문들에 대한 답을 찾고 있었던 터라 이런 질문을 하게 되었습니다. "내가 정말 발전하려면 무엇을 해야 합니까?" 그러자 그것은 아주 빠른 속도로 알파벳을 조합시켜 '읽-으-시-오' 라는 글자를 보여주었습니다.

"무엇을 읽지요?" 내가 물었습니다. 그것은 "책-들"이라는 글자를 나타냈습니다. 내가 다시 물었지요. "어떤 책들 말입니까?" 그것은 (다시 처음처럼 빠른 속도로)"알-버-트-슈-바-이-처-의-모-든-책-들"이라고 보여주었습니다, 그때 친구들은 알버트 슈바이처 Albert Schweitzer에 대해서 들어본 적이 없었고 나도 그에 대해 그저 아주 조금 아는 정도였지요. 나는 호기심이 커져서 이처럼 평범하지 않은 방법으로 알게 된 그 사람에 대해서 조사를 해보겠다고 결심하였습니다.

내가 들렀던 첫 번째 도서관에서 알버트 슈바이처가 쓴 많은 책들을 발견하였습니다. 나는 체계적으로 그 책들을 전부 읽었습니다. 비록 내가 가지고 있었던 많은 질문들에 대해서 답을 찾았다고 말할 수는 없었지만, 그의 역사적 예수에 대한 탐구라는 책은 나의 눈을 뜨게 해서 내가 연구하고자하는 것을 바라보는 데에는 다른 여러 가지 길이 있음을 알게 해주었습니다.

내가 지닌 의문들에 대한 확실한 깨달음과 답을 찾고자하는 나의 열정은, 단지 위자보드를 통해서는 그걸 이룰 수 없다는 사실을 알게 되면서 가라앉게 되었습니다. 하지만 그런 경험 이전에는 그 가능성을 믿지 않았던, 지적인 의사소통의 통로가 존재할 수 있다는 사실을 깨닫게 되는 계기가 되었지요.

위자보드는 나 자신을 위해서는 별로 도움이 되지 않았지만, 내가 여행 중에 만난 수백 명의 사람들에게 재미로 그것을 실시해 보았는데 그 중 세 사람이 성공을 하였습니다. 오리건 주의 포틀랜드 시에 살고 있는 (위자보드가 통하는)친구들과 나는 비육체적 존재들이라고 생각되는 대상들과 수백 시간을 이야기하였습니다. 아주 흥미롭게도 우리는 해적들, 성직자들, 정치가들, 랍비들과 연달아 대화를 하였습니다. 그것은 마치 어떤 파티에 참석해서, 개개인이 가진 아주 다양한 주제와 태도 그리고 지성을 경험할 수 있는 흥미로운 대화를 나누는 것과도 흡사했습니다.

그러나 나는 위자보드로부터는 내 삶에 도움이 되거나 다른 사람을 가르치는데 도움이 될 만한 것은 배우지 못했습니다. 그래서 어느 날 그것을 중단하게 되었고 더 이상 위자보드에 대한 흥미를 갖지 않게 되었습니다. 그렇지만 이 특별한 경험, 특히 나에게 독서하기를 권유했던 지성적인 존재와 나눈 경험은, '저 바깥' 어딘가에 당시에 내가 알고 있었던 것보다 훨씬 더 많은 것들이 존재한다는 앎을 일깨워 주었을 뿐만 아니라, 답을 찾아야겠다는 더욱 강한 욕망을 나의 내면에 불러일으켰습니다. 우주가 어떻게 작동하는지, 우리가 왜 여기 있게 되었는지, 어떻게 해야 더 즐거운 삶을 누릴 수 있는지, 어떻게 해야 우리가 여기 온 목적을 달성할 수 있는지에 대한 실제적인 답을 알고 있는 지성적인 존재와 연결되는 일이 가능하다는 사실을 나는 믿게 되었습니다.

생각을 통해 부자가 되라

아마도 점점 늘어만 가는 질문들에 대한 실제적인 답을 찾게 된 첫 번째 경험은, 1965년도에 여러 대학교에서 번갈아 연주회를 갖던 도중 어떤 흥미로운 책을 발견하게 되면서 내게 찾아왔던 것 같습니다. 그 책은 어느 작은 모텔 로비의 커피 테이블 위에 놓여 있었습니다. 맨 처음 그 책을 집어 들어 겉표지의 제목을 보았을 때 느꼈었던 부정적인 감정이 기억납니다. 그것은 **나폴레온 힐**이 쓴 『**생각을 통해 부자가 되라**Think And Grow Rich!』라는 책이었습니다.

그 제목은 내 마음에 들지 않는 것이었지요. 당시에 나는 다른 많은 사람들처럼, 자신의 궁핍을 합리화하고자 부유한 사람들에 대한 부정적인 표현을 마다하지 않도록 교육받았었기 때문입니다. 그렇지만 그 책은 무언가 끌어당기는 힘이 있었지요. 내가 처음 12페이지 정도를 읽었을 때 온몸의 털이 곤두서고 등줄기를 따라 전율이 느껴졌습니다.

물론 이제 나는 이런 육체적인 내적 감각이, 지극히 가치있는 어떤 것을 접하는 중이라는 사실을 증명해주는 것이라는 걸 이해하게 되었습니다. 하지만 그때도 나는 그 책이, "자기 생각이 중요할 뿐만 아니라 자신의 삶은 자신이 하는 생각의 내용을 반영한다."는 사실을 내게 일깨워 주었다는 것을 느꼈습니다. 그 책은 정말 흥미가 있었을 뿐만 아니라 거기에 제시된 내용들을 시도해 보겠다는 바람을 내게 불러일으켰습니다. 그래서 나는 그 책의 내용대로 실행을 하게 되었지요.

실제로 그 가르침은 나에게 큰 효과가 있었습니다. 그래서 아주 짧은 시간 안에 나는 수천 명의 사람들과 의미 있는 접촉을 갖게 해준 국제적인 비즈니스를 일구게 되었지요. 나는 내가 배운 원리들을 사람들에게 가르치기 시작했습니다. 나는 삶을 변화시키는 그 책을 통해 아주 큰 효과를 보았습니다. 하지만 내가 가르쳤던 많은 사람들은 그들이 얼마나 많은 코스들을 시도했건 상관없이 내 경우처럼 극적인 효과를 보지는 못했습니다. 그래서 나는 더욱 확실한 답을 추구하는 작업을 지속하게 되었습니다.

'셋스'가 '자기 현실 창조'에 대해 말하다

내가 지녀온 의문들에 대한 답을 찾고자 하는 일생에 걸친 탐구는 계속되고 있었고, 다른 사람들이 자신의 목표를 효과적으로 달성하는데 도움이 되는 길을 발견하겠다는 욕구는 그 어느 때보다도 강해졌습니다. 하지만 나는 에스더와 결혼을 하여 애리조나 주의 피닉스 시에서 새로운 삶을 시작하게 되면서부터 그 모든 것들을 잠시 잊게 되었습니다. 우리는 수년 동안 교제를 하다가 1980년도에 결혼을 했는데, 서로 아주 완벽하게 어울리는 짝이라는 사실을 발견하였습니다. 우리는 새로 정착한 우리의 도시를 탐험하고 새집을 꾸미고 새로운 인생을 함께 발견해 나가면서, 매일 매일 놀라운 기쁨을 경험하게 되었습니다. 비록 에스더는 내가 가진 앎에 대한 갈증이나 답에 대한 굶주림을 함께 공유하지는 않았지만, 삶에 대한 열정이 있었고, 언제나 행복했으며, 함께 하기에 너무나 멋진 사람이었습니다.

　도서관에서 시간을 보내던 어느 날, 나는 제인 로버츠가 쓴 『육체가 없지만 나는 이 책을 쓴다Seth Speak』라는 책을 접하게 되었습니다. 그 책을 서가에서 꺼내기도 전에 나는 머리카락이 곤두서고 전율이 온 몸을 감싸는 느낌을 또 다시 경험하게 되었습니다. 내가 느꼈던 감정에 걸맞는 내용이 그 책에 담겨 있을지도 모른다고 생각하면서 책장을 한 장 한 장 넘겨갔습니다.

　내가 에스더와 함께 살면서 알게 된 우리 사이의 유일한 불일치는, 그녀가 나의 '위자보드' 경험담을 전혀 들으려하지 않는다는 것이었습니다. 내가 어떤 모임에서 신이 나서 그 이야기를 꺼낼라치면 그녀는 항상 그 방을 나가버리곤 했습니다. 그녀는 어린 시절에, 그 어떤 비물질적인 것에 대해서도 극심한 공포심을 갖도록 교육받았던 것입니다. 나는 그녀를 괴롭히고 싶지 않았기 때문에 적어도 그녀가 주위에 있을 때는 그 이야기를 중단하고는 했습니다. 따라서 그녀가 세스Seth의 책에 대한 이야기를 듣고 싶어 하지 않을 것임은 당연한 일이었지요.

　저자인 '제인 로버츠'는 일종의 트랜스 상태에 들어가 비물질적 존재인 세스가 자신의 입을 통해 말하도록 허용을 하였으며, 그러한 결과물로써 대단한 영향력을 가진 세스의 책들이 출판되었던 것입니다. 나는 그 책들이 아주 흥미롭고 매력적이라는 것을 발견했고, 또한 내가 지닌 수많은 의문들에 대한 답들을 그 책속에서 발견하기 시작했습니다. 하지만 에스더는 그 책에 대해서 겁을 냈습니다. 그 책이 어떻게 해서 써지게 된 것인지에 대해 듣자마자 그녀는 불편해하기 시작했고, 제인 로버츠가 트랜스 상태에서 세스의 말을 전하는 사진을 본 이후로는 더욱 심하게 불편해하게 되었습니다.

"당신이 원한다면 그 책을 읽으세요. 하지만 침실에 가져오지는 마세요." 에스더는 내게 이렇게 말했지요.

나는 언제나 '나무는 그 과일로 판단해야 한다.'고 믿고 있었습니다. 따라서 내가 숙고하는 모든 대상에 대한 판단은 항상 그것에 대한 나의 느낌이 어떤가로 판단을 했지요. 그리고 내게 세스의 메시지들은 대부분 옳게 느껴졌습니다. 그래서 그 메시지들의 출처가 어디이고 또 어떻게 주어졌는가 하는 것들은 내게 아무런 문제가 되지 않았습니다. 사실상 나는, 나 자신이 사용할 수가 있을 뿐 아니라 그것을 사용할만한 다른 사람들에게 전해줄 수 있는, 무척 가치있는 정보를 발견했다고 느꼈습니다. 나는 흥분되었습니다!

나의 두려움이
해소되다

에스더 힉스

 제리가 나에게 세스의 책들을 강제로 권하지 않은 것은 매우 현명
한 처사였고 친절한 행동이었다고 믿습니다. 왜냐하면 그 당시 나는
그 책들에 대해 아주 강하게 혐오감을 느꼈었기 때문입니다. 비육체
적인 존재와 접촉한다는 그 어떤 생각도 나를 극도로 불쾌하게 만들
었습니다. 그래서 제리는 나를 괴롭히지 않으려고 아침에 일찍 일어
나서 내가 아직 자고 있는 동안에 그 책들을 읽고는 했지요. 그는 아
주 흥미 있는 어떤 것들을 발견하게 되면 그것을 점차 우리의 대화
중에 살짝 언급하고는 했습니다. 그래서 내가 덜 저항적인 상태에서
는 그러한 아이디어들이 가치있는 것이라는 사실을 종종 받아들이게
되고는 했지요. 제리는 조금씩 조금씩 내게 여러 가지 개념들을 알
려주었으며, 나는 그 놀라운 메시지들에 대해서 진짜로 흥미를 느끼
기 시작하게 되었습니다. 그리고 결국에는 그것이 우리의 아침 일과

가 돼버렸습니다. 아침에 둘이 나란히 앉아서 제리가 나에게 세스의 책을 읽어주고는 했던 것이지요.

그 당시 나의 공포심은 과거에 내가 부정적인 어떤 체험을 했기 때문에 생기게 된 것은 아닙니다. 그것은 그저 내가 풍문으로 들은 것들 때문이었고, 그 풍문들을 내게 전했던 사람들도 아마 그것을 다른 누군가로부터 들었을 것입니다. 이제와 돌이켜보면 내가 그런 공포심을 가졌었던 것이 아주 비합리적이었던 것 같습니다. 아무튼, 일단 내가 그 모든 것들이 기분 좋게 느껴진다는 것을 개인적으로 경험하게 되자 나의 태도는 진짜로 바뀌게 되었습니다.

시간이 흐르고 '제인 로버츠'가 '세스'로부터 메시지를 받은 과정에 대해서 더 이상 공포심을 느끼지 않게 되면서, 나는 그 놀라운 책에 대해서 깊이 감사하게 되었습니다. 우리는 그 책을 아주 기쁘게 읽었던 터라 뉴욕을 방문하여 제인과 그녀의 남편(그리고 심지어 세스)까지 만날 생각마저 하게 되었답니다. 내가 얼마나 많이 발전했던 것입니까, 비육체적인 그 존재를 실제로 만날 생각까지 하게 되다니요! 하지만 책에는 저자의 전화번호가 적혀있지 않았습니다. 그래서 우리는 어떻게 해야 그녀를 만날 수 있는지 알 수가 없었지요.

어느 날 우리가 어떤 작은 음식점에서 점심식사를 하는 중이었습니다. 제리는 방금 새로 구입한 책을 훑어보고 있었지요. 그런데 가까이 앉아있던 어떤 낯선 사람이 우리에게 말을 걸어왔지요. "세스의 책들을 읽어보신 적이 있으십니까?"

우리는 거의 귀를 의심할 지경이었습니다. 그 누구에게도 우리가 그 책들을 읽고 있다고 말한 적이 없었기 때문입니다. 그 사람은 말을 이었습니다. "제인 로버츠가 세상을 떠났다는 것을 아시는지요?"

그 말을 듣는 순간 내 눈에 눈물이 가득 고였었던 기억이 납니다. 그 일은 마치 어떤 사람이 내게 나의 언니가 죽었다고 전해주었는데, 나는 그 사실을 전혀 모르고 있었던 경우와 흡사 했습니다. 정말 충격적이었습니다. 제인이나 그녀의 남편인 로버트 또는 세스를 만날 방법이 없어졌다는 사실을 깨닫게 되자 우리는 정말 큰 실망감을 느끼게 되었습니다.

'쉐일라'가 '테오'를 채널링하다

제인 로버츠가 사망했다는 말을 들은 지 하루나 이틀 뒤의 일이었던 것 같습니다. 우리의 친구이자 비즈니스 파트너인 '낸시'와 그녀의 남편 '웨스'와 함께 저녁을 먹게 되었습니다. 낸시가 오디오 테이프 한 개를 건네면서 말했습니다. "이 테이프를 좀 들어봐요." 그녀의 행동이 약간은 부자연스럽게 느껴졌지요. 무엇인가 약간 이상하다는 느낌이 들었습니다. 제리가 세스의 책을 처음 발견했을 때 그에게서 내가 느꼈던 것과 같은 느낌을 낸시 부부에게서 다시 느꼈던 것입니다. 그건 마치 그들이 어떤 비밀을 우리와 나누고자 하는데 우리의 반응이 어떨지에 대해 걱정을 하는 것 같았다고나 할까요.

"이게 뭐지요?" 우리가 물었습니다.

"채널링Channeling : 비물리적인 영적인 존재와 의사소통을 하는 것 – 옮긴이 메시지에요." 낸시가 속삭이듯 대답했습니다.

당시에 제리와 나는 '채널링'이라는 단어를 들어본 적이 없었습니다. "채널링이라는 게 무슨 뜻이에요?" 내가 물었지요.

낸시와 웨스가 간략하지만 차근차근 설명을 해주는 것을 들으면서 제리와 나는 세스의 책들이 쓰인 과정과 동일한 이야기라는 것을 알게 되었지요. "그녀의 이름은 '쉐일라'에요" 그들은 계속 말했습니다. "그녀는 테오Theo라는 존재를 대신해서 말한답니다. 그녀가 곧 피닉스에 와요. 원한다면 당신들도 시간약속을 해서 그녀와 이야기를 나눌 수 있어요"

우리는 만나보기로 결정을 하였지요. 우리가 얼마나 흥분했었는지 지금도 기억이 납니다. 그리고 우리는 그녀를 피닉스 시의 어떤 아름다운 집에서 만나게 되었지요. 그때는 한 낮이었던 때다가 괴이한 일도 전혀 일어나지 않았기에 나는 마음을 놓게 되었습니다. 모든 것이 매우 편안하고 안락하였습니다. 우리가 자리에 앉아 테오를 만나게 되었을 때(사실은 제리가 테오를 만났다고 하는 게 맞는데, 나는 그 만남 동안에 단 한마디도 하지 않았으니까요), 나는 커다란 흥미를 느끼게 되었습니다.

제리는 공책 한 권에 가득할 정도의 많은 질문들을 가지고 있었는데, 그것들은 그가 여섯 살 때부터 모아온 것들이라고 했습니다. 그는 신이 나서 질문들을 연달아 했고 어떤 때는 대답이 채 끝나기도 전에 끼어들기도 해서 할애된 시간이 끝나기 전에 질문을 하나 더 할 수가 있을 정도였습니다. 할애된 30분은 아주 빨리 지나갔습니다. 우리는 아주 기분이 좋았지요.

"우리가 내일 또다시 와도 될까요?" 내가 물었지요. 나도 테오에게 물어보고 싶은 질문들이 생각났었기 때문이었습니다.

명상을 꼭 해야만 합니까?

다음날 우리는 다시 오게 되었습니다. 나는 테오에게(쉐일라를 통해서) 자신의 목표를 더 빨리 달성하기 위해서는 무엇을 해야 하는지 물었지요. "긍정적 선언을 통해서" 테오는 그렇게 말하며 기분 좋은 선언문 하나를 내게 가르쳐 주었습니다. "나, 에스더는 신성한 사랑을 통해서, 깨달음을 추구하는 존재들을 보게 되고 그들을 내게 끌어온다. 그런 나눔은 이제 우리 모두를 성장시킨다."

그때 제리와 나는 '긍정적 선언affirmations'에 대해서 알고 있었고 이미 사용하고 있었습니다. 내가 다시 물었지요. "그 밖에 또 다른 것은요?" 테오가 대답했습니다. "명상을 하세요." 그 당시에 나는 명상을 한다는 사람을 아무도 알지 못했었지요. 그래서 명상을 한다는 생각은 그저 이상한 느낌을 내게 주었답니다. 나 자신이 명상을 한다는 것은 상상조차 하기 힘든 일이었습니다. 제리의 말에 의하면, 그가 만나던 사람들은 명상을 하게 되면 아주 가난해지고 고통을 겪게 된다고 생각한다는 것이었습니다. 당시 내가 생각하는 명상이라는 것은 불붙은 석탄 위를 맨발로 걷거나, 못이 박힌 침대위에 누워있거나, 온종일 한발로 서있으면서 구걸하기 위해 한 손을 내밀고 있는 사람들이나 하는 괴상한 짓과도 같은 그런 종류의 것이었습니다.

하지만 나는 다시 물었습니다. "명상은 어떻게 하는 것이지요?"

테오가 대답했습니다. "매일 15분씩, 편안한 옷을 입고 조용한 방에 앉으세요. 그리고 호흡에 집중하세요. 마음속에 여러 생각들이 떠오를 때면, 그저 그 생각들을 놓아버리고 다시 호흡에 초점을 맞추세요." 나는 생각했습니다. "그것은 그렇게 괴상한 일은 아닌 것 같군."

나는 14살인 딸 트레이시도 테오에게 데려와야 하는지를 물었습니다. 테오가 대답했습니다. "그녀가 바란다면 그렇게 하세요. 그러나 반드시 그럴 필요는 없습니다. 당신들 두 사람도 **채널** channel: 채널링이 가능한 사람 - 옮긴이이니까요." "맙소사, 우리가 '채널'이라니! 이 얼마나 괴상한 말인가!"라고 느꼈었던 기억이 납니다. 아니면 얼마나 중요한 일인지 그때는 알 수가 없었지요. 그때 녹음기가 '철컥'하고 멈추었습니다. 우리에게 할당된 시간이 끝났다는 표시였지요.

시간이 얼마나 빨리 지나갔는지 믿어지지가 않을 정도였습니다. 내가 미처 하지 못한 질문 목록을 내려다보고 있는데, 우리의 대화 중에 녹음기를 작동시키고 메모를 했던, 쉐일라의 친구인 '스테비'는 내가 약간 실망스러워하는 것을 눈치챘던 것 같습니다. 그녀가 내게 이렇게 물었기 때문입니다. "마지막으로 질문 하실 건 없나요? 당신의 영적 안내자 이름을 알고 싶지 않으세요?"

그것은 내가 생각해낼 수 없는 질문이었습니다. 왜냐하면 그때 나는 '영적 안내자 spiritual guide'라는 말을 전혀 들어 본적이 없었기 때문이지요. 하지만 그 단어의 느낌이 좋았기 때문에 질문을 하게 되었습니다. "네, 나의 영적 안내자의 이름을 말해주세요."

테오가 말했지요. "그들이 당신에게 직접 알려줄 것이라고 들었습니다. 당신은 '초능력적 청각' 체험을 하게 됩니다. 그때 당신은 알게 됩니다."

우리는 그 어느 때 보다 더 좋은 기분을 느끼면서 그 아름다운 집을 나섰지요. 테오는 우리에게 함께 명상을 하라고 권유했었습니다. "당신들은 서로 보완관계에 있기 때문에 그렇게 하면 훨씬 큰 효과가 있습니다." 우리는 테오의 권유대로, 집에 돌아와서 가장 편한 옷인 목욕 가운으로 갈아입었습니다. 거실의 커튼을 치고 명상(그것이 무엇을 뜻하든지)을 하기위해 자리에 앉았습니다. 당시 이렇게 생각했던 기억이 납니다. "나는 매일 15분간씩 명상을 할 거야. 그래서 나의 영적 안내자의 이름을 알아낼 거야." 그런 이상한 짓을 함께 하는 것이 우리 둘에게는 좀 쑥스러운 일이었기 때문에, 우리는 작은 책장을 사이에 두고 각자 따로 안락의자에 앉았습니다. 그래서 우리는 서로의 모습을 볼 수가 없었지요.

무엇인가가 나 대신에 호흡하기 시작하다

명상하는 방법에 대한 테오의 가르침은 아주 간단했습니다. "매일 15분씩 시간을 내서, 편안한 옷을 입고 조용한 방에 앉아 호흡에 초점을 맞추세요. 마음속에 이런 저런 생각이 떠오를 때는 그 생각들을 놓아버리고 다시 호흡에 초점을 맞추도록 하세요."

우리는 타이머를 15분에 맞추어놓고 큰 안락의자에 앉아 호흡에 초점을 맞추었습니다. 나는 들숨과 날숨의 숫자를 세기 시작했지요.

거의 즉시 나는 일종의 무감각 상태를 느끼기 시작했습니다. 그것은 아주 기분 좋은 감각이었지요. 나는 그런 상태가 좋았습니다.

그런데 타이머가 울려서 나를 움찔 놀라게 만들었습니다. 나는 내가 있는 방과 제리를 다시 의식하게 되었고 이렇게 말했지요. "우리 다시 한 번 해봐요!" 타이머를 15분에 맞추어놓고, 나는 그 기분 좋은 분리 감각 또는 무감각 상태를 다시 느끼게 되었습니다. 이번에는 앉아있는 의자를 느낄 수가 없었습니다. 방안에 떠있는 것 같았고 다른 것은 아무 것도 없는 것 같았지요.

그 후 시간이 지나 다시 타이머를 15분에 맞추어 놓고, 나는 그 달콤한 분리감의 느낌 속에 다시 빠져들었습니다. 그리고 그때 누군가 나 대신 호흡하는 것 같은 믿기지 않는 감각을 느끼게 되었지요. 그것은 마치 어떤 강하고 사랑에 찬 존재가 공기를 내 폐에 들이쉬게 하고 다시 내보내게 하는 것만 같은 그런 느낌이었습니다. 지금은 그것이 나와 '아브라함'과의 놀라운 첫 만남이었다는 사실을 압니다. 하지만 당시에는 그때까지 경험했던 그 무엇보다 훨씬 더 사랑스러운 어떤 것이 나의 온몸 구석구석을 가득 채운다는 사실만을 느꼈답니다. 제리가 말하기를 나의 호흡하는 소리가 좀 색달랐고 책장 너머로 바라보니 내가 황홀경 속에 있는 것 같았다는군요.

타이머가 다시 울리고 나는 다시 주위를 의식할 수 있게 되었습니다. 그 이전에는 느껴보지 못했던, 에너지가 나를 통해서 흐르는 느낌이 들었습니다. 그것은 내가 평생 가졌던 중에 가장 비범한 경험이었지요. 나의 이빨이 한참을 '드르륵'(달그락거리는 것이 아니고) 소리를 내었습니다.

아직도 잘 믿어지지 않는 '아브라함'과의 그런 만남으로 나를 이끌어갔던 그 모든 일들은 얼마나 놀라운 사건들의 연속입니까? 내가 그때까지 지니고 있었던, 삶에서 직접 체험한 어떤 사건에서 연유하지 않은 이유 없는 나의 공포심은 사라졌습니다. 나의 공포심은 무한히 사랑에 넘치는 근원 에너지와의 만남으로 대체되었습니다. 나는 그때까지 '신이 누구이고 또 무엇인지'에 대한 그 어떤 책도 읽어본 적이 없었지만 내가 경험한 것이 틀림없이 그 비슷한 경험이라는 사실을 알았습니다.

내 코가 글자를 쓰다

우리는 첫 시도에서 아주 인상적인 체험을 하였기 때문에 매일 15분에서 20분 정도 명상을 하기 위해 할애하기로 결정하였습니다. 그 후 제리와 나는 거의 9개월 동안 매일 안락의자에 앉아 조용하게 호흡하며 행복감을 느끼게 되었습니다. 그러던 중 1985년 추수감사절 전날이었습니다. 명상을 하던 도중 나는 새로운 경험을 하게 되었습니다. 나의 머리가 부드럽게 움직이기 시작하는 것이었습니다. 무감각한 상태에서 미묘하게 움직이는 느낌은 아주 기분 좋은 감각이었습니다. 거의 공중을 나는 것 같은 기분이었지요.

나는 그럴 의도가 전혀 없었고, 단지 내 스스로가 그렇게 하고 있는 게 아니라는 사실을 알았을 뿐입니다. 그것은 지극히 기분 좋은 체험이었지요. 그 후 2~3일 동안 명상 중에 나의 머리는 그런 움직임을 보였습니다. 3일째쯤 되는 날 나는 머리가 아무 의미 없이 움직이고 있는 게 아니라는 사실을 깨달았습니다. 마치 칠판에 글자를 쓰듯 코로 글자를 쓰고 있는 것이었지요. 나는 놀라움에 소리를 쳤습니다. "제리, 내 코가 글자를 써요."

어떤 특이한 일이 일어나고 있고 또한 누군가가 나에게 의사 전달을 하고 있다는 알아차림과 함께, 나의 온몸에 강한 전율이 느껴졌습니다. 그 전이나 그 후로도 그렇게 기분 좋은 아주 강한 전율이 온몸에 물결치는 것은 느껴보지를 못했습니다. 쓰여진 글자는 이러했습니다. "나는 아브라함입니다. 나는 당신의 영적 안내자입니다. 당신을 사랑합니다. 나는 당신과 함께 일하고자 여기 왔습니다."

제리는 공책을 가져와 내가 서투르게 코로 번역하는 내용을 적기 시작했지요. 아브라함은 제리의 질문에 한 글자 한 글자 대답을 해주기 시작했습니다. 어떤 때는 한 번에 여러 시간이 걸렸습니다. 우리는 아브라함과 그런 방식으로 연결이 이루어진 것에 대단히 흥분되었습니다.

아브라함이 타이프로 글자를 치기 시작하다

그것은 매우 느리고 보기 흉한 의사소통 방법이었습니다. 하지만 제리는 자신의 의문들에 대한 답을 얻고 있는 중이었지요. 그런 경험에 우리 둘은 아주 신이 났습니다. 그래서 거의 두 달 동안 제리는 질문을 하였고 아브라함은 내 코를 움직이게 해서 글자를 쓰는 방법으로 대답을 해주었지요. 제리는 모든 내용을 글로 기록했습니다. 그러던 어느 날 밤 우리가 침대에 누워 있을 때였습니다. 나의 손이 가볍게 제리의 가슴을 두드렸습니다. 나는 놀라서 제리에게 설명했습니다. "내가 그러는 게 아니에요. 틀림없이 그들이 그렇게 하는 것이에요." 그때 나는 타이프를 치고 싶은 강한 충동을 느꼈습니다.

나는 타자기로 가서 손을 자판위에 올려놓았습니다. 그러자, 내 머리가 무의식적으로 움직여 코로 공중에 글자를 썼던 것과 흡사하게, 나의 손이 타자기의 자판 위를 이리저리 움직이기 시작했지요. 손은 어떤 힘에 이끌려 아주 빨리 움직였기 때문에 제리는 약간 걱정을 하게 되었습니다. 그는 내손이 다치지 않도록 하기위해 필요하면 내 손을 붙잡을 준비를 하고 내 곁에 서있었지요. 그가 말하기를 내 손이 어찌나 빨리 움직이는지 거의 볼 수가 없을 정도였답니다. 하지만 아무런 문제도 일어나지 않았지요.

나의 손가락들이 모든 글자 키를 아주 여러 번 만져보더니 단어를 치기 시작했습니다. 거의 종이 한 장 가득히 이렇게 글자를 쳤습니다. "나는타이프를치고싶어요나는타이프를치고싶어요나는타이프를 치고싶어요…" 대문자도 없고 띄어쓰기도 없었지요. 그러더니 천천히 또박또박 문장을 치기 시작했습니다. 그것은 내가 매일 15분간씩 타자기 앞에 앉기를 요청하는 내용이었지요. 그에 따라 그것이 다음 두 달 동안 우리의 새로운 의사소통 방법이 되었습니다.

타이핑 대신에 말을 하게 되다

어느 날 우리는 고속도로를 차로 달리고 있었습니다. 그때 우리 차의 양옆 차선에는 각기 바퀴 18개짜리 대형 트레일러트럭들이 달리고 있었지요. 고속도로의 그 구간은 차선 표시가 제대로 되어있지 않았습니다. 트럭 두 대와 우리 차는 동시에 곡선도로를 돌기 시작했었지요. 그런데 그 트럭들은 우리의 차선을 침범하는 것처럼 느껴졌습니다. 우리 차는 마치 두 트럭 사이에 끼여서 부서져버릴 것처럼 느껴졌습니다. 그렇게 급박한 감정을 느끼는 와중에 아브라함이 말을 하기 시작했습니다. 나는 턱의 근육이 팽팽해짐을 느꼈지요(하품이 나오려고 할 때의 감각과 비슷했습니다). 나의 입이 무의식적으로 이렇게 말을 했습니다. "다음 출구로 **빠져나가세요.**" 우리는 그대로 따랐고 육교 밑에 차를 세웠지요. 그리고 그날 제리는 아브라함과 몇 시간을 이야기하게 되었습니다. 그것은 정말 흥미 있는 일이었지요.

아브라함의 말을 번역하는 방법이 나날이 발전하게 되면서 좀 더 편안하게 그 사실을 받아들이게 되기는 했지만, 나는 제리에게 이 일을 우리만의 비밀로 간직하자고 말했지요. 왜냐하면, 다른 사람들이 나에게 일어난 일을 알게 됐을 때 그들의 반응이 어떨까 두려웠기 때문입니다. 그렇지만 시간이 지나면서 우리와 가까운 몇몇 친구들이 아브라함과의 대화에 함께하기 시작했습니다. 우리가 지금 하고 있듯이, 이 가르침들을 대중에게 공개하기로 결정한 것은 약 일 년이 흐른 뒤의 일입니다.

아브라함의 진동을 번역하는 나의 능력은 매일 계속해서 진보되고 있습니다. 세미나를 끝내고 나면 제리와 나는 아브라함의, 명쾌함, 지혜, 사랑에 놀라고는 합니다.

어느 날 나는 이런 사실을 깨닫고 크게 웃었습니다. "예전엔 위자보드에 대해서 그렇게 두려워했는데 이제는 내가 똑같이 되었어요."

아브라함과의 감미로운 체험은 발전되고 있다

우리는 아브라함과 함께하고 있는 이 일에 대한 우리의 느낌을 표현할 적절한 단어를 이제껏 찾아내지 못하고 있습니다. 제리는 아브라함을 만나기 전에도 자신이 가장 원하는 일을 알고 있는 것 같았고 그 일을 달성하는 방법을 대부분 발견했던 것처럼 보였습니다. 하지만 그의 말에 따르면, 아브라함은 우리가 여기 온 목적에 관해서, 그리고 우리가 바라는 것을 어떻게 얻는지 또는 바라지 않는 것을 어떻게 얻지 않을 수 있는지를 아주 명쾌하게 알려주었고, 또한 그런 일에 대해서 우리가 완전한 통제력을 가지고 있다는 사실을 알려주었다고 합니다. '나쁜 운'이나 '불운한 날'이 있는 것도 아니고, 다른 어떤 사람의 행동을 따라 할 필요도 없다는 것입니다. 또한 우리는 자유로운 존재이고, 자신이 하는 경험의 절대적인 창조자라고 합니다. 우리는 그런 사실들이 좋았습니다.

아브라함은 남편 제리와 내가 이 가르침들을 표현하는데 있어서 완벽한 조합을 이룬다고 설명했습니다. 자신이 지닌 의문에 대한 답을 찾고자하는 제리의 강한 욕구는 아브라함을 우리에게 불러왔고,

나는 대답을 받을 수 있는 허용상태가 될 수 있도록, 마음을 조용하게 만들어 저항을 놓아버릴 수 있기 때문에 그들이 올 수가 있었다고 합니다.

나는 아주 짧은 시간 안에, 아브라함이 나를 통해서 말하기 시작하도록 허용할 수가 있습니다. 나의 관점에서, 나는 이런 의도를 세웁니다. "아브라함, 나는 당신들의 말을 명확하게 전하고자 합니다." 그런 후 나는 호흡에 집중하지요. 몇 초 안에 아브라함의 명쾌함, 사랑, 에너지가 내면에서 솟아나는 것을 느낄 수 있습니다. 그러면 우리는 시작하게 됩니다.

아브라함과
대화를 나누다

제리 힉스

에스더를 통한 아브라함과 함께하는 이 모험에 나는 지속적으로 흥분되었습니다. 삶의 경험을 통해서 끝없이 생겨나는 것 같은 의문들에 대한, 끝없는 대답의 원천을 발견하였기 때문입니다.

아브라함을 만난 처음 몇 달 동안, 나의 늘어만 가는 질문목록에 대한 답을 얻기 시작하면서, 에스더와 나는 매일 아브라함과 대화시간을 가졌습니다. 시간이 지나면서 에스더는 이완을 더욱 깊게 하여 마음을 조용하게 만든 후, 이 심원한 지성체가 자신을 통해 의사전달을 하도록 허용할 수 있게 되었습니다. 점차 우리는 관심을 보이는 친구나 친지들로 참가 범위를 더욱 넓혀가게 되었고, 그들도 아브라함과의 토론에 참여하게 되었습니다.

내가 아브라함에게 당시 정말 중요하다고 느꼈던 화급한 질문들을 던졌던 것은 우리가 만났던 아주 초기의 일입니다. 그 질문들에 대한 그들의 대답에 당신 또한 만족스러워 했으면 하는 바람입니다. 수많은 질문들을 열심히 쏟아 부었던 그때 이래로, 우리는 더 심도 있는 질문들을 가진 수천명의 사람들을 만났고, 그 사람들은 우리의 질문목록에 자신들의 중요한 문제들을 첨가시켰으며, 어김없이 아브라함은 사랑과 지혜에 넘치는 대답을 해주었습니다. 하지만 여기서는 내가 아브라함과 처음 시작했던 지점에서 출발을 하겠습니다.

(에스더는 아브라함이 자신을 통해서 말하도록 어떻게 허용할 수 있는지 나로서는 알 길이 없습니다.)

우리(아브라함)는 교사들입니다

아브라함 | 안녕하세요. 방문할 수 있게 되어 아주 기쁩니다. 에스더가 이런 대화를 나눌 수 있도록 허용을 한 것과 당신이 그 대화를 요청한 것에 대해 깊이 감사드립니다. 우리는 이 대화가 엄청나게 큰 가치를 가졌다는 것을 압니다. 우리들을 인간들에게 소개할 수 있게 될 테니까요. 하지만 단순히 아브라함을 당신들의 물질세계에 알리는 것 말고도, 이 책은 당신들의 물질세계에 대한 비물질 세계의 역할을 소개할 것입니다. 이 두 세계는 불가분의 관계를 가지고 있기 때문입니다. 한 세계를 다른 세계로부터 분리시키는 일은 가능하지 않습니다.

또한 이 책을 씀으로써 우리는 당신들이 현재의 그 육체를 입기 아주 오래전에 했던 약속을 지키게 되는 것입니다. 당신들(제리와 에스더)은 그 경이로운 육체를 입고서 **생각과 창조의 최첨단**(생각을 통해 물리적 창조가 일어나는 장소, 물질세계인 지구를 뜻함—옮긴이)에 가기로 결정했고, 우리들 아브라함은 여기 남아 더욱 넓고 명료한, 그렇기에 더욱 강력한 관점을 유지하기로 합의를 했었지요. 그래서 당신들이 물리적 삶의 체험을 통해 명료하고 강한 소망을 갖게 되었을 때 공동 창조를 위해 다시 만나기로 약속을 했었습니다.

제리, 우리는 당신의 수많은 질문들(당신이 삶의 대조되는 체험들을 경험하면서 갖게 된)에 기꺼이 답을 하겠습니다. 우리가 인간 친구들에게 전하고자 하는 많은 것들이 거기에 포함되어 있기 때문이지요.

우리는 당신들이 자신의 놀라운 존재가치를 이해하게 되기를 바라며, 또한 자신이 본질적으로 어떤 존재이고, 현재 자신이 왜 이곳에 있는지 그 이유를 알게 되기를 바랍니다.

비물질 세계에 속하는 것들에 대해서 물질세계의 우리 친구들에게 설명을 해주는 일은 언제나 흥미로운 일입니다. 왜냐하면, 우리가 제공하는 모든 것들은 반드시 물질세계의 관점으로 다시 번역되어야 하기 때문이지요. 다시 말해서 에스더는 무의식 차원에서, 라디오 전파를 수신하듯이 우리의 생각을 받아들입니다. 그 후 그녀는 그것들을 물질세계의 개념과 언어로 번역합니다. 물질세계와 비물질 세계를 완벽하게 혼합하는 작업이 여기서 일어나고 있는 것입니다.

여기 우리가 있는 비물질 세계가 존재한다는 사실을 당신들에게 이해시킬 수 있을 때라야, 본질적으로 자신이 어떠한 존재인지를 스스로 이해할 수 있도록 우리가 당신들을 도울 수가 있습니다. 당신들은 진실로 우리들이 물질화된 존재들이기 때문입니다.

이곳에서 우리는 다수의 존재들입니다. 우리가 함께 모인 이유는 지금 현재 우리들이 같은 의도와 소망을 갖고 있기 때문이지요. 당신들의 물질세계에서 우리들은 **아브라함**이라고 불리고 있으며 교사로 알려져 있습니다. 그것은 우리들이 현재 당신들보다 더욱 폭넓은 앎을 가지고 있기에, 다른 존재들을 그처럼 보다 광대한 앎의 자리로 이끌어 줄 수 있다는 뜻입니다. 진정한 가르침은 말이 아니라 삶의 체험을 통해 얻어진다는 사실을 우리는 압니다. 하지만 가르침을 담은 말과 삶의 체험이 함께 어우러지게 될 때, 체험을 통한 배움의 과정을 더욱 증진시킬 수가 있습니다. 그것이 바로 우리가 이러한 말들을 전하는 참된 의도입니다.

비물질 세계나 물질세계에 존재하는 모든 것에 영향을 미치고 있는 보편적인 우주 법칙들이 있습니다. 그 법칙들은 절대적이고도 영원합니다. 또한 장소에 구애받지 않고 언제 어디서나 작용하고 있습니다. 당신이 그 법칙들이 존재한다는 사실을 알게 되고, 그 법칙들이 실제로 작동하는 과정을 이해하게 된다면, 당신의 인생체험의 질은 대단히 증대될 것입니다. 사실상 당신이 이 법칙들을 이해하고 의식적으로 실행해갈 경우에만 비로소 자신의 삶에 대한 의식적인 창조자가 될 수 있습니다.

당신은 '내면존재'를 가지고 있다

당신은 확실히 당신의 물질적 배경 안에서, 눈에 보이는 존재이기는 하지만, 당신의 눈에 보이는 그 이상으로 훨씬 더 광대한 존재입니다. 실제로 당신은 비물질적 근원 에너지가 물질화된 모습입니다. 다시 말해서, 더 많이 알고 있고, 더 오래 되었으며, 더 현명한, 그 비물질적인 당신이 이 순간 당신이 자신으로 알고 있는 물질적 존재에 또한 초점을 맞추고 있습니다. 우리는 당신의 그 비물질적인 부분을 내면존재 Inner Being라고 부릅니다.

물질적인 존재들은 흔히 자신들을 살아있거나 또는 죽어있는 것으로 생각합니다. 그리고 그런 관점에서, 현재의 이러한 육체를 갖기 전에는 비물질적 차원에 자신이 존재했었고, 이 육체가 죽게 되면 다시 비물질 차원으로 되돌아간다고 생각합니다. 소수의 사람만이 자신의 비물질적인 부분이 지금 현재 이 순간 비물질 세계에 주로 강력하게 초점을 맞추고 있는 동시에, 그러한 의식의 일부를 이 물질세계와 물질적 육체에 흐르게 하고 있다는 사실을 실제로 이해하고 있습니다.

이 두 가지 존재가 동시에 함께 존재한다는 사실을 인식하고, 그들이 서로 간에 맺고 있는 관계를 이해하는 일이야말로, 당신 자신이 본질적으로 어떤 존재인지 그리고 이 육체를 입게 되었을 당시 어떤 의도를 가졌었는지 아는 데 꼭 필요한 일입니다. 어떤 사람들은 그 비물질적인 부분을 상위자아 또는 영혼이라고 부르기도 합니다. 그것을 무엇이라고 부르든지 그것이 중요한 것이 아닙니다. 하지만 자신의 내면존재가 존재하고 있다는 사실을 아는 것은 아주 중요한 일입니다. 왜냐하면 당신이 의식적으로 자신과 자신의 '내면존재'가 맺고 있는 관계를 이해하게 된 후에야, 비로소 당신은 참된 안내자를 갖게 되기 때문입니다.

당신의 믿음들을 바꾸고자 하는 게 아니다

우리는 당신이 가지고 있는 믿음들을 바꾸도록 하기 위해서 온 게 아닙니다. 다만 당신에게 영원한 우주의 법칙들을 다시 기억나게 만들어 당신이 이 세상에 올 때 의도했던 대로, 의식적인 창조자가 될 수 있도록 돕고자할 뿐입니다. 당신이 삶속에서 경험하고 있는 모든 것들은 다른 사람이 아니라 스스로 끌어당기고 있기 때문입니다.

우리는 당신이 무엇인가를 믿도록 만들기 위해서 온 것이 아닙니다. 당신이 믿고 있는 것들 중에서 믿지 않았으면 하고 우리가 바라는 것들이 전혀 없기 때문이지요. 우리가 이 놀라운 지구별을 관찰할 때면 우리는 인간들이 가진 아주 다양한 신념들을 봅니다. 그런 다양성 안에는 완벽한 균형이 자리하고 있습니다.

우리는 이 우주적인 법칙들을 단순화시켜서 제공하고자 합니다. 그리고 당신이 이 법칙들을 이용해서, 자신에게 중요한 것들을 얻을 수 있게 하는 실용적이고 실제적인 연습 과정들을 제공할 것입니다. 그리고 우리는 당신이 자신의 삶을 창조적으로 통제할 수 있다는 사실을 발견함에 따라 아주 흥겨워할 것이라는 사실을 알지만, 당신이 허용의 기술을 삶에서 실제로 적용해나가는 법을 배움에 따라 주어질 자유를 발견하는 일이야말로, 모든 것 중에서도 당신에게 가장 가치있는 일이라는 사실을 압니다.

당신의 내면존재는 이 모든 사실을 이미 알고 있기에, 우리가 하는 일은 단지 당신의 내면존재가 이미 알고 있는 사실을 당신에게 다시 일깨워주는 일이라는 것을 알지요. 만일 그것이 당신의 바람이라면 이 책을 읽어나감에 따라, 당신은 잠에서 깨어나 자신의 전체적인 모습을 재인식하게 되는 길로 차근차근 인도받게 될 것입니다.

당신은 근원에게 대단히 중요한 존재이다

당신이 근원All-That-Is에게 얼마나 중요한 존재인지를 기억해내기 바랍니다. 당신은 생각이 물질화되는 창조의 최첨단에서 자신의 모든 생각과 말과 행동을 통해 우주를 넓혀가고 있기 때문입니다. 당신은 여기서 무엇인가를 따라 잡아야만 하는 열등한 존재가 아닙니다. 그게 아니라 당신은 우주의 모든 자원을 가져다쓸 수 있는 최첨단에 위치한 창조자인 것입니다!

우리는 당신이 자신의 진정한 가치를 알게 되기를 바랍니다. 그 앎이 없이는 자기 것인 유산을 끌어다 쓸 수가 없기 때문입니다. 자기 자신의 진가를 이해하고 스스로를 존중하지 않는 한, 당신은 자신에게 천부적으로 주어진 항상적인 기쁨이라는 유산을 받아들일 수가 없습니다. 우주는 당신이 경험하고 있는 모든 것을 통해서 확장하게 되는 혜택을 누리고 있기에, 당신 또한 자신의 수고로움에 대한 열매와 결실을 지금 이곳에서 수확하고 누려갈 수 있기를 우리는 진심으로 바랍니다.

당신이 이 육체를 입기 전에 의도했던 대로의 삶을 살게 되는 열쇠를 틀림없이 발견할 것이라는 사실을 우리는 압니다. 우리는 당신이 이곳에서의 삶의 목적을 달성할 수 있도록 도울 것입니다. 그일이 당신에게 중요한 일이라는 사실을 우리는 알고 있는데, 당신이 이렇게 묻는 것을 들었기 때문입니다. "나는 왜 여기에 있는 것일까?" "내 삶을 더 좋게 만들려면 무엇을 해야만 하지?" "무엇이 옳은 것인지를 내가 어떻게 알 수 있을까?"

우리는 그 모든 질문들에 자세히 답하고자 여기에 있습니다. 우리는 당신의 질문들에 대답할 준비가 되어 있습니다.

옮긴이 | 박행국

외국어대학교 독일어과 졸업. (주)선경(현 SK네트웍스)에서 15년간 재직. 퇴사 후 네덜란드 암스테르담에서 무역회사를 설립해 운영하고 있다. 삶의 목적을 찾는 영성에 깊은 관심을 가지고 오랜 세월 명상수련 및 자기계발 분야를 탐구해왔으며, 정신적 풍요와 물질적 풍요가 조화를 이루는 삶을 추구하며 영성 관련 번역작업을 해오고 있다. 역서로는 『행복창조의 비밀』, 『머니룰』이 있다.

감 수 | 조한근

존재의 자유를 찾아 오랫동안 진리탐구를 해왔다. 현재는 심원한 근원의 웰빙과 현실창조의 원리를 전하는 아브라함-힉스의 메시지에 매료되어 사람들에게 알리고 싶어한다. 『행복창조의 비밀』, 『머니룰』을 감수하였다.

감 수 | 권순필

해피라이프 코치이자 영성아티스트, 영성과 자기계발 분야를 아우르는 웰빙라이프 구현의 원리들을 탐구하고 소개하는 일을 주로 하고 있다.

유인력
끌어당김의 법칙

초판 1쇄 발행 | 2013년 1월 29일
초판10쇄 발행 | 2023년 8월 31일

지은이 | 에스더 & 제리 힉스
옮긴이 | 박행국
감 수 | 권순필, 조한근
디자인 | 전인애
펴낸이 | 조연정
펴낸곳 | 나비랑북스
출판등록 | 제2010-000070호
주 소 | 경기도 성남시 분당구 서현동 297번지 효자촌현대상가 106
대표전화 | 031)708-4864 팩시밀리 | 031)781-7117
이메일 | nabirangbook@naver.com
네이버 카페 | http://www.cafe.naver.com/nabirangbooks
ISBN | 978-89-960473-4-6 (03320)